ランドマークから読み解く都市地域の観光

太田　慧

東京駅丸の内駅舎

駅や港などの都市の玄関には，しばしば都市を象徴するランドマークとなる建造物が置かれる。国内外の観光客は東京駅丸の内駅舎を目にしたとき，東京にやってきたことを実感できる。
（2018年1月6日筆者撮影）

シンガポール
マリーナベイ・サンズと
マーライオン

2010年に誕生した統合型リゾートであるマリーナベイ・サンズの印象的な建築物は，マリーナ湾の新たなランドマークとなっており，マーライオンとともに絶好の写真撮影スポットとなっている。
（2016年3月2日筆者撮影）

チェコ共和国
プラハの天文時計

プラハの旧市街広場のランドマークである天文時計には，毎正時になると人形仕掛けが現れる。毎日，大勢の観光客はカメラを構えながら数分間の人形仕掛けが出現するのを待つ。
（2014年8月27日筆者撮影）

市場から読み解く地域の観光
菊地　俊夫

東京における築地の場外市場

業務用の市場の外側に，一般の消費者も利用できる市場として誕生し，水産物や農産物などの食材店舗，および食堂や食の道具屋などが密集して建ち並ぶ。
（2014年9月筆者撮影）

カナダにおけるダンカンのファーマーズマーケット

毎週土曜日に開催されるファーマーズマーケットでは，周辺の農家が農産物や加工品を販売するだけでなく，地域の商工業者も加工品や工芸品を販売している。
（2015年6月筆者撮影）

ウェールズにおけるスウォンジーの屋内市場

周辺の農村から集まる新鮮な農産物には，この地域で消費される特徴的な野菜類や芋類，あるいは豆類が目立つ。
（2013年9月筆者撮影）

女性の活躍で読み解く農村地域の観光
鷹取　泰子

大分県宇佐市旧安心院町にある農家民泊の朝食

この農家民泊では，農家のお母さんが作る家庭料理など，農村のホスピタリティを志向する人々がリピーターとなって宿泊する。
(2013年10月筆者撮影)

ベトナム・カントー近郊の農家カフェで調理体験

自宅の一角を解放してカフェを運営し，観光客向けに伝統料理や調理体験の機会を提供する女性はツーリズムの重要な担い手である。
(2017年4月筆者撮影)

ルーマニア・マラムレシュ地方の織物実演

伝統的な工芸品は雪深い農山村地域で貴重な収入源となった。現在はゲストハウスを経営し，女性による実演を見学できる。
(2015年8月著者撮影)

水辺の環境から読み解く地域の観光
菊地　俊夫

ハワイの
ワイキキ海岸における観光

ハワイ王朝王族の保養地であったが，アメリカ領になり，大型ホテルが多く建設された。その後，航空機の発達により，世界的なリゾート地として発達している。
(2014年12月筆者撮影)

カナダの
オカナガン湖における
ワインツーリズム

湖を臨む緩斜面では，恵まれた日照時間と比較的温暖な気候を利用して，醸造用のブドウ畑が広がり，ワイナリーも多く立地している。
(2008年9月筆者撮影)

ウェールズの
スランゴレンにおける
運河と川の観光

各地の街や農村が運河や川で結ばれているため，ナローボートを用いや舟旅が盛んである。川辺には自転車道も整備され，自転車の旅も楽しめる。
(2014年9月筆者撮影)

ツーリズムの地理学

観光から考える地域の魅力

菊地俊夫 [編著]

二宮書店

目次

口絵 .... i–iv

序章 観光地域研究のフレームワーク―背景と課題，および方法―
　　　菊地　俊夫 4

1編　都市地域における観光研究

1　東京・裏原宿におけるアパレル小売店の集積に関する研究
　　矢部　直人 18

2　東京・隅田川における河川交通の変遷と観光の可能性
　　太田　慧 28

3　東京・小平市におけるオープンガーデンの活用と地域資源との連携
　　小池　拓矢 40

4　ベルギー・国際都市ブリュッセルにおけるMICE
　　杉本　興運 50

5　オーストラリア・メルボルンのセグリゲーションに基づく文化観光の発展
　　堤　純 62

6　カナダ・沿海諸州におけるアカディアンの文化と観光の発展
　　大石　太郎 72

2編　農村地域における観光研究

7　東京都における観光農園の立地と果樹園経営の持続性
　　林　琢也 86

8 大都市遠郊における農村資源の観光利用と女性の役割〜北海道・十勝地方
鷹取　泰子 ·· 96

9 茨城県北部における地域おこしのメカニズムと観光化の可能性
小原　規宏 ·· 108

10 イギリスのピーク・ディストリクトにおけるルーラル・ジェントリフィケーション
飯塚　遼 ·· 118

11 オーストラリアのハンターヴァレーにおけるワインツーリズムの
地域的展開とその特徴
菊地　俊夫 ·· 130

12 中国における農村資源の活用と農村観光の発展
張　貴民 ·· 142

3編　自然地域における観光研究

13 スリランカの国立公園における野生動物と観光の共生
ラナウィーラゲ　エランガ ··· 156

14 ルーマニアのドナウデルタにおける自然環境の保全とエコツーリズム
佐々木　リディア ··· 166

15 マレーシアの熱帯雨林における野生生物とサステイナブルツーリズム
沼田　真也・保坂　哲朗・髙木　悦郎 ··· 178

16 浅間山北麓ジオパークにおけるジオ資源の活用とストーリー性の構築
坂口　豪 ·· 190

17 小笠原父島の観光と自然資源の適正利用―南島の事例を中心にして―
菊地　俊夫・有馬　貴之・黒沼　吉弘 ··· 200

終章　観光地域研究の可能性と社会的貢献
菊地　俊夫 ·· 212

あとがき ·· 222

序章
観光地域研究のフレームワーク
―背景と課題, および方法―

菊地　俊夫

I　はじめに

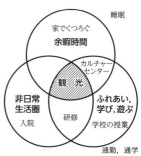

図序-1　観光の定義
（運輸省運輸政策局観光部監修, 観光行政研究会編(1995)による）

　観光は，1995年の観光政策審議会において「余暇時間の中で，日常生活圏を離れて行う様々な活動であって，触れ合い，学び，遊ぶということを目的とするもの」と正式に定義されている。この定義では，時間と空間，および目的が観光を考える際の重要な側面であることを示唆していたが（図序-1），岡本（2001）において観光は「楽しむための旅行」と簡単に定義されている。岡本（2001）の定義は簡単であるが，そこにはいくつかの重要な要素が含まれている。第1は，「日常的な空間」から「非日常的な空間」への移動で，それはツアーないしツーリズムという活動になる。第2は，「非日常的な空間」での滞在と体験であり，それはレクリエーションや余暇活動，あるいは風光を観る行動に反映される。このような活動や行動を通じて，「日常的な気分」から「非日常的な気分」への気分転換があり，それは心身のリフレッシュや癒やしとなり観光の重要な機能となる。第3は，「非日常的な空間」を体験し学習することにより，知的好奇心や場的好奇心が満足することになる。つまり，観光では「非日常的な空間」への移動と滞在，および体験が重要な要素となり，それらに基づいて観光を考えなければならない。しかし，近年では非日常的な空間への移動や滞在だけでなく，身近な空間としての日常空間も見直されるようになり，そこでの新たな余暇やレクリエーション活動，あるいは体験活動も観光の1つとして考えられている。

II　「観光」の歴史的展開

　観光を歴史的にみると，観光を享受する人々はS字曲線のような増加傾向が

あり，観光の発展は大きく3つの時期に区分できる。すなわち，観光を享受する人々の低位安定期と漸増期，および急増期である。それぞれの時期は時代背景，社会・経済環境，観光に対するニーズや意識，産業としての観光のあり方により，古代から中世までの低位安定期はツアーの時代として，近世から近代までの漸増期はツーリズムの時代として，そして現代の急増期はマス・ツーリズムの時代として特徴づけることができる。

　ツアーの時代では，観光の客層は貴族・僧侶・騎士などの特権階級に限られ，一般の市民が観光を享受することはほとんどなかった。ギリシャ時代の観光の目的もオリンピアの競技会観戦や神殿の参拝で，体育や保養，および宗教を中心にしていた。ローマ時代になると観光の目的に保養・療養や食道楽，および芸術や登山が加わり，ガストロノミー（美食）と温泉療養の組み合わせがローマ時代の観光を特徴づけていた。旨いものをたくさん食べ，疲れた体を温泉でリフレッシュするローマ時代の観光は今日の観光の原型ともいえる。この時代において観光が発達した時代背景には，強力な政治力によって社会秩序が維持され，パックスロマーナと呼ばれる安定した社会を確立し，貨幣経済が浸透したことがあった。また，ローマの支配地を拡大するために道路交通網が整備さ

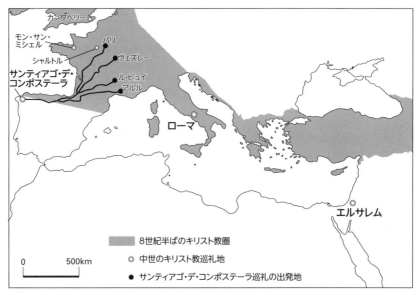

図序-2　ヨーロッパにおけるキリスト教の主要な巡礼地と
　　　　サンティアゴ・デ・コンポステーラへの巡礼コース（「週刊 世界遺産」講談社により作成）

れたことも，観光の発展に貢献した。ツアーの時代の観光は多様な目的と楽しみをもってローマ時代に大きく発展した。しかし，ローマ時代以降になると，観光の目的が「宗教」を中心としたものとなり，宗教の関係者や信者が教会・宗教施設をストイックに巡礼するものだけになった。例えば，キリスト教の三大巡礼地の1つであるサンディアゴ・デ・コンポステーラの巡礼は，当時のエルサレムやローマへの巡礼が困難であったため，その代替として中世のヨーロッパにおいて最も人気のある観光となった（図序-2）。

　ツーリズムの時代は教養旅行の時代あるいはグランド・ツアーの時代ともいわれ，著名な作家や思想家，芸術家などに縁のある地を訪ねたり，彼らの作品に関連した土地を訪ねたりする観光が一般的な形態として発達した。例えば，ドイツではゲーテが生まれたフランクフルトと宰相として活躍したワイマール，および学生時代を過ごしたライプツィヒなどを結んだ全長380kmはゲーテ街道として周知され，教養旅行の場所として人気を得ていた。ゲーテ街道が中世の東西交易路上にあり，街道沿いには歴史的な町が多く立地していたことや，ゲーテだけでなく音楽の父バッハや宗教改革の中心人物であるルターなど多数の偉人を輩出した地域であったことも，教養旅行者を引きつける要素になった。教養旅行の客層には特権階級に一部の富裕平民（ブルジョワジー）やジェントルマン層（新興的富裕層）が加わったが，観光が少数の限られた人々によって行われるものであったことに変わりなかった。観光の目的は教養旅行に象徴されるように，知識欲や好奇心を満たすことであり，教養を高めることであった。この背景には，ブルジョワジーやジェントルマン層が教養を高めてステータスを確かなものにしようとしたことがあった。そして，教養旅行が発達するにつれて，個々の旅行者はその手配を業者（エイジェント）に依頼するようになり，イギリス人のトーマス・クックのような旅行業者（エイジェント）が発達した。クックは旅行業の成功により近代観光業の父と呼ばれるようになった。

Ⅲ　産業革命がもたらした「観光」の発展

　18世紀以降，囲い込み運動（エンクロージャー）によってイギリスの農村から流出した余剰労働力は工場労働者として都市に流入し，産業革命の原動力となった。しかし，人口流入による都市の急速な発達は，住宅の不足や居住地の

写真 序-1　イギリスにおける海浜のヘルス・リゾート地として発展したブライトン（2007年9月筆者撮影）

写真 序-2　ミュンヘン近郊におけるクラインガルテン（市民農園）（2016年8月筆者撮影）

過密をもたらすだけでなく，上下水道などのインフラストラクチャー整備の遅れによる不衛生さ，あるいは社会秩序などの低下ももたらした。さらに産業革命以降，近代工業が都市で発達するようになると，工場の煤煙による大気汚染が深刻となり，都市の居住環境は悪化の一途をたどった。当時の都市の悪化した居住環境の様相は，チャールズ・ディケンズの小説「オリバー・ツイスト」（1838年）にも描かれており，そこでは居住環境が悪化したロンドンは「カラスの森」と表現された。加えて，都市に流入し居住するようになった人々の多くは労働者であり，彼らの工場制労働による単純作業は製品の製造工程の一部に専従するだけであった（ネジを締める人は毎日その仕事だけを繰り返す）。そのため，工場労働は人々の精神衛生を病む原因ともなった。

　ヨーロッパの都市住民の心身は，悪化した居住環境や単純な工場労働によって疲弊し，それをリフレッシュさせるために海水浴やシュレーバーガルテンなどの余暇活動やレクリエーションが行われるようになった。例えば，海水浴の発達はロンドンから南80kmに位置するブライトンで始まった。リチャード・ラッセルという医師が海水浴や海水の服用が，あるいは新鮮な空気や潮風の摂取が心身をリフレッシュさせることに効用があると推奨し，ロンドンから多くの都市住民が心身をリフレッシュさせるためにブライトンを訪れるようになった。そして，ブライトンは「ロンドンの肺」と呼ばれるようになり，海水浴を主

体とする海浜のヘルス・リゾート地として今日まで発展してきた(写真 序-1)。また,シュレーバーガルテンはドイツ・ライプツィヒの医師シュレーバーによって始められた運動で,人々は農作業や土いじりをすることによって心身をリフレッシュできると考えた彼は,都市周辺に都市住民のための貸し農園を建設した。その後,シュレーバーガルテンは多くの紆余曲折があったが,現代でもクラインガルテンや市民農園として都市住民の余暇活動やレクリエーションを支えている(写真 序-2)。

人々が心身をリフレッシュするために非日常的な空間に移動・滞在し,そこで様々な体験をする機会が多くなると,観光は大衆化し,マス・ツーリズムの時代を迎えることになる。マス・ツーリズムの時代における観光の客層は大衆や国民全体となり,観光の目的も保養や娯楽が中心となった。つまり,マス・ツーリズムの発展は国民の福利厚生と経済活動としての利潤追求によって特徴づけられる。国民の福利厚生の充実では余暇時間の確保が重要であり,ヨーロッパでは法定年次休暇(有給休暇)制度の成立がマス・ツーリズム発展の契機となった。例えば,フランスでは年間5週間の有給休暇があり,人々は夏に3,4週間まとめて休みを取り,主に貸別荘やキャンプ場で長期滞在して心身をリフレッシュするのが一般的であった。

他方,観光の大衆化は様々な技術革新や制度改革によって支えられ,それが経済活動としての利潤追求にもつながった。最も重要な技術革新は交通の高速化と輸送の大量化(大型化),および運賃の低廉化である。多くの観光客を早く安い運賃で非日常的な空間に移動させることは,観光の利用者を増加させるだけでなく,観光利用の範囲拡大につながった。例えば,オーストラリアとヨーロッパの時間距離は,1800年頃に帆船を利用して200日程度であったが,現在ではジェット機で約21時間となった(図 序-3)。このことは,オーストラリアの人々にとってヨーロッパが地球上で最も遠い場所の1つではなくなり,

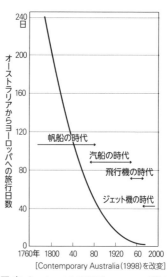

図 序-3　オーストラリアとヨーロッパ間の時間距離の変化

以前よりも身近に感じられる場所として観光利用しやすくなったことを示唆している。また，マス・ツーリズムの発達には社会・経済の安定や国民の生活水準の向上，および査証（ビザ）や通貨などの制約の撤廃・緩和も重要な役割を果たしている。そして，マス・ツーリズムが外貨獲得手段や地域経済振興に大きく貢献するようになると，観光は地域や国の基幹的な産業活動として注目されるようになり，観光の大衆化がさらに促進された。

Ⅳ　観光地域の分析のフレームワーク

　観光によって変化する地域を，あるいは観光現象が多く分布する地域を読み解く典型的なツールとして地理学があり，その方法は大きく2つに分けられる。1つは，地域において興味・関心のある現象や事象を取りあげ，その現象や事象の秩序や法則性，あるいはそれらの因果関係や形成システムなどを通じて地域の性格を理解する方法である。これは，地形や気候，あるいは農業や観光などの特定のテーマを掘り下げて「地（ち）」の「理（ことわり）」を「学（まなぶ）」もので，系統地理学の方法として知られている。いわば，系統地理学の方法は地形や植生，あるいは観光など特定の分野に特化したスペシャリストの養成に貢献してきた。もう1つの方法は，地域における特定の現象や事象に興味をもつのでなく，区画した土地や空間としての地域に興味をもつもので，地域を構成する自然，歴史・文化，社会・経済，生活などの諸要素を丁寧に記載し，それらの記載を総合的に検討して地域の性格や活用の仕方を読み解くものである。これは，「地（ち）」を「誌（しるす）」ことで土地や地域の性格を明らかにするもので，地誌学の方法として周知されている。地誌学の方法は，地域を総合的に見たり考えたり理解したりするため，ジェネラリストの養成に貢献することになる。観光地域の分析においても，地誌学のフレームワークは基礎的なものになる。

　地誌学のフレームワークでは，地域を構成する諸要素を位置（数理位置・関係位置），自然（地形・気候・陸水・土壌・植生），人口（属性・構成・分布・移動），歴史，産業（農牧業・工業・商業・流通・交通・通信・観光），生活文化（都市・村落・衣食住），他地域との関連に分け，それらの項目にしたがって，順次，体系的・網羅的に地域を記載・整理する方法が一般的である。このように，項目ごとに地域を調べて考察する方法は，多くの地誌や百科事典で採用されてお

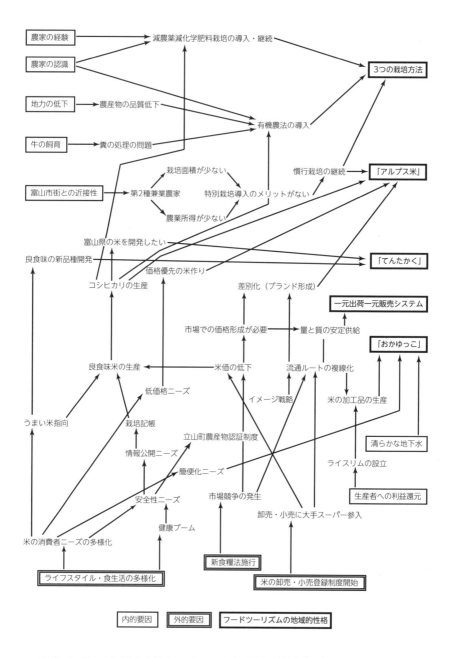

図序-4 富山県立山町におけるフードツーリズム発展の地域構造図(現地調査により作成)

り，「静態地誌」と呼ばれている。このような方法は，地域を構成する要素を項目として網羅的に調べることができる。しかし，地域を構成する要素が羅列的に説明されることや，地域を構成する要素間の相互関係に基づく性格や特徴が把握しにくいなどの問題もある。

　地域を構成する要素を項目ごとに記載して地域の性格を明らかにする静態地誌の方法に代わって，特色ある地理的事象や地域の構成要素を中心にして，他の構成要素を関連づけながら地域の性格を考察する方法が求められている。この方法が「動態地誌」と呼ばれるものである。動態地誌は従来の静態地誌の問題点であった総花的で羅列的な記載や分析的でない考察を，あるいはステレオタイプ的な説明を改善するためのフレームワークである。このフレームワークの基本は記載した要素を分析し，その相互関連性に基づいて地域の性格を体系化することにある。観光地域のように特定の現象（観光）に基づく地域の分析には，動態地誌のフレームワークが適している。動態地誌のように，地域を構成する要素の相互関連性に基づく整理・記載の方法では，地域構造図の分析が適している。地域構造図は地域を構成する諸因子や諸要素との相互関係を示すものである（千葉 1972; 1973）。地域構造図を作成するためには，対象となる地域の地理的事象のなかで特徴的なものや関心のあるものに焦点をしぼり，それに関連した因子や要素を抽出し，それらの相互関係を明らかにすることが必要になる。実際，地域構造図では抽出した因子と要素の関連性や関係順序にしたがって系統的に矢印で結ぶことにより，地域構造図の概念的なフレームワークを構築できる。さらに，関連性の強さを矢印の太さで示したり，関係順序を歴史的系列や社会経済的系列，および自然的系列に区分して記述したりするなど，地域構造図をわかりやすくする工夫も必要になる。

　地域構造図の1つの事例として，富山県立山町におけるフードツーリズムに着目した地域の因子と要素の関連性を図 序-4 に示した。立山町のフードツーリズムの発展とその地域的性格は3つの水稲栽培法の普及，「アルプス米」のブランド化，「てんたかく」品種の導入，一元出荷一元販売システムの定着，および米の加工品としての「おかゆっこ」の生産の5つの要素で特徴づけられる。具体的には，地域の内的因子（農家の経験，農家の認識，地力の低下，牛の飼育，富山市街との近接性，清らかな地下水，生産者への利益還元）が外的因子（ライフスタイル・食生活の多様化，新食糧法施行，米の卸売・小売登録制度開始）

と関連して順次，地域の構成要素を生みだし，最終的にはフードツーリズムの発展はそれを特徴づける5つの要素に収斂されていく。以上に述べたように，富山県立山町の性格はフードツーリズムの発展，あるいは稲作農村の変化という地理的事象に焦点をあて，それに関連して自然や社会経済，および歴史的背景や生活文化，他地域との関係を関連づけることにより，地域の性格は動態地誌として体系的に説明され明らかになっていく。

V　観光地域を読み解くための地理学のツール

　地誌学的なフレームワークと同様に，観光地域を読み解くために役立つ地理学の基礎は，分布パターンを地図化し，様々な環境条件と重ね合わせ，照合させながら読み解く方法にある。地域における現象や事象，あるいは資源・施設などの立地や分布を読み解くため，それらの地図化が第1段階として必要であり，地図化した分布パターンを適切に解釈することが第2段階として必要である。実際の現象などに関する分布パターンには静態的なものと動態的なものとがあり，それらを使い分けて観光地域の分析をする必要がある。

　静態的な観光現象の分布パターンの事例として，オーストラリアにおける国立公園と年降水量の分布を図序-5に示した。これによれば，オーストラリアの国立公園は国内に一様に分布しているわけではなく，その多くが東海岸の年降水量800mm以上の湿潤地域に集中していることがわかる。湿潤地域では，雨林や硬葉樹（ユーカリ）の森林が発達し，森林を基盤にして多様な生物が生息するなど，自然の資源が豊かである。他方，オーストラリアでは人間が居住し快適な生活を送るためには800mm以上の年降水量が必要であるといわれており，そのような地域は森林が発達する大陸の東海岸や西海岸の一部に限定されている。実際に，オーストラリアの人々の約90%が湿潤地域に居住している。また，オーストラリアの農牧業の発達にも降水は不可欠であり，年降水量800mm以上の地域は農牧業が立地する地域としても重要である。オーストラリアの湿潤地域では多くのヨーロッパ人が植民し，土地を開発したことにより，貴重な自然の資源が多く失われたことから，それらの資源を保全するために，国立公園の制度が導入された。したがって，国立公園は植民者の居住や農地開発と競合する地域を中心に分布し，自然環境の保全に貢献してきたといえる。

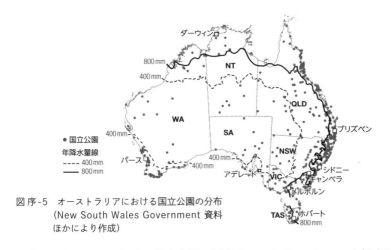

図序-5 オーストラリアにおける国立公園の分布
(New South Wales Government 資料ほかにより作成)

　オーストラリアにおける国立公園の制度は，レクリエーションや観光といった利用の側面を強く意識したものとなっている (Hall and Page 2006)。そのため，オーストラリアの国立公園の多くは，人間の居住空間と隣接して，あるいはシドニーやブリズベンなどの大都市圏に近接して立地し，より日常性の強い身近なレクリエーション空間として機能している。一方，年降水量800mm未満の半乾燥地域ないし乾燥地域では，国立公園の分布は相対的に少なく，概ね一様なパターンになっている（図序-5）。これらの地域は，水が得にくく，居住や農業には適していない。このような地域の国立公園は人間の居住空間からも離れており，利用者にとっては湿潤地域に分布する国立公園よりも身近な存在でない。そのため，半乾燥地域ないし乾燥地域の国立公園はまばらに分布し，そこでは非日常性の強いレクリエーション空間が形成されている。

　以上のように，静態的な分布パターンを読み解くためには，現象の分布の絶対的な位置(空間座標的な位置)や単純な粗密を検討するのではなく，土地条件や降水量，人口分布や大都市との近接性などと関連づけながら検討する必要がある。いわば，事象や現象の分布の関係的な位置（何かと関連づけて説明される位置）を明らかにすることが重要になる。

　次に，動態的な観光現象の分布パターンの一例として，春の観梅シーズンの，茨城県の水戸偕楽園における若年世代の観光客の移動ルートを図序-6に示した。これによれば，若年世代の観光客は東門から園内に入り，観梅の季節を反映して，すぐに右側の梅林へと移動した。その後，若年世代の観光客は梅林内

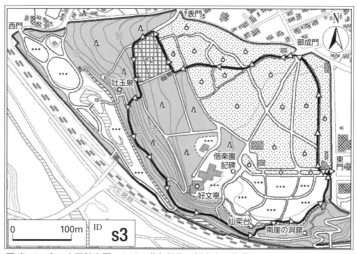

図 序-6　春の水戸偕楽園における若年世代の観光客の移動ルート
　　　　（対象者への行動調査により作成）

を御成門の方向へ直進し，梅林内から竹林の方向へ移動した。若年世代の観光客の梅林内の移動ルートにおいて，比較的多くの時間が費やされている場所は東門付近と御成門付近であった。この要因はそれぞれの門の近くに園内情報の看板や地図などが設置されていることと，門付近では通り抜けに時間がかかり多くの観光客が滞留していたことであった。一般的には，若年世代の多くの観光客は梅林内を一定の速度で移動していたが，梅林内で立ち止まって観梅に時間を取ることや，梅林内をくまなく回遊することはなかった。

　水戸偕楽園における若年世代の観光客の移動ルートの分布パターンにより，梅林が水戸偕楽園における重要な観光資源であることは確認できる。しかし，若年世代の観光客の梅林内における時間の消費の仕方は，梅林に集中することはなく，園内全体で一様なものとなっていた。これは，偕楽園が春の観梅という非日常的な空間だけに依存し，それ以外の魅力が観梅の陰に隠されてしまったためであり，偕楽園が観梅以外の観光アトラクションやレクリエーションの魅力を創出する必要があることを示唆している。このように，動態的な現象の分布パターンも，その場所の様々な環境条件や資源と関連づけて説明できる。さらに，公園利用や観光行動の動線のように，実際の利用実態を，資源立地の局所的な条件や主体の嗜好・心理に関連して，時間的・空間的に捉えることができるという利点もある。

Ⅵ 観光地域を理解するための景観分析

　観光地域を分析するもう1つの方法として景観分析がある。景観は地域の諸環境(自然,歴史・文化,社会・経済,生活など)を地表上に投影したものとして捉えることができる。そのため,景観を読み解くことにより,地域の諸環境を少なからず理解できる。地域や場所の単なる景観,あるいはそこでの人々の日々の生活を映した景観を体系的に読み解くためには,最初に景観のなかに特徴的な現象や興味深い現象を発見し,次に発見した現象を特徴づける自然環境,社会・経済・政治環境,歴史・文化環境などを抽出し,最終的に特徴的な現象と諸環境との相互関係から地域の性格を考えなければならない。基本的には,景観は地域の自然環境や社会・経済・政治環境,および歴史・文化環境などを基盤にし,それらの環境要素がジグソーパズルのようにモザイク状に,あるいは重層的に組み合わされてつくられている(図序-7)。そのため,ジグソーパズルのピースを1つ1つはがしていくように,景観をつくる環境要素を識別し,それらと人間との関係を明らかにすることは地域を理解するひとつの醍醐味となる。

　実際にイギリスの湖水地方における農村観光の景観を読み解いてみる(写真序-3)。この地域の自然環境は,波浪状の丘陵地と緑の牧草地で特徴づけることができる。波浪状の丘陵地は氷河で削られた地形を反映しており,表土が剥離されて痩せているため,牧草地が卓越し,羊が放牧されている。歴史・文化環境は,牧草地が石垣や生垣で囲われている景観で特徴づけられる。このような囲われた農地は,1000年以上前からの伝統的な景観ともいわれているが,15世紀以降の囲い込み運動などによるものも少なくなく,共有地の牧場化や徴税の目的で所有者と利用者を一致させたことを反映している。

　加えて,社会・経済環境は囲い込まれた農地のなかを人々が散策している景観で特徴づけられる。多くの農村地域では,農業の近代化と機械化,および規模拡大に伴って,石垣

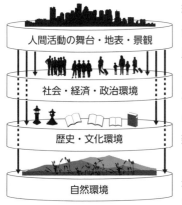

図序-7
地域における景観分析のフレームワーク

や生垣が取り除かれてしまった。一方，囲い込まれた農地をイギリスらしい農村景観として保全しようとする活動もあり，そのような景観は農村観光の重要な資源にもなっている。現在では，イギリスの伝統的な農村景観はナショナルトラストの活動によって保全さ

写真序-3　イギリスの湖水地方における農村景観
（2004年8月筆者撮影）

れ，フットパスを活用した散策が農村観光の主要なアトラクションとなっていることも風景から読み解くことができる。

　以上に述べてきたように，景観を読み解くことは，何気ない平凡な身の回りの景観にも様々な意味を見いだすことでもある。しかし，景観に様々な意味を見いだすことは容易ではない。景観を読み解く手順にしたがって，自然環境や歴史・文化環境，および社会・経済環境から検討しても，地域の興味深い特徴は見出すことはできないかもしれない。それは，自分の知識や見聞・体験以上に地域の特徴を読み解くことができないからである。景観を読み解くためには，専門的な知識が必要であるが，幅広い知識や見識，そして体験も必要になる。いわば，スペシャリストの素養よりも，ジェネラリストの素養が求められる。森を理解しようとする場合，個々の「木」だけを観るのではなく，「森」全体を観る姿勢が肝要となる。

◎参考文献
岡本伸之編 2001.『観光学入門－ポスト・マス・ツーリズムの観光学－』有斐閣アルマ．
千葉徳爾 1972, 1973. 地域構造図について(1), (2), (3), (4). 地理, 17-10;64-69, 17-11;71-76, 17-12;60-64, 18-1;87-92.
Hall, C. M. and Page, S. J. 2006. *The Geography of Tourism and Recreation: Environment, Place and Space.* Routledge.

1編
都市地域における観光研究

カナダのバンクーバーの発祥の地・ガスタウン
(2017年9月筆者撮影)
レンガの建物や石畳の道を残して再開発された。蒸気時計が街のシンボルとなっている。

1 東京・裏原宿における アパレル小売店の集積に関する研究

矢部　直人

Ⅰ　はじめに

　この章では，東京都渋谷区における原宿地域のうち，特に裏原宿と呼ばれる地域を取り上げる．現在，原宿や裏原宿という地名はなく，神宮前という町名が，ほぼ原宿と呼ばれる地域に相当する．一方，裏原宿は，神宮前3・4丁目のかつて渋谷川が流れていた低地の付近を指す（図1-1）．JR山手線の原宿駅を降りて，竹下通りを進み，明治通りを渡ったところが裏原宿である．

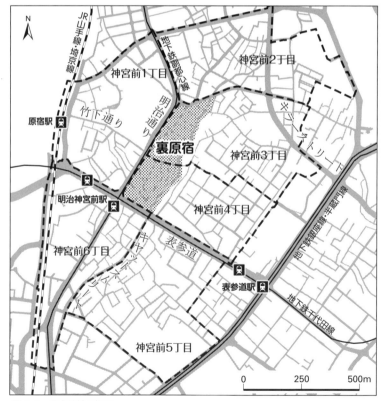

図1-1　原宿地域の概要

写真1-1　裏原宿における渋谷川暗渠の様子（2017年9月筆者撮影）

　この地域が裏原宿と呼ばれる理由は，明治通りや表参道といった大通りから，一本「裏」に入ったところにあるためである。なお，表参道から南の渋谷駅方面へ向かう，神宮前5・6丁目のキャットストリート沿いも裏原宿とする見方があるが，本章では神宮前3・4丁目の渋谷川沿いの低地を裏原宿とする。これらの地域では，渋谷川は現在では暗渠となっている（写真1-1）。

　原宿地域に関する既存の研究は多く，特に2000年代以降は地理学の他にも，社会学，経済学，都市計画など様々な分野で取り上げられている（池田 2016，伊藤・有田 2014，大城 2016，大村 2004，許 2009，米家 2016，関口ほか 2012，中村 2006，三田 2006；2013a；2013b；2016，矢部 2009；2012）。このように，原宿を対象とする研究が多いこと自体が，この地域の魅力を示しているとも言えそうである。

　原宿の魅力は海外にも伝わっており，東京都による訪日外国人の調査（平成27年度国別外国人旅行者行動特定調査報告書）では，訪日外国人の33.2%が原宿を訪れている。これは東京都における訪問地の順位では8位[1]となっている。また旅行中に訪問して一番満足した場所を原宿と回答した外国人の活動をみてみると，原宿で行った活動の44.6%を「服・服飾雑貨のショッピング」が占めている。これに続く原宿で行った活動は「高層ビル，近代的な街並み・景観・

建築物の探索（12.0％）」であり，大きな差がついている。観光地としての原宿の魅力は様々なアパレル小売店が集積していることであり，それは日本にとどまらず海外にも通用していると言えよう。

原宿におけるアパレル小売店の集積について商業統計調査のデータ（2014年）をみると，東京23区内の町別では，神宮前が事業所数では1位，従業者数では銀座，新宿に次いで3位となっている。従業者数で神宮前の順位が下がるのは，銀座，新宿と比べると，1店舗当たりの従業者数が少ないためである。このことから，他の町と比べた時の原宿の特徴は，独自性の強いファッションを扱う，小規模な店舗が多いことと言えるかもしれない。本章では，観光地としても機能しているアパレル小売店の集積が形成されてきた過程を示した上で，その集積が持つ意味について検討してみたい[2]。

Ⅱ　アパレル小売店集積の形成過程

原宿に現在のようなアパレル小売店の集積がみられるようになったのは，いつからだろうか。アパレル小売店の分布を時系列でみてみよう（図1-2）。1969年のアパレル小売店の分布では，店舗の数自体が少なく，まだ集積と呼べるほどのものは形成されていなかった。それが，1978年になると，明治通りと表参道の交差点周辺や竹下通り，キラーストリートという3地点を中心に店舗が立地するようになっている。1991年には，既存の店舗集積がみられた3地点を中心に，店舗がさらに増加している。特に，裏原宿に店舗が集まりだしたのは，この時期からで，これ以降，裏原宿では店舗が増加する傾向にある。

この裏原宿において店舗が増加するきっかけになったのが，1980年代後半のバブル経済である。バブル経済により地価が上昇したことで，住宅地であった裏原宿では，固定資産税や相続税の負担が大きくなった（図1-3）。この税金の負担が大きくなったことにより，裏原宿から転出する住民が増えた。また，住宅の家賃が上昇したことや開発にともなう立ち退きにより，裏原宿から転出する住民もいた。裏原宿に住み続ける住民の中には，住宅を3階建てのビルに建て替えて1階を店舗とし，2階以上に住宅を構える例もみられた（庄司ほか1988，和田1988）。3階建てのビルや，住宅の1階を改装して店舗として利用している例は，2017年時点の裏原宿でもみられる（写真1-2）。

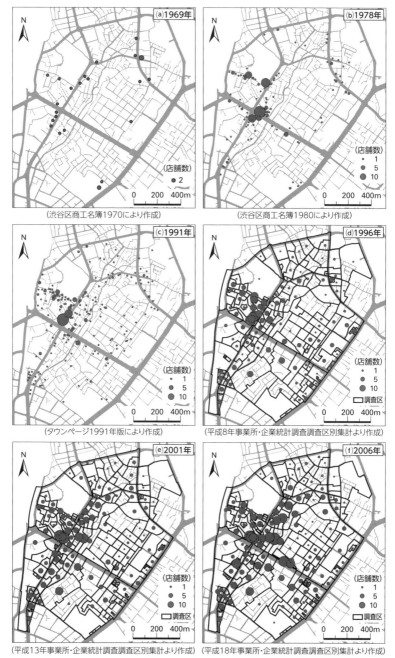

図1-2　原宿におけるアパレル小売店の分布

1 ● 東京・裏原宿におけるアパレル小売店の集積に関する研究

写真1-2　裏原宿における住宅兼店舗の様子(2017年9月筆者撮影)

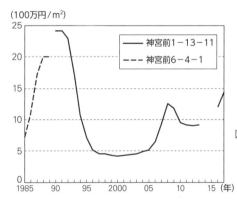

図1-3　表参道に面した地点の地価の推移
（国土交通省地価公示より作成）
2014, 2015年は当該地点の調査がされていないためデータなし。

　この時期の開発の様子を住宅地図のデータを使って分析してみよう。裏原宿における不動産開発地点の分布をみると，1970年代には従来から店舗が出店し，裏原宿の中でも商店街となっていた区域に開発地点が分布している（図1-4a）。それが，1980年代になると，裏原宿の全域に不動産開発地点の分布が拡がっていることがわかる（図1-4b）。

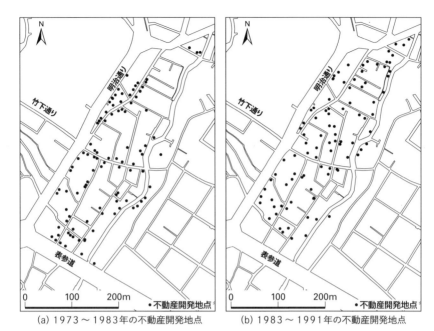

(a) 1973〜1983年の不動産開発地点　　(b) 1983〜1991年の不動産開発地点

図1-4　裏原宿における不動産開発地点の分布
　　　　住宅地図より，住宅から空き地・駐車場に変化した地点，住宅から商店に変化した地点，
　　　　空き地・駐車場から商店へ変化した地点をプロットした。

　このような分布の拡がりは，バブル経済期に，裏原宿のなかの住宅地へと開発の手が及んだことを如実に示している。同じバブル経済期には，地価の上昇により竹下通りでは店舗の賃料が高騰したため，相対的に家賃が安い裏原宿へ移転するアパレル小売店もみられた。このように，バブル経済期に開発が進んだ裏原宿では，原宿のなかでも相対的に賃料が安い場所として，店舗が立地するようになるのである。

　裏原宿に店舗が立地する動きは，バブル経済が崩壊した1990年代に盛んになった。バブル経済期には住宅から店舗への開発が進んだものの，その後のバブル経済の崩壊で思うように店舗が入居しない物件もあった。そうした物件では，店舗の賃料を安くすることにした。その結果，安い家賃でアパレル小売店を開くことができる環境が生まれ，それほど資金を持たないが優れた才能を持つ，若手のデザイナーが出店することになった。このような若手デザイナーの店が人気を集めることになり，現在の裏原宿につながるような店舗の集積が加速したのである。

Ⅲ　アパレル生産における小売店集積の意味

　裏原宿に形成されたアパレル小売店の集積は，アパレルの生産においてどのような意味を持っているのだろうか。主に裏原宿に出店しているアパレル小売店や来街者への聞き取り調査から検討する[3]。

　裏原宿に出店しているアパレル小売店は，問屋から既製服を仕入れるだけではなく，自ら服のデザインまで手がけるところが多い。小規模だがユニークなデザインの服を扱う店が集まることは，原宿の観光地としての魅力を生み出す重要な要因にもなっている。結論を先取りして言えば，小売店が服のデザインをする上で，アパレル小売店が集積していることが，重要な役割を果たしていると考えられる。

　小売店Pへの聞き取りによると，デザイナーが毎週日曜日に店頭に立ち，店舗を訪れる消費者の着こなしを観察することで，次の商品企画の参考になりそうな柄や色の組合せのヒントを得るという。時には直接消費者と話し合い，どのようなデザインのアイテムがほしいか，意見を聞くこともあるとのことであった。小売店Pでは，消費者の嗜好や潜在的なニーズに関する情報を収集し，商品の企画に活かす体制が整えられている。別の小売店Tへの聞き取り調査でも，ほぼ同様の話を聞くことができた。デザインの参考にする情報は，店舗への来店客や原宿の街を歩く人の服装であるという。この小売店Tでは，アパレルの商品企画で重要なことは，デザインと言うよりはマーケティング，創造力よりは分析力であると言い切っていた。

　このような商品企画の現状に危機感をもつ人もいる。小売店Kでは，多くの小売店が消費者の情報を翻訳して商品化することに忙しく，全体としてオリジナルなものを作りだそうとする意志が希薄になっていることを懸念していた。同じような系統のファッションの中で，細かな差別化をしている人だけを観察していても，面白い商品を生み出すことは難しいという。しかしながらこの点に関して，小売店Kでは，原宿には様々な格好をした人が集まるため，自分の店で扱っているファッションとは系統が違うファッションを見ることができて参考になるということは認めている。様々な系統のファッション店舗が集積する原宿への出店は，多様なファッションを一同に見られる点において強みがあると言えよう。

自分とは違う系統のファッションが着こなしの参考になるという点は，実は消費者の側も同様である。複数の来街者から聞かれた共通する話として，自分の服装の参考にする情報として，主に街を歩いている他人の格好を意識するという。街を歩く他人からは，柄や色，素材，アイテムの組み合わせなど，自分では思いつかないような着こなしのヒントを得ることができるからである。また，特に原宿ではストリートを歩く他人の格好を詳しくチェックするが，ほかの街では特に気にしないとの声も聞かれた。この来街者は，原宿に行く時は，前日の夜から何を着ていくかを入念に選ぶという。

　消費者が他人のファッションを自分の服装の参考にする典型的な例として，ファッション雑誌のストリートスナップのコーナーがある。ストリートスナップとは，原宿や渋谷を歩いている一般の消費者の中からおしゃれな格好をした人をとりあげて写真を撮影し，雑誌で紹介するコーナーである。このストリートスナップに取り上げられるために，必死でおしゃれをして原宿にくる若者もいる。多くの場合は土日に撮影が行われるストリートスナップの撮影場所に行き，ファッション雑誌のカメラマンに声をかけられなかった場合は，自分の服装の何がいけないのか，意見を聞きに行くこともあるという。

　これら原宿の来街者の行動からは，以下のようなことが分かる。原宿には1970年代からのアパレル小売店の集積があるため，ファッションに関心のある人が集まるという認識が広く共有されている。そのため，原宿に訪れる消費者は，他人の視線を意識しておしゃれをするのである。そして，道行く他人のファッションで良いところがあれば，それを自分の着こなしに取り入れる。ただし，他人のファッションをそのまま取り入れるのではなく，自分なりの工夫をして差別化する（立見・川口 2007: 319-321，川口 2008: 455-457）。

　つまり，おしゃれ好きの消費者同士が互いに参照し差別化を図ることで，原宿のストリートには高度に洗練されたファッションが集まる。特に原宿には他の街と比較して大規模なアパレル小売店の集積があるため，おしゃれに関心のある消費者が多く集まる。人数が多いと自分と似たような着こなしをする人に出会う確率は高まるため，他人との差別化をするためには，自分の服装をさらに洗練させる必要があると思われる。この洗練されたファッションが，小売店が商品企画をする際の情報源となるのである。これこそが原宿のアパレル小売店集積がつくりだした強みである。

Ⅳ　むすび

　原宿では，アパレル小売店の集積が観光資源となるばかりではなく，そこに集まる消費者の服装が，アパレル商品の企画をする際の資源にもなっていた。観光という消費の場であるだけではなく，アパレルの生産に関しても重要な場として機能しているのである。しかしながら，2008年のリーマンショック以降，裏原宿では店舗を閉鎖するアパレル小売店もみられた。リーマンショックで一時的に下がった地価は，近年再び上昇しており（図1-3参照），資金のない若手デザイナーが裏原宿に店を開く環境が整っているとは言いがたい。

　裏原宿を歩いていると，しばしばアジアの国・地域から来たと思われる，ファッション雑誌のロケ風景が見られる。モデルとカメラマン，複数のスタッフが裏原宿の風景をバックに，写真を撮影しているのである。東京都や渋谷区，服飾関係の専門学校などでは，若手の有望なデザイナーを支援する試みも行われているが，その主な対象は日本人デザイナーのようである。アジアからの観光客も多く訪れる裏原宿には，アジアの若手デザイナーを積極的に受け入れて支援する仕組みがあってもよいのかもしれない。

1) 1位～7位の訪問地は以下の通りである。新宿(57.7%)，浅草(49.9%)，銀座(48.9%)，秋葉原(43.9%)，渋谷(40.3%)，東京駅周辺(37.9%)，上野(35.3%)
2) 以下の内容は，矢部(2012)の一部を加筆・修正したものである。
3) 聞き取り調査は2008年に行った。

◎参考文献

池田和子 2016. 観光地としての原宿・表参道の魅力―初上陸スイーツの立地から. 地理 (729): 66-68.
伊藤彰良・有田智一 2014. アパレル小売集積地区の成長と空間特性に関する研究―原宿を対象として―. 都市計画論文集 49: 831-836.
大城直樹 2016. 1980年代の「裏原宿」―文化地理学的回想. 地理 (729): 69-73.
大村未菜 2004. アパレル小売集積発展のメカニズム―原宿における実証研究から―. 経済と貿易 (187): 37-54.
川口夏希 2008. 更新された商業空間にみるストリート・ファッションの生成―大阪市堀江地区を事例として―. 人文地理 60: 443-461.
許伸江 2009. 東京都原宿地域のアパレル産業集積と中小企業の役割. 企業環境研究年報 14: 115-132.
米家志乃布 2016. 原宿・表参道の歴史的変遷. 地理(729): 62-65.
庄司洋子・安立清史・村井美紀・三本松政之 1988. 原宿地域住民の生活と福祉―住民意識調査の分析を通して―. 日本社会事業大学社会事業研究所年報 24: 241-285.
関口達也・貞広幸雄・秋山祐樹 2012. 住宅地滲出型商業集積の形成過程とその要因に関する研究―原宿地域・青山地域・代官山地域を事例とした時空間分析―. 都市計画論文集 47: 301-306.
立見淳也・川口夏希 2007. ファッション産業―経済と都市文化をつなぐ. 塩沢由典・小長谷一之編『創造都市への戦略』311-325. 晃洋書房.
中村由佳 2006. ポスト80年代におけるファッションと都市空間―上演論的アプローチの再検討―. 年報社会学論集 19: 189-200.
三田知実 2006. 消費下位文化主導型の地域発展―東京渋谷・青山・原宿の「独立系ストリート・カルチャー」を事例として―. 日本都市社会学会年報 24: 136-151.
三田知実 2013a. 東京都心における細街路の住宅街からファッショナブルな商業地区への変容―渋谷区神宮前の地域住民と新地域団体―. グローバル都市研究 6: 1-23.
三田知実 2013b. 衣料デザインのグローバルな研究開発拠点としての都市細街路―東京都渋谷区神宮前における住宅街からの変容過程―. 日本都市社会学会年報 31: 71-86.
三田知実 2016. グローバル都市・東京における高級衣料の法人取引―渋谷区神宮前を事例とした都市社会学的研究―. アドミニストレーション 23: 1-21.
矢部直人 2009.「すれ違う人が美しい」街、裏原宿の街区構造―Agent-Based Modeling を援用した歩行者行動の分析―. 観光科学研究 2: 39-48.
矢部直人 2012.「裏原宿」におけるアパレル小売店集積の形成とその生産体制の特徴. 地理学評論 85: 301-323.
和田清美 1988. 大都市都心周辺住宅地域の地域変貌―「原宿」の地域社会研究―. 日本社会事業大学社会事業研究所年報 24: 287-310.

2 東京・隅田川における河川交通の変遷と観光の可能性

太田　慧

I　はじめに

I-1　背景と目的

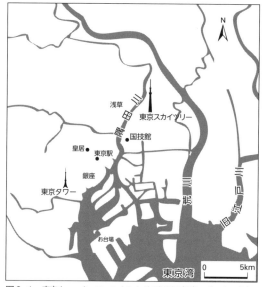

図2-1　東京ウォーターフロントにおける河川と観光スポットの分布

東京スカイツリーの開業（2012年5月）や2020年の東京オリンピック・パラリンピックの開催決定（2013年9月）を受け，隅田川や東京臨海部などのウォーターフロントへの関心が高まっている。このような近年の東京におけるウォーターフロントへの関心の高まりを反映して，隅田川を中心とした水上バスが注目されてきており，2000年代後半以降には商業誌において水上バスを特集した記事が散見されるようになった（東京人編集部 2007; 阿川 2010; 小池 2010）。さらに，隅田川の水上バスは，東京スカイツリーを「いつもと違う感覚で眺める」ことができる都市観光のアトラクションとして，旅行雑誌に取り上げられる機会が多くなってきた（昭文社 2012; JTBパブリッシング 2012）。このような傾向は，東京スカイツリーの建設によって隅田川をはじめとした下町の水辺が注目され始めたこととの関連が考えられる。また，東京における水上バスは，海外の旅行ガイドブックにも取り上げられている（Dodd and Richmond 2008; Yanagihara 2009）。Yanagihara (2009) は旅行ガイドブックLonely Planetにおいて，水上バスを「新鮮な空気を感じら

れるだけでなく，川から生まれた東京の遺産を感じられる乗り物」として，東京での観光地間の移動手段としての，隅田川の水上バスの利用を奨励している。これは，都市内を移動しながら同時に水辺の景色を楽しむことができる水上バスの魅力を伝えるものである。

　国内外の先行研究においては，都市観光における移動手段としての水上交通の役割に関する研究が挙げられる。Pearce (1995)は都市観光における定期観光バスの補完的役割をボート・クルーズが果たしているとして，都市内の移動手段における河川舟運の役割を示した。同様に，水上バスが混雑する陸上の交通を補完している事例として，淡野(2004)は透明なフードで覆われた船からパリの観光を楽しめるセーヌ川の水上バスを挙げた。これらの研究では，都市観光における水上バスは都市内交通を補完し，観光客は移動しながら水辺の景色を楽しむことができるのが水上バスの役割とされた。このように，水上バスは都市内交通の一つであることから，水上バスの航路に着目した研究がなされている。栗原ほか(2009)・塩原ほか(2009)は，近年の水上バス航路の規定要因として，航路の採算性と発着場周辺の観光施設の存在を挙げた。以上のように，水上バスの研究にとって航路は重要な研究課題であるが，過去に遡っての航路の変遷をたどった研究はみられない。さらに，近年のウォーターフロント観光としての水上バスの注目の高まりを踏まえ，従来の研究で不足していた運航船舶に着目し，観光アトラクションとしての水上バスの利用についても明らかにする必要がある。そこで，本章では東京の河川ならびに臨海部を対象とした東京ウォーターフロントにおける水上バスの航路[1]の変遷と，運航船舶の多様化による観光アトラクション機能の変化を捉えることを目的とする。

I-2　対象と手法

　建設省河川局(1997)は，平常時に利用されている舟運形態を「大都市の観光・旅客系」，「貨物系」，および「観光系」の3つに分類している。この分類において，水上バスは「大都市の観光・旅客系」に位置付けられる。現在の水上バスは陸上交通の発達により主に観光目的として利用されているため，第二次世界大戦以前のような通勤手段としての機能は喪失している。水上バスは都市観光における遊覧船としての機能を果たしながら，同時に都市内における観光地間の移動手段としても利用されている点が「観光系」に分類される川下りなどのアトラク

ションとは大きく異なる点である．なお，「水上バス」という名称は各事業者によって名付けられた愛称であり，法的に定められているものではない．これらを踏まえ，本章では「水上バス」という名称を使用している事業者を調査対象とし，東京における水上バスの歴史と航路の変遷を明らかにしていく．

調査手法としては，現在運航している水上バス事業者への調査によって入手した資料や聞き取り調査から航路の現状や船舶の種類を把握した．さらに，過去の航路に関しては，文献調査や旅行雑誌における水上バスの特集記事などから引用して整理した．

Ⅱ 東京における水上バスの歴史と航路の変遷

Ⅱ-1 明治期から高度経済成長期以前の水上バス

田中（1988）によると，東京において初めて水上バスの定期航路が浅草～両国間に開かれたのは，1885（明治18）年のことであった．やがて航路は永代橋まで延長され，当時の運賃が1区につき1銭だったことから「一銭蒸気」の愛称で親しまれていた．当時は隅田川の橋が少なく，陸上の交通手段も未発達であったため，隅田川の右岸と左岸を結ぶジグザグの航路が設定されていた．その後，第二次世界大戦による船の徴用，空襲による被災を経て第二次世界大戦以前の水上バスは壊滅状態に陥った．その後，戦後復興期の1950年には「東京水上バス」として復活した．

戦後復興期に都民の都市内交通としての役割を担っていた水上バスであるが，高度経済成長期を迎え水上バスの航路である隅田川沿川の景観は垂直にそそり立つコンクリートの堤防や高速道路の建設により一変した．さらに，隅田川の水質汚染も深刻であり，当時の乗客は悪臭を避けるためにハンカチで鼻を覆ったという（陣内 1993）．このような隅田川の水質汚染によって乗客数は減少し，1960年代の水上バス事業は低迷した（田中 1988）．

Ⅱ-2 東京における水上バスの再興

以上のように，隅田川の水質汚染によって低迷した東京の水上バスであるが，1970年代半ば以降は徐々に隅田川の水質に改善がみられるようになってきた．このような水質改善の結果，水上バスの乗客数も徐々に回復していった（田中

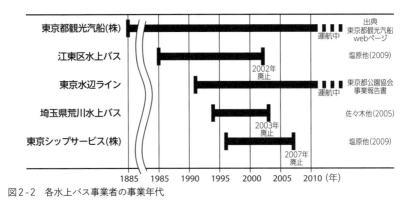

図2-2　各水上バス事業者の事業年代

1988)。東京都観光汽船では，従来からの隅田川航路に加えて新たに1974年に日の出桟橋とお台場を結ぶ「船の科学館ライン」が就航した(大澤 1997)。

　また，1980年代のウォーターフロントブームも水上バスの復興を後押しした。このような状況から，公共事業者や民間事業者による新たな水上バス事業の参入がみられるようになった。図2-2はこれらの水上バス事業者の参入あるいは撤退年をまとめたものである。まず，公共機関による水上バス事業として，1985年には江東区による水上バス事業が開始された。次いで，1991年には公益財団法人東京都公園協会による水上バス事業として，「東京水辺ライン」の運航が開始された。また，1994年には埼玉県による水上バス事業として，江戸川区の葛西と埼玉県の秋ヶ瀬を結ぶ「埼玉県荒川水上バス」の運航が開始された。さらに，1996年には民間事業者による水上バス事業として，「東京シップサービス」の運航が開始された。「東京シップサービス」は東京港における通船事業者[2)]であるが，1996年の世界都市博覧会の会場となる予定であった臨海副都心への海上輸送を見越して水上バス事業に参入した。

II-3　1990年代以降の水上バス航路の変遷

　図2-2に示したように，1990年代には5つの事業者によって水上バスが運航されていたが，2000年代に入ると，江東区水上バス，埼玉県荒川水上バス，および東京シップサービスが相次いで撤退した。以下，1990年代以降の水上バスの航路を地図化することで，近年における水上バス航路の変遷を明らかにする。なお，以下に示す1997年および2003年の水上バスの航路図については，

それぞれ小池（1997）と眞鍋（2003）にみられる先行研究をもとに整理・図化し，2011年の航路図については現地調査や各水上バス事業者が発行するパンフレットをもとに地図化したものである。

(1) 1997年の航路

1997年においては，東京都観光汽船，江東区水上バス，東京水辺ライン，埼玉県荒川水上バス，および東京シップサービス[3]の5つの事業者によって水上バスが運航されていた。1997年の航路については，隅田川やお台場を中心とした航路と，荒川や旧江戸川を運航する広域的な航路の2種類に大別で

図2-3　1997年の水上バス航路
（小池（1997）により作成　※東京シップサービスについてはデータなし）

きる。隅田川やお台場を中心とした航路は，東京都観光汽船，東京水辺ライン，および江東区水上バスの3つの事業者により運航されていた。東京都観光汽船については，第二次世界大戦以前から運航されている隅田川航路と臨海部のお台場方面への航路が設定されていた。このような隅田川とお台場を結ぶ航路設定は，東京水辺ラインにおいても同様である。また，江東区水上バスは，小名木川をはじめとした江東区内の中小河川を運航する「運河コース」と，お台場方面への「臨海コース」の2つの航路が設定されていた。

一方，広域的な航路では，東京都観光汽船によって日の出桟橋から葛西方面に向かい，旧江戸川をさかのぼって江戸川区の小岩菖蒲園へ向かう「小岩菖蒲園ライン」が設定されていた（図2-3）。また，東京水辺ラインでは，隅田川からお台場を経由し，荒川を遡上して荒川ロックゲートや岩淵水門を通過して再び隅田川へ戻る周遊航路が設定されていた（図2-3）。埼玉県荒川水上バスは，東京都江戸川区の葛西臨海公園から埼玉県浦和市（現さいたま市）の秋ヶ瀬公園を結ぶ36.7kmの「なぎさ航路」であった（図2-3）。このように，1997年の航路は，第二次世界大戦以前からの隅田川航路や臨海部のお台場周辺を中心とした航路以外にも，荒川や旧江戸川を運航する広域的な航路が特徴であった。

図2-4　2003年の水上バス航路
　　　（眞鍋（2003）により作成）

図2-5　2011年の水上バス航路
　　　（東京都観光汽船パンフレット（2010）
　　　およびて東京水辺ラインパンフレット
　　　（2011）により作成）

(2) 2003年の航路

　2003年の航路の変化としては、2003年に埼玉県荒川水上バスが運航業者の経営不振によって廃止されたため、埼玉県荒川水上バスの葛西臨海公園と秋ヶ瀬を結ぶ「なぎさ航路」が廃止された。さらに、東京都観光汽船の「小岩菖蒲園ライン」の廃止によって、旧江戸川を運航する航路が廃止された（図2-4）。また、2002年の江東区水上バスの廃止を受け、小名木川をはじめとした江東区内の中小河川を運航する「運河コース」が廃止された（図2-4）。これらの結果、荒川や旧江戸川を運航する広域航路と江東区内の中小河川航路が廃止され、2003年の水上バス航路は東京都内の隅田川、荒川、およびお台場周辺の臨海部に限定される航路となった（図2-4）。また、2003年においては、東京シップサービスによる水上バスが日の出桟橋とお台場方面を結ぶ航路として運航されていた。これと同様に、東京都観光汽船と東京水辺ラインも日の出桟橋とお台場を結ぶ航路を運航していたため、2003年当時は海上からのお台場へのアクセスとして3つの水上バス事業者が競合していたことになる。

(3) 2011年の航路

　2007年の東京シップサービスの廃止を受けて，2011年の水上バスは東京都観光汽船と東京水辺ラインの2社体制となった[4]。東京シップサービスの廃止については，2002年のりんかい線全線開通による陸上交通の整備が原因であるとされている（塩原他 2009）。また，2003～2011年における航路の変化の特徴は，広域航路のさらなる減少である。2008年9月29日より，東京都観光汽船の「しながわ水族館ライン」の運航が休航されており，2017年現在も休航されたままである（東京都観光汽船ウェブサイト）。これにより，2011年の東京都観光汽船の航路は，隅田川とお台場方面への航路のみとなった（図2-5）。その結果，東京都観光汽船の運航範囲は隅田川とお台場周辺の臨海部の一部に限られるようになり，隅田川とお台場周辺への航路の集中がより顕著になった。

　一方，東京水辺ラインは2011年7月に新たに小型水上バスの「カワセミ」を就航させ，新たな航路を設定した（図2-5; 写真2-1）。従来型の水上バスの定員がおおむね150～300人に対して，「カワセミ」の定員は70人と小型である。このため，「カワセミ」は神田川や日本橋川のような中小河川を航行することが可能である。これにより，2002年の江東区水上バスの廃止以来みられなくなった中小河川における水上バス航路が再び設定されるようになった。日本橋川には「カワセミ」専用の発着場が設置され，2011年には年間約7,000人に利用されている（東京都公園協会事業報告書 2011）。なお，2011年における東京水辺ラインの従来型の船舶による航路は，1997年と2003年と同様に隅田川，お台場，および荒川を周遊する航路が設定されている。

Ⅲ　水上バスの乗船客数の推移からみた航路の変遷と運航船舶の多様化

Ⅲ-1　水上バスの乗船客数の推移からみた航路の変遷

　以上，事業者別の水上バス航路の時間的・空間的な変遷をみてきた。ここでは，水上バスの乗客数の推移からみる航路の変遷に着目し，東京ウォーターフロントにおける水上バス航路の変遷について考察する。1997年においては，埼玉県荒川水上バスの「なぎさ航路」や東京都観光汽船の「小岩菖蒲園ライン」など，東京臨海部から内陸までに及ぶ広域的な航路設定が特徴であった。ところが，1997～2003年の期間では，これらの広域的な航路が廃止され，全航路

が東京都内の河川およびお台場周辺の臨海部に限定された。栗原他（2008）は，埼玉県荒川水上バスと東京都観光汽船の「しながわ水族館ライン」と「葛西臨海公園ライン」の廃止には，各航路の採算の影響を挙げている[5]。1996年における航路別の乗客数の中で隅田川ラインが最多であり，葛西臨海公園への航路が第2位である（図2-6）。埼玉県荒川水上バスや東京都観光汽船の「しながわ水族館ライン」などの広域的な航路の廃止についても，水上バス事業者が乗客数の少ない航路の廃止によって経営合理化を図ったものと考えられる。

続いて，東京都公園協会事業報告書（1997；2003；2011）をもとに東京水辺ラインの発着場別の乗船者数を示したものが図2-7である。これによれば，1997年における東京水辺ラインの乗船客数は，臨海部の葛西臨海公園と隅田川沿川の両国に乗船客数が集中していた（図2-7a）。また，小豆沢，神谷，および荒川遊園などの桜橋・浅草以北の発着場にもそれぞれ4,000人近い[6]乗船客数があった（図2-7a）。ところが，2003年になると小豆沢，神谷，および荒川遊園などの浅草以

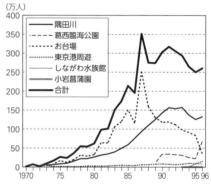

図2-6　東京都観光汽船の航路別乗船客数の推移
　　　　（大澤（1997）により作成）

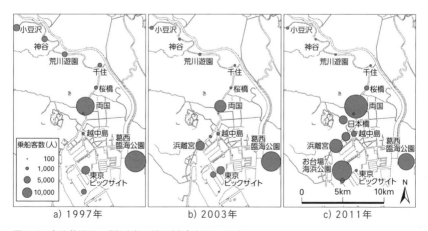

a) 1997年　　　　b) 2003年　　　　c) 2011年

図2-7　各発着場別の乗船客数の推移（東京水辺ライン）
　　　　（東京都公園協会事業報告書（1997；2003；2011）により作成）

写真2-1　日本橋川の小型水上バス「カワセミ」
（2015年2月筆者撮影）

写真2-2　屋上に展望デッキを備えた東京水辺ライン「こすもす」・定員200人
（2012年2月筆者撮影）

北の発着場の乗船客数が減少した（図2-7b）。その一方で，浜離宮やお台場海浜公園などの臨海部の発着場における乗船客数は増加した（図2-7b）。この傾向は2011年にはより顕著になり，小豆沢，神谷，および荒川遊園などの桜橋・浅草以北の発着場の乗船客数はより一層減少した一方で，両国，越中島，浜離宮，およびお台場海浜公園といった隅田川沿川や臨海部の発着場における乗船客数が大幅に増加した。これにより，両国とお台場海浜公園における年間乗船客数はそれぞれ約6万人と約5万人[7]に増加した（図2-7c）。

　以上のように，1997〜2003年における広域的な航路の廃止や各発着場別の乗船客数の推移をみると，東京における水上バスの航路は，明治時代以来の長い歴史のある隅田川を中心とした航路に集約されつつあることが明らかになった。このような航路の変遷の理由の一つには，各航路間の乗船客数の差という水上バス事業者の経営上の理由があると考えられる。

Ⅲ-2　運航船舶の多様化と観光アトラクションとしての水上バスの利用

　2011年の東京水辺ラインによる小型水上バス「カワセミ」の就航により，隅田川や荒川などの比較的川幅が広い河川を運航する大型水上バスが中心であった運航船舶が多様化している（写真2-1）。都市内の中小河川を運航する小型水上バス「カワセミ」の導入により，日本橋川や神田川に架かる中小河川の橋を川面から眺めることができるようになった。また，「カワセミ」には他の発着場を経由せずに出発地に戻る周遊便が設定されており，2013年現在は隅田川から東京スカイツリーを眺める観光アトラクションとして，浅草発着の周遊便が設定されている。

写真2-3　東京都観光汽船「ヒミコ」
　　　　（2012年2月筆者撮影）

写真2-4　東京都観光汽船「ホタルナ」
　　　　（東京都観光汽船webページより）

写真2-5　東京都観光汽船「安宅丸」
　　　　（2014年3月筆者撮影）

　さらに，2000年代以降は運航されている船のデザインにも変化がみられる。東京都観光汽船は，漫画家の松本零士氏によってデザインされた「ヒミコ（2004年就航）」および「ホタルナ（2011年就航）」を相次いで就航させた。「ヒミコ」および「ホタルナ」は，従来の水上バスとは大きく異なる近未来的なデザインが特徴的である（写真2-3；2-4）。このようなデザインに特徴のある新型船の導入は，都市観光のアトラクションとしての水上バスの魅力を高めている。「ヒミコ」および「ホタルナ」は，それぞれ浅草とお台場を結ぶ隅田川航路において運航されている。さらに，江戸時代の大名専用の船である御座船を模した「安宅丸」が2011年より日の出桟橋と青海（船の科学館）間で定期運航されている（写真2-5）。

　以上のように，中小河川への小型水上バスやデザインに特徴のある船の導入により，「都市内交通を補完し，観光客は移動しながら水辺の景色を楽しむことができる（Pearce 1995; 淡野 2004）」という従来の水上バスの役割に，非日常的な乗り物として水上バスに乗船する楽しみが新たに付加されているものと考えられる。運航船舶を多様化させるという各水上バス事業者の企業努力によって，観光アトラクションとしての水上バス利用者が増加し，新型船が発着する浅草，両国，越中島，および浜離宮などの隅田川沿川の発着場やお台場海浜公園などの発着場の乗船客数が大幅に増加したものと考えられる。

Ⅳ　おわりに

　東京ウォーターフロントにおける水上バス事業は，高度経済成長期の水質汚染による低迷から，1980年代に新規事業者の参入や既存の事業者による広域航路が開設されるなど，徐々に再生してきた。水上バスの航路は，1990〜2000年代にかけて荒川や旧江戸川を運航する広域的な航路が徐々に減少していき，この傾向は2010年代により顕著になるという変遷をたどった。この結果，隅田川やお台場周辺の臨海部を運航する航路が水上バスの中心的な航路となった。また，中小河川を周遊する「カワセミ」や，デザインに注力した「ヒミコ」や「ホタルナ」や「安宅丸」といった新型船を導入して運航船舶を多様化させることで，近年の水上バスは観光アトラクションとしての機能を高めている。

　本章では，東京ウォーターフロントにおける水上バス航路の変遷と運航船舶の多様化を明らかにすることができた。隅田川やお台場周辺の臨海部の航路は，東京における水上バス航路の中心的存在であると同時に，競合事業者との乗船客の獲得競争が発生する航路である。また，近年では水陸両用バスの「スカイダック」やチャーター利用が可能な「TOKYO WATER TAXI」などの新たなサービスが登場するとともに，防災船着場の平常時利用を含めた制度の再検討などによって隅田川や東京ウォーターフロントに展開するクルーズの状況は賑やかなものとなっている。

---

1) 本章では不定期に企画されるイベントクルーズは対象外とした。
2) 本船と陸上とを連絡往復する船。
3) 1997年における東京シップサービスの航路についてはデータが得られなかったが，東京シップサービスによる水上バス事業の目的が臨海副都心へのアクセス確保であることを考えると，図2-4に示した2003年の航路と同様に日の出桟橋とお台場を結ぶ航路であったと考えられる。
4) 2013年現在で観光汽船興業株式会社による「アーバンランチ」が2007年より定期運航されている。しかし，「アーバンランチ」は「クルーザーサービス」をうたっており，サービス内容が一般的な水上バスと区別されるため，本研究の対象から除外した。
5) 栗原他 (2009) によれば，2006年の東京都観光汽船の「葛西臨海公園ライン」の廃止については，経営上の理由とともに西風のために欠航率が高いという環境要因が挙げている。
6) なお，1997年時点の乗降客数は，小豆沢4,926人，神谷3,466人，荒川遊園2,784人である。
7) お台場海浜公園，船の科学館，東京ビッグサイトの合計。

◎参考文献

阿川尚之 2010. さかのぼっても、さかのぼっても、東京.「東京人」(8):31-37.
太田慧 2014. 東京ウォーターフロントにおける水上バス航路の変遷と運行船舶の多様化. 観光化学研究(7):37-44.
大澤浩吉 1997. 水上バスの現状と課題. 河川(8):35-40.
建設省河川局治水課 1997. 物流・都市内交通手段としての河川舟運の再構築. 河川(9):25-29.
栗原一暢・宮本守・吉川勝英 2009. 舟運の現状と再興に関する検討. 土木学会関東支部技術研究発表会講演概要集
小池達男 1997. 東京周辺における河川舟運の現状. 河川(8):73-78.
小池昌代 2010. 東京スカイツリーを眺めて、下町、川旅の愉楽「東京人」(8):16-23.
佐々木孝之・横内憲久・岡田智秀・花野修平・市橋伸悟 2005. 都市内における水上交通整備を促す航路設定要件に関する研究―東京・千葉・神奈川における水上交通を対象として. 日本大学理工学部 学術講演会論文集:868-869.
塩原大亮・横内憲久・岡田智秀 2009. 都市内における水上交通利用の促進に関する研究―発着所の後背地における土地利用状況の考察―. 日本建築学会学術講演梗概集:439-440.
JTBパブリッシング 2012.「るるぶ情報版　東京スカイツリー」2012(7):84.
昭文社 2012. 乗り物からスカイツリー見学「まっぷる　東京スカイツリー&浅草へでかけよう！」(6):48-51 昭文社.
陣内秀信(編) 1993.「ビジュアルブック江戸東京5江戸東京」. 岩波書店.
田中末芳 1988. 水上バスと隅田川. 新都市42(9):85-88
淡野明彦 2004.「アーバンツーリズム―都市観光論―」:古今書院.
東京都観光汽船―TOKYO CRUISE;
　http://www.suijobus.co.jp/index.html（最終閲覧日：2013.12.1）
東京都公園協会事業報告書 1997. 2003. 2011.
東京人編集部 2007. 水上バスで隅田川、名橋めぐり。「東京人」(8):64-65.
東京水辺ライン「水上バスで行こう！」オフィシャルサイト［東京都公園協会］;
　http://www.tokyo-park.or.jp/waterbus/indei.html（最終閲覧日：2013.12.1）
眞鍋じゅんこ 2003. トウキョウ水上バス完全攻略！.「散歩の達人」2003(3):68-78.
Jan Dodd and Simon Richmond 2008. The Rough Guide to Tokyo : 28.
Ota, K. 2014. *Changing waterbus routes and increasingly diverse boat designs in the Tokyo Rinkai (waterfront) area*. European Journal Of Geography 5(4): 47-55.
Pearce, D. 1996. *Tourism Today -A geographical analysis-(2nd Edition)*. London: Pearson Education.
Wendy Yanagihara 2009.「TOKYO ENCOUNTER」(9): lonely planet.

3 東京・小平市におけるオープンガーデンの活用と地域資源との連携

小池　拓矢

I　はじめに

I-1　オープンガーデンとは

　オープンガーデンとは，個人が所有する庭を一般に向けて公開する活動のことである。この活動はイギリスで始まったとされ，1927年に設立されたナショナル・ガーデン・スキームという団体によって，オープンガーデンが開催されてきた。日本では，1990年代後半のガーデニングブームのなかでイギリスの活動が紹介され，オープンガーデンを開催する市民団体が結成された（相田ほか 2002）。2000年には長野県小布施町で行政主導のオープンガーデンが開催され（野中 2002），現在では，いくつもの自治体でオープンガーデンが開催されている。

　これまで，オープンガーデンに関しては，様々な視点から研究がなされてきた。相田・進士（2001）は，横浜市と東京都国分寺市，大阪市にある3か所の個人庭園をオープンガーデンの先駆的事例として選出し，これらを分析することによって，日本におけるオープンガーデンの意義と発展の可能性を考察した。野中（2002）は，長野県小布施町のオープンガーデンを対象として，行政主導のオープンガーデンが，ガーデンの所有者に与える効果や運営上の課題を明らかにした。野中（2005）は，同じく小布施町のオープンガーデンを対象として，ガーデンへの来訪者の行動特性を明らかにした。また，平田ほか（2003）は，兵庫県の2地域のオープンガーデンを対象とした産業連関分析によって，オープンガーデンが地域へもたらす経済波及効果の把握を行った。朴・野中（2010）は，全国のオープンガーデンを対象に，活動の契機や期間などを整理することで，ガーデン所有者の意識や行政の支援について明らかにした。以上のように，オープンガーデンに関する先行研究は主に造園学や都市計画学の分野を中心として行われてきた。具体的には，活動の変遷に関する研究や経済効果に言及したもの，ガーデンの所有者の意識に着目したものなどである。しかし，所

有者だけでなくガーデンへの来訪者や周辺住民が抱いているオープンガーデンに対する意識や，様々な施設が存在する地域空間のなかでのオープンガーデンの位置づけなどの，「地域」における人や空間との関わりからオープンガーデンを捉えた研究は十分に行われてこなかった。近年，地域振興のためにオープンガーデンを開催する自治体も多くなっていることから，これらを明らかにすることはオープンガーデンに関する研究の重要な課題といえる。そこで，本研究では，行政主導のオープンガーデンを行っている地

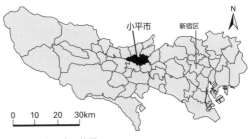

図3-1　小平市の位置

写真3-1　玉川上水の緑道（2012年6月筆者撮影）

域の一例である東京都小平市において，ガーデンへの来訪者に対する調査を行うことで，地域空間におけるオープンガーデンの特徴と機能を明らかにすることを目的とした。2017年現在においても，小平市ではオープンガーデンの活動が行われているが，本稿では，2011年から2012年にかけて行った調査の結果を示す。

I-2　研究の対象地

　東京都小平市は，東京都の多摩地域に位置している（図3-1）。都心からの距離は約26kmであり，鉄道を利用した際の所要時間は約30分である。小平市の面積は約20.5km^2，2016年現在の人口は約19万である。JR武蔵野線や西武新宿線などの多数の鉄道路線が通っていることがこの地域の特徴の1つであり，市内には鉄道の駅が7か所ある。小平市のおもな観光施設は，「小平グリーンロード」と呼ばれる全長約21kmの緑道周辺に集中しており，公園や植物園

などの自然環境を利用した施設が多い。特に，「小平グリーンロード」の一部であり，江戸時代の優れた水道技術を遺す玉川上水の緑道は，多くの人がウォーキングに訪れる観光資源の1つである（写真3-1）。

Ⅱ　小平市におけるオープンガーデンの立地と利用

Ⅱ-1　「こだいらオープンガーデン」の概要

本章では，小平市のオープンガーデンの活動である「こだいらオープンガーデン」を対象として調査を行った。この活動は2007年から始まり，市の産業振興課内に事務局を置いた「小平市グリーンロード推進協議会」によって運営されてきた。他の自治体で行政主導のオープンガーデンが開催されるなか，小平市でも緑の多い土地柄を生かすため，オープンガーデンが行われることになった。「小平市グリーンロード推進協議会だより」によると，活動開始当初は，緑と潤いのあるまちづくりを目指して活動が行われ，2008年にはガーデンの登録数を増やすことが具体的な目標として掲げられた。さらに，2010年になると，活動の認知度の向上とガーデンの所有者同士の交流による活動への意識の向上が目標となった。調査を行った2012年4月現在，24か所のガーデンが公開されており，活動の開始当初からその数は少しずつ増加してきた（2017年4月現在は26か所）。また，各種メディアに取り上げられることで，「こだいらオープンガーデン」は次第に観光資源としての役割を期待されるようになった。

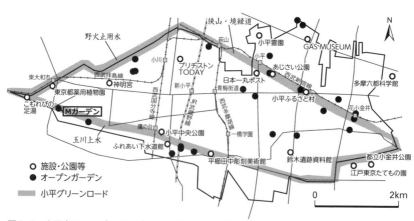

図3-2　小平市のオープンガーデンと主要な施設の分布

Ⅱ-2 オープンガーデンの分布と類型化

「こだいらオープンガーデン」として公開されているガーデンおよび小平市内の主要な施設の分布を図3-2に示した。これをみると，オープンガーデンの多くが「小平グリーンロード」の周辺に分布していることが読み取れる。特に，市の北側を通る狭山・境緑道周辺には多くのオープンガーデンが立地している。

これらのオープンガーデンのなかには，一般住宅のガーデンだけでなく，カフェなどの店舗に付属したものや公共の花壇として整備されているものもある。そこで，オープンガーデンを，付属している施設と住宅敷地内に入れるか否かという点から，敷地内観賞型，敷地外観賞型，店舗併設型，公共施設型の4つに類型化し，整理した（表3-1，写真3-2）。これによると，様々な種類のガーデンが組み合わさって「こだいらオープンガーデン」の活動が行われていることがわかる。

表3-1 「こだいらオープンガーデン」の4類型

類型	数	形態
敷地内観賞型	8	一般住宅のガーデン 敷地内に入って見学ができる
敷地外観賞型	6	一般住宅のガーデン 敷地外からの見学となる
店舗併設型	4	カフェなどに付随したガーデン
公共施設型	6	道路脇の花壇や広場

写真3-2 敷地内観賞型の例（2011年5月筆者撮影）

Ⅱ-3 来訪者を対象とした調査の概要

本章では，敷地内観賞型の1か所のオープンガーデン（以下，Mガーデン）において，利用者へのアンケート調査を行った。Mガーデンは玉川上水の背後に位置しており，広さ約1,000m²の，1年を通して公開されているオープンガーデンで

写真3-3 Mガーデンの景観（2012年6月筆者撮影）

ある(写真3-3)。各種メディアにたびたび取り上げられていることから，比較的知名度の高いオープンガーデンであるため，「こだいらオープンガーデン」を訪れる人の多くがMガーデンへ来訪していると考えられる。そこで，Mガーデンを起点とした来訪者の属性や行動を把握するために，2012年の春から夏にかけてアンケート調査を実施した。

Ⅱ-4　Mガーデンの利用実態

　アンケート調査では，140組の来訪者から回答を得ることができた。アンケートを集計した結果，Mガーデンへの来訪者は女性が多く，男性の約3倍であった。年齢に関しては，50代以上の高齢の来訪者が多く，60代が全体の来訪者のうち約3割を占めていた(表3-2)。Mガーデンの情報の入手手段については，64組の来訪者が家族・知人からと回答し，以下，看板(17組)，新聞・雑誌(15組)，テレビ(14組)となっていた(表3-3)。また，来訪者の居住地は小平市内を含む東京都内が多く，神奈川県や埼玉県からの来訪者もみられた。図3-3は来訪者の居住地と利用交通機関を示したものである。これによれば，Mガーデンから半径10km圏内に居住地をもつ来訪者のうち，6割以上が自家用車を利用していた。これに対して，10km圏外に居住地をもつ来訪者の約6割が鉄道を利用していた。

　以上より，典型的な来訪者は高齢の女性で，家族・知人の口コミをもとにMガーデンを訪れている傾向が読み取れる。来訪者の居住地は広範囲にわたるが，近隣からは自家用車，遠方からは鉄道を利用する傾向が強かった。鉄道

表3-2　来訪者の性別と年齢

	男性	女性	不明・無回答	計
10代未満	0	1	0	1
10代	0	1		1
20代	4	3	0	7
30代	1	11	0	12
40代	8	16	0	24
50代	12	49	0	61
60代	19	90	0	109
70代	20	46	0	66
80代以上	10	2	0	12
不明・無回答	0	13	39	52
計	74	232	39	345

表3-3　来訪者の情報入手先

情報入手先	
家族・知人	64
看板	17
新聞・雑誌	15
テレビ	14
事前には入手していない	8
インターネット	5
小平市のパンフレット・情報誌	5
その他	7
不明・無回答	5
計	140

によるアクセス性の良さが都心からの来訪者を集める要因の1つになっていると考えられる。

Ⅲ 小平市におけるオープンガーデンと他の地域資源との関係性

Mガーデンの来訪者に対するアンケート調査では、当日に訪れたもしくは訪れる予定の場所も回答してもらった。回答方法は複数選択式とし、小平市の観光ガイドマップに記載されている主な施設に他のオープンガーデンを加えた36か所の選択肢を提示した。その結果、61組から有効回答を得られた。図3-4は調査結果をもとに、各施設への来訪人数を示したものである。これによれば、来訪者はMガーデンの周辺と小平市南部を通る玉川上水の緑道沿いの施設を訪れる傾向が強いことがわかる。最も多くの来訪者が訪れたのは、Mガーデン近隣の東京都薬用植物園であり、19組が訪れている。さらに、Mガーデンからは離れた場所に位置しているにも関わらず、玉川上水に隣接する都立小金井公園と江戸東京たてもの園には、それぞれ14組、12組が訪れている。一方、北部の小平駅周辺の施設を訪れた来訪者は、南部の施設と比較すると少なかった。特に、鉄道利用者のほとんどは北部の施設を訪れていなかった。また、Mガーデン以外のオープンガーデンを1か所でも訪れた来訪者は19組存在した。

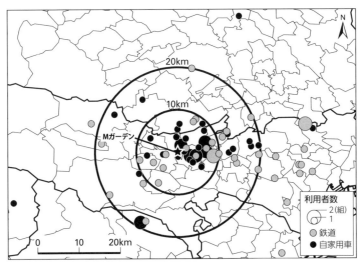

図3-3 Mガーデン来訪者の居住地と利用交通機関

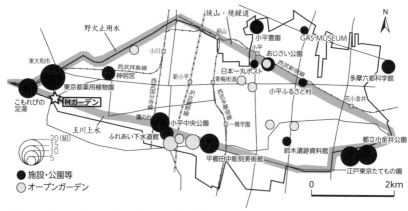

図3-4　Mガーデン来訪者の各施設への来訪人数

　1人でも来訪者が訪れたオープンガーデンは9か所あったが，そのうち5か所は敷地内観賞型，3か所は店舗併設型，1か所は敷地外観賞型であった．最後に，来訪者の約3割を占める20組は，Mガーデン以外の施設に訪れていなかった．

　以上より，Mガーデンへの来訪者は，Mガーデンの周辺や市の南側の施設に比較的よく訪れている傾向がわかった．これは玉川上水の緑道という良質な歩行空間が来訪者を誘導していると考えられる．その一方，市の北側の施設を訪れる人は少なく，Mガーデンだけを訪れてそのまま帰ってしまう人も一定の割合存在した．

　行政はガイドマップやウェブサイトを利用して「こだいらオープンガーデン」の情報を発信していたが，これらの情報を参考にした利用者は少なく，多くは口コミやメディアの情報をもとにMガーデンを訪れていた．ただし，これらの情報はMガーデンのみに焦点を当てている場合が多く，他の観光施設やオープンガーデンについて認識しないままMガーデンを訪れる利用者が多数いた．

　そのため，「こだいらオープンガーデン」を利用者に認識させるために必要となるのが，現地での案内板やマップなどによる情報である．しかし，個々のオープンガーデンには，観光施設や他のオープンガーデンに関する案内板がほとんど設置されていなかった．また，それぞれの観光施設でもオープンガーデンに関する案内はなされていなかった．

　2011年に，公共施設型を除いた「こだいらオープンガーデン」の所有者15名に対して聞き取り調査を行った．その結果，行政のオープンガーデンの活動に

関する意見として，「宣伝が足りないので，小平在住の人でも知らない人が多い」，「市外へのアピールを鉄道会社などと交渉して行えばいいのではないか」というような，オープンガーデンの地域内外への宣伝の必要性に言及する所有者が4名存在した。また，オープンガーデンの数を増やしたいという所有者が2名いた。よって，所有者のなかにも，オープンガーデンによる観光振興を望む人は存在するが，それはほとんど行政の役割として認識されているため，所有者による積極的な宣伝活動は行われていなかった。また，オープンガーデンはあくまで個人所有の敷地であるため，行政が案内板の設置などを指示するのは難しい側面もあるだろう。

　小平市には，帯状の緑地空間とアクセス性の良さという人々が回遊する上で良好な環境が存在している。緑道とオープンガーデン，既存の観光施設を組み合わせて，地域内外の人々へアピールすることで，回遊行動がさらに広範囲，長時間に発展する可能性を秘めている。

Ⅳ　「こだいらオープンガーデン」の特徴——むすびにかえて

　大都市近郊のオープンガーデンである「こだいらオープンガーデン」は，多様な地域から利用者が訪れていることで特徴づけられる。相田・進士（2001）が，新聞や雑誌によって来訪者の居住地の範囲が拡大した結果，オープンガーデンの開催が地域活動の枠を超える可能性があると指摘しているように，まさに「こだいらオープンガーデン」は広範囲から集客をする観光資源として機能していた。また，長野県小布施町のオープンガーデンの来訪者は，ほとんどが自家用車や団体バスでガーデンを訪れている（野中 2005）が，Ｍガーデンを訪れる人のなかには，鉄道を利用する人が多数いた。これは，大都市近郊に位置し，鉄道によるアクセスが容易であるという特徴を反映していた。

　小平市の地域的な特徴として，豊かな自然資源が存在すること，玉川上水の緑道に代表されるように，来訪者が安全・快適に移動できる歩道が整備されていること，市内に多数の鉄道駅が存在していることなどが挙げられ，これらの特徴は来訪者の回遊行動を促進する上で有利な条件になる。「小平グリーンロード」のような自然空間は都市住民の貴重な余暇空間でもあり，特に玉川上水は現状においても一定数の来訪者を緑道沿いの施設へ誘導する道として機能して

いる。また，鉄道駅が複数あることで，来訪者は下車駅に必ずしも戻ってくる必要がないため，広範囲の行動が可能となる。

　本章においては，「こだいらオープンガーデン」の特徴と来訪者の回遊行動を促進する上での課題を述べてきた。ただし，本来はプライベートであるはずの空間を公開するというオープンガーデンの性格上，来訪者が増加することで，来訪者と地域住民の間で衝突が起こったり，ガーデン所有者の家族が精神的に疲労したりしてしまうケースがあることには留意しなければならない。「こだいらオープンガーデン」においては，多くの所有者が来訪者にガーデンを見られることを歓迎しているが，オープンガーデンを継続的に行うためには，地域住民や所有者の家族を含めた各主体間で合意形成を行うとともに，私的な空間が公共性をもつことに伴う弊害についても注意する必要があるだろう。

　そして，主催者である行政は，オープンガーデンの所有者や様々な観光施設，および交通機関と協力して，来訪者が行動しやすい環境をつくることが必要である。また，オープンガーデンに関連したイベントを他地域と協働して開催することも可能である。オープンガーデンだけでなく，他の地域資源，時には他の自治体とも連携しながら活動を展開することが，行政がオープンガーデンを主導する意義であるといえるだろう。

◎参考文献

相田明・進士五十八 2001. 先駆的事例を通じた我が国におけるオープンガーデンの意義. 東京農大農学集報 46：154-165.

相田明・鈴木誠・進士五十八 2002. 英国ナショナル・ガーデン・スキームによるオープンガーデンの発祥と活動. ランドスケープ研究 65：393-396.

野中勝利 2002. 長野県小布施町におけるオープンガーデンの特徴と課題. ランドスケープ研究 65：805-810.

野中勝利 2005. 日常的公開のオープンガーデンにおける観賞者の行動特性―小布施オープンガーデンを事例として―. 都市計画論文集 40：847-852.

朴恵恩・野中勝利 2010. オープンガーデン活動におけるきっかけと期間を視点とした活動実態からみた継続性. 日本建築学会計画系論文集 75：427-435.

平田富士男・橘俊光・望月昭 2003. わが国におけるオープンガーデンの地域経済への波及効果量の把握に関する研究. ランドスケープ研究 66：779-782.

COLUMN コラム

植物の観賞と観光

　本章では，オープンガーデンという一般住宅で育てられた植物を公開する活動について紹介した。四季の豊かな日本において，春は桜の花見，秋は紅葉狩りの名所に多くの人が訪れることから，植物の観賞は観光において重要なキーワードである。ここでは，近年，植物の観賞で話題を集めている観光地を紹介する。

■国営ひたち海浜公園

　茨城県ひたちなか市にある都市公園。総面積は350haあり，春に咲く青い花「ネモフィラ」と，秋に赤く染まる「コキア」が特に有名。2015，2016年の観光客数は200万人を超えており，アジア圏を中心に外国人観光客も増加している。

■足利フラワーパーク

　栃木県足利市にある藤の花が有名な庭園。2014年には，園内の大藤がSF映画「アバター」に登場する木のようだとして，CNNの「2014年の世界の夢の旅行先10か所」に日本では唯一選出された。冬季には「光の花の庭」という大規模なイルミネーションも開催されている。

■田舎館村田んぼアート

　観光の対象となる植物は，美しい花だけとは限らない。青森県田舎館村では，様々な種類の稲を用いて田んぼに絵を描く田んぼアートが行われている。2016年には映画「シン・ゴジラ」や大河ドラマ「真田丸」の絵が田んぼ一面に描かれた。また，村役場の展望デッキが新設され，観光客の増加にも対応している。（小池　拓矢）

写真3-4
写真3-5
2017年の田んぼアート（2017年10月筆者撮影）

4
ベルギー・国際都市ブリュッセルにおけるMICE

杉本　興運

I　はじめに

I-1　研究背景

　都市の競争力を評価するための重要な要素の1つに文化・交流機能がある。都市の文化・交流機能とは，具体的には，その都市に文化・交流発信をする力があること，集客資源・施設が集積していること，ソフトとハード面での受入環境が整っていること，継続的な文化・交流事業の実績があることなどが挙げられる。この文化・交流機能は，都市の観光的魅力として捉えることもできる。例えば，都市の文化を反映した優れた観光資源の存在や，文化発信のための大型イベントの開催が，国内外からの観光客を引き寄せ，住民と観光客あるいは観光客同士の相互交流を促す。また，国際機関や大企業本社などの集積が，各種の産業，社会・環境問題，先端的テクノロジーなどに関連する国際会議や展示会の開催を促し，その副次的効果として新たなビジネスやイノベーションの創出がなされる。都市にこのような高度な文化・交流機能が根付く背景には，都市の文化や文明を反映した資源・施設の質的・量的特性に加え，都市の歴史や地理的条件あるいは人的資源といった様々な要素が絡み合っている。本章では，ヨーロッパ屈指の国際都市として知られる，ベルギーのブリュッセルに焦点を当て，ブリュッセルにおける観光やMICEと呼ばれるビジネス・イベントにみる文化・交流機能の特徴について検討し，ブリュッセルの地域的特色を明らかにすることを目的とする。

　なお，MICEとは，企業系ミーティング（Meeting），報奨旅行（Incentive Travel），国際会議（Convention），展示会（Exhibition）からなるビジネス・イベントの総称である。MICEの主要な効果として，ビジネス・イノベーション機会の創造，開催都市への大きな経済効果，国や都市の知名度向上が期待されることから（観光庁 2013），MICE誘致をめぐる世界の都市間競争は年々激化している。

I-2 研究方法

研究目的を達成するために以下の手順をふむ。まず, IIにおいて, ベルギーおよびその首都であるブリュッセルの地理や歴史および観光を概観し, 都市の基本的な特徴を確認する。その上で, IIIにおいて, ブリュッセルのMICE都市としての特徴を, 国際機関の集積, 現地のMICE振興推進主体, MICE開催に必要な施設や場所といった要素から明らかにする。最後に, IVにおいて, ブリュッセルのMICEにみる文化・交流機能の特徴をまとめるとともに, MICE誘致のために必要な都市の一般的な条件からみたときのブリュッセルの優れた点を考察し, 結びとする。具体的な調査として, IIの部分では主に先行研究や一般書などの文献資料をまとめ, IIIの部分では現地で入手した各種資料, MICEに関連する組織や施設の公式ウェブサイトから得た情報などを集約する形をとった。

II ブリュッセルの地理, 歴史, 観光の特徴

ブリュッセルはベルギーの首都で, ベルギーを構成する3つの連邦となる地域の1つである。一般にブリュッセルと呼ばれるのはブリュッセル市のことで, ブリュッセル市を含む19の基礎自治体によってブリュッセル首都圏地域が形成されている (図4-1)。ブリュッセル首都圏地域の面積は162km²で, 東京23区の4分の1程度の大きさである。そして人口は約120万で, そのうち

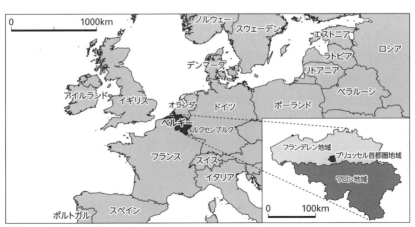

図4-1 ベルギーとブリュッセル首都圏地域の位置

約30%が移民である。移民は，フランスやイタリア，ルーマニア，ポーランドなどのヨーロッパ諸国からの人々に加えて，モロッコなどマグレブ諸国からの人々が多い。ベルギーでは，オランダ語（フラマン語）とフランス語とドイツ語の3つが公用語であり，地域によって主に使用される言語が異なる。ブリュッセル首都圏地域は，オランダ語圏であるベルギー北部のフランデレン地域に内包されているものの，オランダ語・フランス語の2言語併用地域である。しかしながら，住民の約80％はフランス語話者であるとされる。

　ブリュッセルはかつてセンヌ川の湿地帯であり，地名は「沼のなかの家」を意味するブルークゼーレ（Brouscella）に由来していると言われる。新石器時代から農耕民族が住んでおり，その後のローマ帝国やフランク王国時代にも邸宅や農家があったとされるが，ブリュッセルが歴史上に初めて登場したのは9世紀後半から10世紀初めの時期だと言われている（田中2012）。ブリュッセルが都市として発展したのは，ケルンとブリュージュ間の交通の要衝として商工業が栄えた12世紀中葉からである。13世紀にはハンザ同盟に加わり，その後の経済活動の活発化と人口増加により大都市となった。14世紀後半にはブラバント公国の首都に，15世紀にブルゴーニュ公国やハプスブルク家の支配下に，16〜17世紀はスペイン領に，18世紀初めからはオーストリア領として発展した。18世紀末にはフランス領となるが，1815年のナポレオン戦争の終結とともに，ウィーン議定書によってブリュッセルはネーデルランド連合王国に帰属することとなる。しかし，15年後の1830年に起きた独立運動によってベルギー王国が独立を果たし，1831年にブリュッセルが首都となった。

　第一・第二次世界大戦においてはドイツ軍によって占拠されたが，戦後の復興は目覚ましく，1958年に欧州経済共同体（EEC: European Economic Community）の本部が設置されたことで，徐々にヨーロッパの政治の中心地としての役割を担うようになった。1993年に欧州連合（EU: European Union）の事実上の本部所在地となったブリュッセルは，現在ではベルギーだけでなくヨーロッパの首都として，その存在感を際立たせている。欧州連合の本部機能が置かれた理由としては，ヨーロッパの統合がベルギー，オランダ，ルクセンブルクで構成されるベネルクス三国の関税同盟から始まり，その本部が元々ブリュッセルにあったという事情が大きいだろう。ただし他にも，ブリュッセルが西ヨーロッパの中心に位置すること，ベルギーが永世中立国であ

写真4-1 グラン・プラスで開催されたフラワーカーペット（2016年8月筆者撮影）
日本とベルギーの国交150周年を記念し，
日本の花鳥風月をテーマとしたデザインのものが作成された。

ることなど，地理的条件あるいは政治的状況が考慮されたと考えられる。

　ブリュッセルは都市観光の目的地としても有名であり，歴史・文化遺産，美食，イベントなどの観光資源が，ベルギーの他地域から訪れる国内旅行者や，ヨーロッパを中心に世界中から訪れる外国人の旅行者を楽しませている。観光の目玉となる世界文化遺産のグラン・プラスを中心とし，その周辺には国際色豊かなレストランや100を超える博物館・美術館などの豊富なアトラクションが集積している。そのなかには，UNESCOにより世界無形文化遺産に指定されているベルギービールが楽しめる飲食店や，ゴディバやノイハウスなどで知られる高級チョコレートの販売店が含まれており，これらがブリュッセルの観光を特徴づける要素となっている。イベントに関しては，広場であるグラン・プラスの特性を活かして，様々なコンサートやフェスティバルが開催されている。代表的なものが，オメガングと呼ばれる神聖ローマ帝国時代の歓迎パレードを再現した時代祭りや，広場一面に花の造形で埋め尽くすフラワーカーペット（写真4-1）である。グラン・プラス周辺を含むブリュッセル市内では，本章で着目するMICEの開催も盛んであるが，これについては次項以降にて詳しく述べることにする。

Ⅲ　MICE都市としてのブリュッセル

Ⅲ-1　国際機関の活動拠点

　ブリュッセルには欧州委員会，欧州理事会，欧州議会といった欧州連合の主要機関や，北大西洋条約機構（NATO: North Atlantic Treaty Organization）の本部が立地しており，それらの周辺に関連機関や付随施設がある。写真4-2は欧州委員会の本部があるベルレモンと呼ばれる建物である。欧州連合に関連する機関に勤務する人（Eurocrat）の数は，委員会約2万人を筆頭に総計約3万人にもなる（小川 2015）。その他にも，国際証券集中保管期間（EURO-CLEAR），国際銀行間通信協会（SWIFT）など，多くの国際機関がブリュッセルを本拠地としており，その数は約2,250にもなる。また，ベルギーの大手企業の本社や，金融，法律，ICT系を中心に多くの外国企業の支社があり，その大部分が多国籍企業である。こうした国際的な機関や企業の集積がMICEの需要を生み出す基盤となっており，ブリュッセルはMICEの開催がヨーロッパの中でもとりわけ多い地域である。特に国際会議の部門では，開催件数において特筆すべき実績がある。

Ⅲ-2　国際会議や展示会などの開催状況

　具体的にブリュッセルでどれだけの国際会議が開催されているのかを，統計資料からみてみよう。国際会議の統計にはいくつか種類があるのだが，ここで

写真4-2　欧州連合の拠点施設ベルレモン（2015年12月筆者撮影）

表4-1　世界の都市別国際会議開催件数の推移

(件)	2007年	2008年	2009年	2010年	2011年	2012年	2013年	2014年	2015年	2016年
ブリュッセル	229	299	395	486	464	547	436	787	665	906
シンガポール	465	637	689	725	919	952	994	850	736	888
ソウル	121	125	151	201	232	253	242	249	494	526
パリ	315	419	316	394	336	276	180	325	362	342
ウィーン	298	249	311	257	286	326	318	396	308	304
東京	126	150	134	190	153	225	228	228	249	225
バンコク	62	42	81	61	88	65	55	189	242	211

(JNTOが国際団体連合の統計資料より作成したデータより転載)

は国際団体連合（UIA: Union of International Associations）の発行している国際会議統計を使用する。国際団体連合もブリュッセルに本部を置く国際機関の1つである。

さて，国際団体連合の国際会議統計における国際会議の選定基準は，以下の2通りである。

　i. 国際機関・国際団体の本部が開催または後援した会議で，1) 参加者数が50人以上，2) 参加国数が開催国を含む3か国以上，3) 開催期間が1日以上の3点を同時に満たしていること

　ii. 国内団体もしくは国際団体支部等が主催した会議で，1) 参加者数が300人以上（うち40%以上が主催国以外の参加者），2) 参加国数が開催国を含む5か国以上，3) 開催期間が3日間以上の3点を満たしていること

これらの基準で集計された都市別の国際会議開催件数の推移を表4-1に示す。ブリュッセルは都市別国際会議開催件数において，2009年から2015年までの7年間は世界第2位およびヨーロッパ第1位であった。そして2016年には，2007年以降首位を維持してきたシンガポールを超え，世界第1位となった。2016年のブリュッセルの国際会議開催件数は906件であり，第2位のシンガポール（888件）と近しい数値であるが，3位のソウル（526件）およびそれ以下の順位の都市には大きな差をつけている。これらの結果より，ブリュッセルは世界有数のMICE都市であることは明白であり，国際会議の部門に限ってはヨーロッパ随一の競争力を有していると言える。

展示会や見本市に関しては，visit.Brusselsの年次報告書（Annual report of the Brussels tourism observatory 2016）から2016年に開催されたイベントのうち，代表的なものを紹介する。一般向けの展示会で最大規模だったイベントが1月に開催されたSalon Autoというモーターショーであり，9日

間で約56万人を動員した。専門家と一般向け双方を対象としたイベントとしては，Batibouwという建設やリノベーションに関する見本市が最も大きく，2016年2月末から3月初旬にかけての10日間で延べ30万人が訪れた。いずれも定期開催されるイベントであり，Brussels Expoというブリュッセル最大の国際展示場をイベント開催のための会場としている。

Ⅲ-3　MICE推進主体とその戦略

　MICE開催には都市で活動する多様な事業者が関わるとともに，参加者に利用される施設や場所は多岐にわたることから，MICE振興では都市や地域を主体とした戦略が立てられる。そして，都市という広いスケールにおけるMICE振興の中心的役割を担うのが，いわゆるコンベンション・ビューローである。コンベンション・ビューローとは，一般的に都市レベルでのMICE誘致戦略を立て，マーケティングやセールス活動を実行する公的機関のことである（田部井2017）。1896年にアメリカで誕生した組織形態で120年の歴史をもち，今では世界中の都市が導入している（田部井 2017）。また，MICEはそれ自体への参加に特化した特定目的型観光（SIT: Special Interest Tourism）とみなされるため，MICE振興を観光振興に関する施策の一部として取り組む都市は珍しくなく，ブリュッセルの場合も例外ではない。それでは，ブリュッセルのMICEを推進する主体とその事業内容についてみていこう。

　まず，ブリュッセルあるいはブリュッセル首都圏地域の観光振興に関する施策を主に担当するのは，visit.Brusselsと呼ばれる機関である。この中にコンベンション・ビューローが設置されており，そこがMICEに関する施策を主に担当している（公式ウェブサイト https://visit.brussels/en/）。visit.Brusselsはヨーロッパ連合の首都であるブリュッセルの国際的イメージを伝搬かつ強化していくことを組織全体のミッションとして掲げている。それを実現するために，コンベンション・ビューローでは多くの国際機関の集積という強みを活かしたMICE振興施策に取り組んでいる。例えば，国際会議の誘致・開催にあたり，主催団体に対して，入札，人材・サービス，宣伝，参加者の歓迎，費用などの様々な面での支援を行っている。また，MICE開催地としての都市のブランディングに関わる業務も実施している。

　MICE誘致の国際競走が激化する中，MICE振興に取り組む都市にとって自

らをブランディングし，独自性を高めていくことは重要である。一口にMICEと言っても医療，農業，芸術など様々な分野のイベントが存在するが，イベントのテーマや主催団体にとってメリットや必然性のない場所でMICEが開催されることは少ない。特に大規模なイベントになればなるほど，都市の条件や魅力を精査して開催地を決定する傾向にある。そのため，都市のもつ固有の産業・歴史・文化などの特性を活かしたブランディングを行い，それと親和性の高いMICEにターゲットを置いた誘致活動を展開するといった戦略がとられる。visit.Brusselsの場合，ブリュッセルに立地する大学，協会，企業，研究開発機関などの特徴を考慮して，5つの分野をMICE振興の鍵となる重要分野と定めている。具体的には，1）生命科学とバイオ医薬品，2）情報コミュニケーション技術（ICT），3）クリーン・テクノロジー，4）クリエイティブ産業とメディア，5）ビジネス・サービスである。そして，これらの分野におけるブリュッセルの評判を高めることに資する国際会議や展示会を支援するサービスを提供している。

　visit.BrusselsのMICE振興で特徴的な取り組みとして，アソシエーション・ビューローという部門を設け，ブリュッセルでの各種協会の設立やビジネスなどに対する支援を行っていることが挙げられる。アソシエーション・ビューローの具体的なサービスには，ブリュッセルにある既存の協会あるいは新規に設立する協会に対する一元的な窓口を通した支援，組織運営に関するトレーニング機会の提供，協会同士が交流や情報の交換・共有を行うための公的な場の提供などがある。また，ワシントンD.C.，シンガポール，ドバイといった他の国際都市とともにGAHP（Global Association Hubs Partnership）を形成し，各種の支援を行うことにより，協会の国際的な取り組みを促進させることを目指している。

Ⅲ-4　MICE開催に必要な施設・場所の特徴

　MICEの誘致には推進組織といったソフト面のインフラだけでなく，施設などハード面でのインフラが整っていることが重要である。ある場所でMICEを開催するためには，イベントの参加者や運営者，イベントの種類や規模にあった会場，イベントに関わる人々が会場まで到達するための交通手段が必要である。イベント期間中，都市にしばらく滞在する参加者にとっては，宿泊

するための施設や快適に生活することのできる環境も必要である．また，主目的である会議や展示会などへの参加以外の空き時間で，観光やショッピングといった余暇活動を行う参加者も多いため，魅力的な観光資源や商業施設があることは参加者数の増加や参加者の満足度を高めることに寄与する．このように，MICEへの参加者は，イベント会場，宿泊施設，交通，観光資源，商業施設など，都市にある様々な施設やサービスを利用するため，都市全体として高い魅力を有することが，より多くのMICEを誘致することにもつながる．ブリュッセルは，ヨーロッパ屈指の国際会議開催の実績を誇る都市であることから推察できるように，やはり施設や場所の面において優れた特徴を有している．

　ブリュッセルの強みとして，まずヨーロッパの中心部という立地の良さに加え，交通事情が良好な点が挙げられる．鉄道については，近隣諸国が運営する高速列車がブリュッセルとロンドン，パリ，アムステルダム，ケルン，フランクフルトといったヨーロッパの代表的都市とを結んでいる．空路に関しても，中心市街から北西15kmほどの場所にブリュッセル国際空港があり，ブリュッセル中央駅まで鉄道で20分ほどの短い時間距離で到達できる．就航地の特徴としては，ブリュッセル航空を中心にヨーロッパ域内線と東アフリカ諸国へのハブ空港としての性格が強い．自動車交通としては，ブリュッセルを中心として放射状に高速道路網が整備されており，フランス，ドイツ，オランダといった隣諸国からの自動車アクセスも多い．都市内交通については，地下鉄2路線のほか，プレメトロ（地下に入るトラム），トラム，バスの路線がくまなく整備されている．ブリュッセル市内に限っては，32.61km^{2}というコンパクトな地域範囲にあらゆる施設が集積しており，徒歩でも宿泊施設を拠点に生活や娯楽に必要な施設へのアクセスが容易である．

　次に，ブリュッセルのイベント会場やホテルといったMICE開催に必要な施設や，それらの集積する地区の特徴をみていく．visit.Busselsの発行するMICEの公式ガイドブック（Let's Meet Brussels）では，収容可能人数を基準としてイベント会場を区分し，各施設の情報を掲載している．ブリュッセル全体のイベント会場は全部で218件あり，その中で収容可能人数が1,000人を超える大型施設が18件ある．大型施設の中で最も多い施設タイプが，会議・展示場や劇場・コンサートホールであり，代表的な施設としてブリュッセル市内の北西部のHeysel地区にあるBrussels ExpoやPalais12が挙げられる．続

図4-2 ブリュッセルにおける5つのMICE地区(Let's Meet Brusselsより転載)

いて，施設全体の収容可能人数が500〜1000人程度の会場が33件，250〜500人程度の会場が43件，100〜250人程度の会場が80件，100人以下の会場が44件ある。500人以下の中・小規模な会場に多いタイプが歴史的建築・博物館やその他現代建築の内部にある会場である。

　visit.Brusselsは，ブリュッセル市内のイベント会場，宿泊施設，観光資源，商業施設の集積度や交通利便性を考慮し，徒歩で現地での滞在生活に必要な施設へアクセスできるような5つのMICE地区（self-sufficient convention districts）を設定している（図4-2）。具体的には，世界遺産の歴史的街並みが美しいグラン・プラス地区（Grand-Place district），ビジネスやショッピングのエリアとして知られるロジャー地区（Rogier district），垢抜けた住宅街とエンターテイメントの充実したルイーズ地区（Louise district），ヨーロッパ連合本部があるヨーロッパ地区（Europe district），高速列車の発着駅があり近隣諸国からのアクセスが良いミディ地区（Midi district）である。これらの中で最もMICE開催のためのイベント会場が多く集積し，かつ大中小と様々な規模のものが揃っているのがグラン・プラス地区である。この地区の代表的なイベント会場としては，大型の国際展示場であるSQUARE—Brussels

Meeting Centreがある。グラン・プラス地区は，一般的な観光においてもブリュッセルの中心的役割を担っているため，MICE参加者にとって会議や展示会への参加後における観光やショッピングといった活動がしやすいという点からみても優れている。

Ⅳ　おわりに

　本章では，ヨーロッパ屈指の国際都市ブリュッセルにおけるMICE都市としての特徴を，地理・歴史，推進主体，施設・場所などの側面からみてきた。ブリュッセルは西ヨーロッパの中心に位置するという立地の良さから，中世からは交通の要衝として商工業や貿易を中心に発展した。周辺の大国に支配され続けたという歴史はあったが，それ故に中立的な立場にありヨーロッパ統合の中心となったため，現在ではヨーロッパの首都という大きな役割を担う世界有数の国際都市になった。そして，集積する多くの国際機関の本部や多国籍企業が基盤となり，また世界遺産にも登録された歴史・文化遺産や美食などの観光資源の魅力と相まって，ブリュッセルは国際会議を中心としたMICEの誘致・開催において世界トップクラスの競争力を誇る。したがって，このことがブリュッセルの文化・交流機能の高さを示す最大の特徴と言えるだろう。

　神戸都市問題研究所（1988）によれば，国際会議を多く誘致するために必要な都市の条件として，1) 良い会議（展示）施設があること，2) 宿泊施設が整っていること，3) アクセスが良いこと，4) 安全・衛生面で問題ないこと，5) 都市機能（アメニティ）が高いこと，6) 観光的魅力があること，7) 会議運営能力があること，8) ホスピタリティ（地元の協力）があること，9) 開催経費が安いこと，10) 組織の本部・支部・関連機関があることの10項目が挙げられる（都市問題研究所 1988）。ブリュッセルをこれらの基準から評価すると，本章で提示した情報から判断するだけでも1)，2)，3)，5)，6)，7)，10) といった半数以上の項目において，好条件に当てはまることがわかる。特に，3) のアクセスが良いこと，6) の観光的魅力があること，10) の組織の本部・支部・関連機関があること，という条件には非常に恵まれている。一方で，4) の安全・衛生面については，最近ヨーロッパで断続的に発生するテロが大きな懸念事項である。実際，2015年にブリュッセルはテロによる被害を受けており，その影響からか

国際会議開催件数も前年と比べて大きく落ち込んだ。

　しかし，翌年の2016年には過去最高の国際会議開催件数を記録するとともに世界第1位となり，復活および躍進をみせた。過去に多くの戦乱をくぐり抜けてきたブリュッセルが，一時の危機に屈することのない強さを再び証明したと言える。激動する世界情勢の中，ブリュッセルはヨーロッパの首都として，政治・経済に関する意思決定や発信の拠点として，今後より一層大きな役割を担っていくのだろう。

◎参考文献

小川秀樹（編著）2015. ブリュッセル：EUの首都，そしてそのシンボルはベルレモン，『ベルギーを知るための52章』，p.284-287, 明石書店．

観光庁 2013. 我が国のMICE国際競争力の強化に向けて：アジアNo.1の国際会議開催国として不動の地位を築く．
　https://www.mlit.go.jp/common/001001755.pdf（最終閲覧日：2017年12月23日）

神戸都市問題研究所（編集）1988 コンベンション都市戦略の理論と実践. 勁草書房．

田中千春（訳），Julie Galand（編集）2012. グラン・プラスの魅力（Spotlight on The Grand Place of Brussels - JAPANESE VERSION）, de rouck publishing.

田部井正次 2017. 誘致機関（コンベンションビューロー）の役割と事業. 『観光MICE：集いツーリズム入門』，p.124-141, 古今書院．

visit.Brussels 2016. Annual report of the Brussels tourism observatory 2016.
　https://visit.brussels/binaries/content/assets/pdf/rapport_activite_2016_en.pdf
　（最終閲覧日：2017年12月23日）

visit.Brussels 2017. Let's meet Brussels.
　https://issuu.com/visitbrussels/docs/lm17web_lr
　（最終閲覧日：2017年12月23日）

5 オーストラリア・メルボルンの セグリゲーションに基づく文化観光の発展

堤　純

I　はじめに

　ギギギー…と，古い板バネ式の台車音を響かせながら街中をゆっくり走る茶色のトラム（写真5-1）。メルボルンの都心地区をゆっくり走る観光用のトラムである。このトラムは無料で運行されており，メルボルンの都心にあるフリンダースストリート駅，サザンクロス駅，メルボルンセントラル駅などの主要駅を結ぶほか，キャプテンクックの生家に近いフィッツロイ庭園，湾岸開発地区であるドックランズなどを1周約1時間で結んでいる。このトラムの中では，各停留所に近い観光名所について適時適所で解説が流れる。

　このトラムの中では，449万人（2016年）が暮らすメルボルン大都市圏に170以上のエスニック・グループが認識されていること，それらのグループの多くが大都市圏内でレストランを開いていることなど，メルボルンの多文化性を強調した解説がスピーカーから流れてくる。特筆すべきは，メルボルンはしばしば「レストラン・キャピタル」と称されることである。これは，レストランの多様さと味にかけては首都であるという意味であり，他にも「グルメ・キャピタル」，「カリナリー（culinary／台所）・キャピタル」）[1]などとも呼ばれている（写真5-2）。レストランの他にも，独特なエスニック食材を扱った食材店

写真5-1　メルボルンの観光アイコン・フリンダースストリート駅前を走る観光用トラム（2016年2月筆者撮影）

写真5-2　メルボルン都心部の路地裏に広がるカフェ街（2014年2月筆者撮影）

も数多くあり，そうした店には本国の情報を伝えるフリーペーパーなども置かれている。メルボルンでは，街中を30分ほど歩くだけで，多様なエスニック景観に出会うことができる。

Ⅱ　メルボルン大都市圏における多文化社会とセグリゲーション

　セグリゲーションとは，宗教や言語などの文化的な特徴によって，あるいは所得に代表される経済的状況によって，特定のエスニック・グループがまとまって集住し，他のグループとは住み分けている状況を表す用語である。世界的にみても，人口100万以上の大都市圏においてはエスニック・グループごとの明瞭な住み分けがみられることは珍しくなく，メルボルンもその例外ではない。

　メルボルン大都市圏における多文化社会の特徴を把握するため，大都市圏居住者の出身国と家庭で使用する言語に着目し，それぞれ上位10位までの状況と，それぞれ2006年からの10年間の変化を指数で示したものが表5-1である。大都市圏居住者の出身国として最も多いのはオーストラリアの59.8%であり，非回答を除く残りの33.9%は外国生まれの移民である。イギリスやニュージーランドのように，オーストラリアと文化的に近い国のほか，インド，中国，ベトナムなどのアジア諸国の出身者数も多く，これらの国々の出身者数は2006年〜2016年の間にさらに数を増やしている。とくに，インドと中国の出身者

表5-1　メルボルン大都市圏における出身国および家庭で使用されている言語（2016年）

順位	出身国	人数	割合	2006年=100とする指数	順位	家庭で使用する言語	人数	割合	2006年=100とする指数
1	イギリス	162,962	3.6%	102	1	中国語	280,015	6.2%	198
2	インド	161,078	3.6%	317	2	ギリシャ語	107,386	2.4%	94
3	中国	155,998	3.5%	285	3	イタリア語	101,849	2.3%	84
4	ベトナム	79,054	1.8%	136	4	ベトナム語	101,388	2.3%	143
5	ニュージーランド	78,906	1.8%	149	5	アラビア語	76,273	1.7%	141
6	イタリア	63,332	1.4%	85	6	パンジャービ語	52,767	1.2%	675
7	スリランカ	54,030	1.2%	176	7	ヒンディ語	49,446	1.1%	280
8	マレーシア	47,642	1.1%	163	8	シンハラ語	36,279	0.8%	218
9	ギリシャ	45,618	1.0%	87	9	スペイン語	33,664	0.8%	144
10	フィリピン	45,157	1.0%	183	10	トルコ語	30,306	0.7%	109
	その他	626,477	14.0%			その他	581,565	13.0%	
	非回答	280,877	6.3%			非回答	253,085	5.6%	
	オーストラリア	2,684,080	59.8%	114		英語のみ	2,781,188	62.0%	111
	合計	4,485,211	100.0%			合計	4,485,211	100.0%	

（オーストラリア統計局のデータをもとに作成）

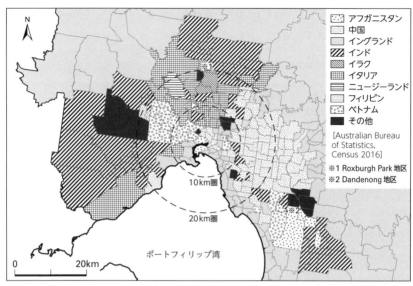

図5-1　メルボルン大都市圏における外国出身者の分布

は2006年時点では5万人前後だったものが2016年にはインド161,078人，中国155,998人となりそれぞれ約3倍にまで急増している。次に，大都市圏居住者の家庭で使用する言語についてみると，2016年の時点で英語しか話さない人の数は2006年比の指数で111となり1割ほど増加していることがわかるが，大都市圏全体の人口が2006年の約365万から2016年の449万にまで約84万人増加したことから，割合では68.5%から62.0%へと6.5ポイントの減少となっている。1950年代〜1960年代にオーストラリアに渡った移民とその子孫が家庭ではギリシャ語やイタリア語といった母国語を使用しているものの，移民の世代が3世や4世になるにつれて徐々に英語のみの話者へと移行しつつある様子が読み取れる。その一方で，2006年時点に比べて2倍近い数に増加している中国語はもちろん，アジア系の言語を話す移民が2006〜2016年の間に急増していることがわかる。

　図5-1はメルボルン大都市圏における近年のセグリゲーションの傾向を示したものであり，具体的には2016年の国勢調査結果に基づいて外国出身者の分布を示したものである[2]。この図は，あくまでも，外国出身者の中でどの国の出身者が多いかを地区別に示したものである。図中の都心から10km圏内では，ベトナム，中国，イタリアそしてイギリス出身者が大多数を占めている。それ

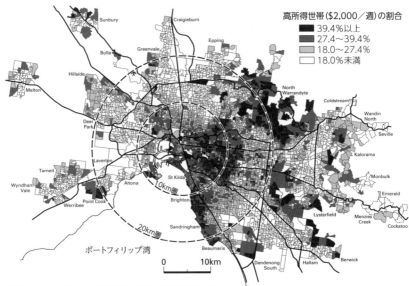

図5-2　メルボルン大都市圏における高所得者の分布

らの地区の外側にはインド出身者が多い地区，さらにはフィリピンやアフガニスタンの出身者が比較的多い。メルボルン大都市圏における高所得者の分布を示した図5-2によれば，都心から10km圏内には高所得者[3]が多く，さらに東方から南東にかけては20km郊外まで，さらに一部では30km郊外までも高所得者の多い地区が分布している。また，南東部の海岸部一帯にも高所得者は多く暮らしている。図5-2と対照しながら図5-1をみると，「移民の多い地区には高所得者は少ない」というステレオタイプなイメージとは対照的に，イギリス系と中国系の移民が多くみられる地区は高所得者が多い傾向も確認できる。

Ⅲ　移民の増加とエスニックビジネスの増加

　移民の増加により，近年めまぐるしく変化している地区をいくつかみてみよう。メルボルンの都心から北に約20kmに位置するコバーグ（Coburg）地区周辺では，近年ではイラク出身者が急増している。中でもロックスバラパーク（Roxburgh Park）地区の人口20,494のうち，18.1％がイラク，5.8％がトルコ，2.8％がインド，2.5％がスリランカ出身者で占められ，オーストラリア生まれは48.8％にすぎない。イラク出身者が増えた直接のきっかけは2003年に

写真5-3 イラク系移民の増加が著しい
コバーグ地区のハラールショップ
（2017年8月筆者撮影）

写真5-4 アフガニスタン系移民の増加が
著しいダンデノン地区の中心街
（2015年2月筆者撮影）

勃発したイラク戦争であり，知人や親戚を頼って紛争地域を逃れてきた人々がオーストラリアに移民として渡って来た。イスラム教徒の割合が高くなると，イスラム法にのっとって適正に加工処理された食材を扱うハラールの店が増える（写真5-3）。ハラールの店で提供されるものは，イスラム教徒に限らず誰でも食することができる[4]。ハラールの食品には，ラム肉や鶏肉を材料としたケバブ，魚料理，ベジタリアン料理なども含まれるため，イスラム教徒以外にも健康志向からハラールの店を利用することもある。同様の例は，メルボルンの都心から南東に約30kmに位置するダンデノン（Dandenong）地区においてもみられる。周辺に工場地帯をかかえるダンデノン地区は，2000年ごろにはインド出身者が外国出身者としては最多であったが，ソマリアやスーダンなどアフリカの紛争地域からの移民が増加している。2016年の国勢調査によればこの地区の人口は27,080であるが，アフガニスタンの出身者が12.9％を占めており，オーストラリア生まれは30.9％に過ぎない。移民の主要な出身地は時代によって変わるものの，ダンデノンはメルボルン大都市圏の中でも最も多様なエスニック・グループが暮らす郊外の一つである（写真5-4）。

Ⅳ　多文化とエスニックレストラン

多文化共生都市であるメルボルンにおいて，歴史的な観点から，また集積規模の観点からもチャイナタウンは重要である。1850年代中盤には最初の中国人が今日のチャイナタウンの周辺で商売を始めたという記録がある[5]。1901年にオーストラリア連邦が成立した際に，最初の法律として移住制限法

写真5-5　メルボルンのチャイナタウン
（2016年2月筆者撮影）

写真5-6　チャイナタウンにおいて春節を祝う獅子舞（2010年2月筆者撮影）

写真5-7　賑やかなスワンストン通り
（2016年2月筆者撮影）

（Immigration Restriction Act）が制定され，白豪主義がスタートした（竹田 2000）。中国からの移民への風当たりは特に強かったが，当時の中国系移民はそのような情勢下でも力強くメルボルンに根付いて歴史を重ねてきた。今日のメルボルンのチャイナタウンには，北京，上海，広東，四川の四大中華料理はもちろん，様々な中華料理店が軒を連ねている。また，中国系移民の歴史と文化を展示した澳華博物館もあり，観光客も多く訪れている。中国の正月にあたる春節を祝う時期には，メルボルンの街中を獅子舞が練り歩くほか，あちこちで爆竹の音が鳴り響く（写真5-5，写真5-6）。

　メルボルンの都心を南北に走るスワンストン通りの一帯は，メルボルンの中でも最も観光客の多い地区の一つである。ここには，彼らを顧客とする多様なエスニックレストランが集積している。写真5-7には，インドネシア，台湾，タイ，ベトナムなどの各国料理屋が並んでいる様子が写っている。スワンストン通りの周辺にはカフェも多く，他にもストリートミュージシャンが路上ライブを行ったり，アーティストが道路の舗装面に即興で絵を描いたりする光景は珍しくない。ここは，観光客もしばし足を止める賑やかな空間である。

　メルボルンの都心部にはホテルやコンドミニアムが多く立地しており，日本人も多く訪れる場所の一つである。フードコートには必ずといってよいほど寿司ロール（太巻き寿司）が売られていて，格式高い日本食レストランではオース

トラリア産の食材をふんだんに使った高級寿司も楽しめる。そんな中，メルボルンでは日本式のラーメン店の出店ブームが起きている。メルボルンにはアジア系移民も多いことから，前述のスワンストン通りに行けば麺類だけでも多様なバリエーションが楽しめる。こうした「麺類激戦地」においても，ダシやスープ，麺のコシにこだわる本格的な日本式
ラーメン店は，確実にメルボルンっ子の胃袋をつかんでいる。本格的な日本式ラーメン店はメルボルンでは増加傾向にあり，それぞれの店が新たな名所にもなりつつある（写真5-8）。

写真5-8　メルボルン都心部に開店した日本式ラーメン店
（2015年3月筆者撮影）

V　伝統的なカフェとレストラン

　こうしてみてくると，メルボルンでは「エスニック」≒「アジア」という印象が確かに強い。しかし，アジア系移民が増加し始めたのは，白豪主義が終結した1970年代半ば以降の話である。それ以前には，1950年代〜1960年代にかけてはイタリアやギリシャ，クロアチアなどの旧ユーゴスラビアなどから多くの移民がメルボルンにやってきた。メルボルンの都心部の街区から北に1kmほどの所にはライゴン通りがある。ここは言わずと知れたイタリア人街であり，カフェやレストランが軒を連ねるメルボルン随一のグルメストリートになっている。また，都心近くのヴィクトリアマーケットでは伝統的な食材を多く手に入れることができる。例えば，メルボルンではチーズやサラミ，ドライフルーツ，ナッツといったアンティパスト（オードブル）は身近な食材である（写真5-9）。ヴィクトリアマーケットのみならず，サウスメルボルンマーケット，プラーランマーケットなどもあり，伝統的なマーケットで食材を買い求める習慣は健在である。こうしたマーケットではコーヒー豆，ワインなどの嗜好品も豊富な品揃えを誇っている。伝統的なマーケットに行けば，食文化の歴史的な一端を垣間見られる点は興味深い。

写真5-9　アンティパスト(オードブル)を売るイタリア系食材の店 (2016年2月筆者撮影)　　写真5-10　メルボルン北郊のワラン(Wallan)の日曜市で売られるスコーン (2017年9月筆者撮影)

　さらに，メルボルン大都市圏では，都心を離れて車で小一時間程度の郊外に出ると，これまでみてきたような多様なエスニック的な景観は一変する。メルボルンの開拓は1835年にまで遡るが，その後1950年頃までは移民の出身国はイギリスとアイルランドからが主であった。郊外に出ると，そこには古き良きイギリスの植民地時代から続く伝統的な景観が広がっている。そして，郊外に出かけた時には，食のバリエーションが極端に少なくなることを覚悟しなければならない。サンドイッチ，バーガー＆チップス，ミートパイの3大メニュー以外の選択肢は，ロードサイドのファストフードぐらいである。この状況はイギリスの農村部とよく似ている。そんな中，日曜日に郊外を散策していると，中小の街で定期的に日曜市を開催している場面に出くわすことがある。地元で採れた生鮮野菜を売る店やオーガニックフードを売る店に混じって，スコーンを売る店も比較的よく見かける（写真5-10）。スコーンはイギリスを代表する伝統的なお菓子であり，モーニングティーやアフタヌーンティーには必ず登場する。砂糖のたっぷり入った生クリームや，脂肪分が多くてより濃厚なクロテッドクリーム，その上にさらにたっぷりのジャムをかけたスコーンを見かけると，ここがイギリスの食文化を受け継いできたことに改めて気づかされる。

Ⅵ　おわりに

　メルボルンはオーストラリア随一の多文化共生都市である。これは，19世紀以降にイギリスとアイルランドを中心にヨーロッパから渡ってきた移民の主要な上陸港であったからである。1970年代中盤以降にアジアの国々からの移

民が増えてからも，メルボルンは依然として移民の主要な入り口であり続けている。近年の例では，堤・オコナー（2008）が示すように，オーストラリアで最も多くの留学生が暮らす街としての顔ももっている。大学生だけをとっても約5万人の留学生が暮らす状況は，世界的にみてもトップクラスである。

イギリス，アイルランドからイタリア，ギリシア，そして東南アジアや中国，さらには中東やアフリカの紛争地域へと移民の出身国のトレンドは変わってきたが，世界の他の大都市と同様に，メルボルンにおいても産業地区の周辺には移民が多く集まる傾向が確認できる。そして，移民が多く暮らす地区においてはエスニックビジネスの増加も顕著にみられる。

最後に，エスニックセグリゲーションが進むメルボルンのような都市において観光地域調査をする場合のTipsを紹介しておきたい。本章では主としてレストランや食の事例を多く取り上げてきたが，他にも教会や寺院といった宗教的な特徴に着目することも，エスニックセグリゲーションの調査の常套手段である。まずは多様性や相違性に着目して情報収集を進めた上で，後に似たような社会的・文化的環境の都市と比較することで，事例都市の特徴もより一層と鮮明に明らかにできるだろう。

1) https://www.standard.co.uk/lifestyle/travel/why-melbourne-is-australias-gourmet-capital-a3505471.html（最終閲覧日：2017年11月15日）
2) https://fairfax-data.carto.com/viz/bdcb4dce-42b0-4234-a797-12b9672ec1d1/embed_map（最終閲覧日：2017年11月15日）
3) 世帯収入で週給2,000豪ドル（≒19万円，年収約1,000万円，@95円/豪ドル換算）。
4) 日本ハラール協会のホームページによるhttps://jhalal.com/halal（最終閲覧日：2017年11月15日）
5) Chinese-Australian Historical Images in Australia（CHIA）のホームページによる http://www.chia.chinesemuseum.com.au/biogs/CH00015b.htm（最終閲覧日：2017年11月15日）

◎参考文献
竹田いさみ 2000. 物語オーストラリアの歴史—多文化ミドルパワーの実験. 中公新書.
堤純，オコナー・ケヴィン 2008. 留学生の急増からみたメルボルン市の変容. 人文地理60: 323-340.

COLUMN コラム

BYOとワインとエスニック料理

　メルボルンをはじめ，オーストラリア各地のレストランの入り口では，BYOと書かれた看板を目にする機会が多い（写真5-11）。BYOとはBring Your Own（bottle）の意味であり，自分好みの酒類の持ち込みが認められるレストランのことである。1990年代頃まではオーストラリアのレストランでは，一部の高級店を除けば酒類の提供を許可される店が少なかった。そこで，食事と一緒に酒類を飲みたいという客のニーズに応えるために考案された仕組みがBYOである。近くの酒店で購入した酒類についての持ち込み料金は，全く無料のケースから，ごく少額の「グラス代」（1人あたり1〜数ドル程度）がかかるケースまでまちまちである。オーストラリアではビールの人気は安定しているが，ビールと同等かそれ以上に人気がある酒類はワインである。ワインと料理の組み合わせは，ナイフとフォークを使ってイタリアンやフレンチのコース料理を食べる場合だけでなく，中華料理でも，ベトナム料理でも，タイ料理でも，そして日本料理の代表の寿司であっても当てはまる。実際にBYOの店に入ったら，他の客の様子も観察してみてほしい。箸を上手に使って麺類や餃子をすすりながら，グラスでワインを楽しむ客がかなり多いことに気がつくだろう。

　「豪」に入っては「豪」に従え。オーストラリアのレストランに入ったら，レストラン・キャピタルならではの多様なエスニック料理とワインのマリアージュを楽しんでみてはいかがだろうか。

（堤　純）

写真5-11　メルボルンのカンボジアレストランで掲げられているBYOの看板
（2012年7月筆者撮影）

6
カナダ・沿海諸州における
アカディアンの文化と観光の発展

大石　太郎

I　はじめに

　近年，先進諸国において観光の発展は地域活性化の鍵となりつつあり，活用しうる観光資源の発掘が急務となっている。なかでも地域文化は潜在的な観光資源として注目されており，例えば北アメリカでは各地域における移民史と移民がかつて持ち込んだ文化を活用した観光振興がみられる。移民の歴史と文化を展示する移民博物館はその代表的なものであり，北アメリカ各地に多数存在する。シカゴの移民博物館の立地と活動を検討した矢ケ﨑・高橋（2016）は，ヨーロッパ系移民博物館と比較的新しい移民であるヒスパニックやアジア系移民の博物館が果たしている役割が異なることを明らかにした。また，移民の文化をモチーフにしたフェスティヴァルも北アメリカ各地でさかんに行われている。こうしたイベントには真正性（オーセンティシティ）という問題がしばしばつきまとうが，カンザス州のリトル・スウェーデンにおけるフェスティヴァルに着目したSchnell（2003）は，そこで着用される民族衣装が必ずしもオーセンティックなものではないとしながらも，スウェーデン系住民の場所に根づい

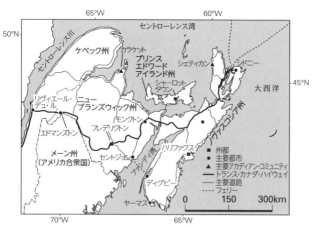

図6-1　研究対象地域

たアイデンティティは反映されていることを指摘している。

　本章では，筆者がこれまでに実施してきた現地調査に基づいて，カナダの沿海諸州に居住するフランス系住民アカディアンの文化とそれを活用した観光振興を検討する。沿海諸州とは，カナダ東部のセントローレンス湾や大西洋に面したノヴァスコシア州，ニューブランズウィック州，プリンスエドワードアイランド州を指し（図6-1），後述するように北アメリカでヨーロッパ人が最初に入植を試みた地域である。沿海諸州では，イギリス植民地時代の19世紀前半に林業や造船業が発展して繁栄した。しかし，19世紀半ばになると自由貿易に転換した宗主国イギリスとの経済的結びつきが徐々に薄れ始め，1867年にカナダ連邦が結成されると，ケベック州やオンタリオ州に対して人口規模が小さかった沿海諸州では急速に周辺化が進行した。沿海諸州はカナダの他の地域と比較すると最近まで外国からの移民が非常に少なく，人口増加は緩慢であり，現在もカナダの周辺地域として位置づけられる。

II　フランス系住民アカディアンの文化とアイデンティティ

II-1　アカディアンの入植

　現在のカナダの領域に最初に入植したヨーロッパ人はフランス人であった。フランス人は1604年に現在のニューブランズウィック州とアメリカ合衆国メーン州の境界付近にあるセントクロイー島に入植を試みるが，厳しい冬に耐えられず，翌年には拠点をファンディ湾南岸のポール・ロワイヤル（現在のノヴァスコシア州アナポリス・ロイヤル）に移した。ファンディ湾は干満の差が大きく，フランス人入植者はそれを利用して農業開発に成功した。入植地はヨーロッパにおいてアカディアとして知られるようになり，入植者はアカディアンとよばれるようになる。アカディアの語源ははっきりしないが，古代ギリシア時代の理想郷アルカディアが変化したという説が有力である。

　しかし，この地はイギリスとフランスの植民地抗争の舞台となり，最終的には1713年に結ばれたユトレヒト条約によってイギリスに割譲され，ラテン語で新しいスコットランドを意味するノヴァスコシアと称されるようになった。ただ，ユトレヒト条約で割譲された領域は明確ではなかったようで，開発が進んでいなかった現在のニューブランズウィック州に相当する領域の帰属はあい

まいであり，プリンスエドワード島（当時の呼称はサンジャン島）や現在のノヴァスコシア州東部に位置するケープブレトン島（当時の呼称はロワイヤル島）は依然としてフランス植民地であった。また，イギリスの支配下に入ってからも，ファンディ湾岸に居住するフランス人入植者たちはフランス語とカトリック信仰を維持するなど以前と変わらない生活を送り，ある歴史家はこの時代が彼らにとってもっとも平和だったとする(Griffiths 1992)。なお，ユトレヒト条約は，一般にスペイン継承戦争の講和条約として知られる。この時期の北アメリカにおけるイギリスとフランスの抗争はヨーロッパでの戦争と連動しており，北アメリカにおける領土の変遷にはヨーロッパの情勢も反映されていることを考慮に入れる必要がある。

　ただ，アカディアンの平和な暮らしは長くは続かなかった。イギリスとフランスの対立は依然として続き，イギリスは1749年にハリファクスに要塞を建設してノヴァスコシア植民地の経営に本腰を入れ始めた。フランスもケープブレトン島北東部のルイブールに要塞を築き，軍事的緊張が高まった。そして，1755年になってノヴァスコシア植民地当局はイギリスに忠誠を誓うことを拒んだアカディアンを追放する。彼らは難民となってヌーヴェル・フランス（現在のケベック州主要部）や北アメリカのイギリス植民地などをさまよい，一部は現在のアメリカ合衆国・ルイジアナ州にたどりついて，おもに南西部の農村地域でフランス的文化を継承してケイジャンと呼ばれるようになった。イギリスによるアカディアンの追放を，フランス語では「大いなる迷惑」を意味するグラン・デランジュマンといい，のちにアカディアンのアイデンティティ形成に重要な役割を果たすようになる。ノヴァスコシア州グランプレにはアカディアン追放を今に伝える歴史公園が整備され，さらに，プランターとよばれたその後の入植者の貢献も含め，入植初期におけるヨーロッパ人の北アメリカ大西洋岸の環境への適応を示す好例であるとして，2012年に「グラン・プレの景観」としてユネスコの世界遺産に登録されている。

　結局，ヨーロッパにおける七年戦争と連動したフレンチ・インディアン戦争によって北アメリカのフランス植民地の要であったヌーヴェル・フランスも陥落し，パリ条約によってイギリスに割譲された。これにより，フランスは北アメリカ大陸における領土をサンピエール島・ミクロン島を除いて失い，北アメリカにおけるイギリスの覇権が確立した。追放されたアカディアンは戻ること

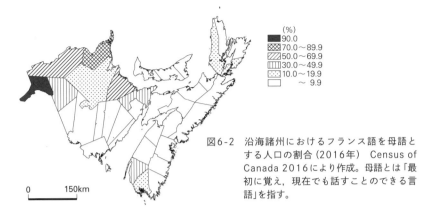

図6-2 沿海諸州におけるフランス語を母語とする人口の割合（2016年） Census of Canada 2016により作成。母語とは「最初に覚え，現在でも話すことのできる言語」を指す。

を許されたが，彼らが開拓したファンディ湾南岸はすでにイギリス系の入植者に占拠されており，開発の進んでいなかった現在のニューブランズウィック州北東部や北西部などに入植せざるをえず，それは現在の沿海諸州におけるフランス語を母語とする人口の分布にも反映されている（図6-2）。さらに，アメリカ独立革命に際して，革命を嫌いイギリス王室に忠誠を誓うロイヤリストとよばれる人々がノヴァスコシア植民地にも押し寄せ，言語人口構成を大きく変えるとともに，アメリカ諸植民地で育まれた政治意識を持ち込んだ。そして，ノヴァスコシア植民地の拠点ハリファクスから遠いセントジョン川下流域に住みついたロイヤリストは本国に植民地の分離を要求し，1784年にニューブランズウィック植民地が成立した。このようにして形成されたイギリス諸植民地において，アカディアンはイギリス的制度や価値観への同化圧力にさらされながら生活を再建することになり，その状況は1867年のカナダ連邦の成立以降も変わらなかった。19世紀後半になると沿海諸州の経済が低迷し，繊維産業が発展するニューイングランド諸州の工業都市への移住者が相次いだ。

II-2　アイデンティティ象徴体系の整備

イギリス的制度の下で生活を再建してきたアカディアンであったが，19世紀半ばには議員を輩出し，週刊ながらフランス語による新聞が創刊されるなど，徐々に政治的・社会的な活動がみられるようになる。同じころにはアメリカ合衆国の詩人ロングフェローが叙事詩『エヴァンジェリンヌ』を発表し，これによって1755年の強制追放が広く世間に知られるようになった。日本でも新訳

写真6-1　グランプレ歴史公園のエヴァンジェリンヌ像（2016年6月筆者撮影）

写真6-2　アカディアンの旗（ニューブランズウィック州南東部，2017年8月筆者撮影）

（大矢・ロングフェロー 2008）がある『エヴァンジェリンヌ』は，ヒロインであるエヴァンジェリンヌが強制追放で離れ離れになってしまった恋人ガブリエルを探して北アメリカ各地をさまよう物語であり，アカディアンの「創世神話」としてアイデンティティ形成に重要な役割を果たした（太田 1988a）。エヴァンジェリンヌという名は，たとえばニューブランズウィック州南東部のモンクトンで発行されていたフランス語日刊紙（1887～1982）の名称に用いられたほか，現在でもノヴァスコシア州においてファンディ湾南岸の観光ルートの名称に用いられているように，沿海諸州では人々にアカディアンを想起させる代名詞的存在である。前述のグランプレ歴史公園にはロングフェローの胸像とともに，カトリック教会の前にたたずむエヴァンジェリンヌの像がある（写真6-1）。

　1880年代に入ると，ケベック州におけるフランス系カナダ人の動きに触発された，聖職者を中心とするアカディアンのエリートが集まり，沿海諸州各地で数回にわたってアカディアン・ナショナル会議が開催された。そこでは様々なことが議論されたが，もっとも重要なのはアイデンティティ象徴体系の整備であった。議論の結果，集団の祝日として守護聖人マリアにちなんで聖母被昇天の日（8月15日）が選ばれ，集団の旗としてフランス三色旗の青の部分に黄色い星を入れたもの（写真6-2），集団の歌として賛美歌アヴェ・マリス・ステラが採択された。これらの象徴体系はアカディアンにとってあたかも国旗や国歌の役割を果たし，また，それらにケベック州と異なるものを選んだことは，その後のアカディアンのアイデンティティ維持に非常に重要であった（太田 1988b）。アカディアン・ナショナル会議は当時のエリートによるものであり，最近の歴史的研究では批判的な視点がみられつつあるものの（たとえ

ば，Craig and Dagenais 2009），これらの象徴体系は現在でも機能しており，アカディアンの多く居住する地域では，公的施設だけでなく一般の民家でもアカディアンの旗が掲げられている。

II-3　アカディアン居住地域の近代化

　アカディアンが多く暮らす地域は，沿海諸州自体がカナダにおける周辺地域であったこともあり，1950年代までは貧しく遅れた地域であった。しかし，ニューブランズウィック州では1960年にアカディアンのルイ・ロビショー（在任1960～1970）が州首相に就任すると，州の統治機構の改革が行われ，改善が進み始めた。たとえば，学校ではアカディアンの多い地域でも英語の教科書を用いた教育が行われていたが，フランス語による教育体制が整備された。また，州内各地に立地する伝統的なカレッジを統合するかたちでフランス語を教授言語とするモンクトン大学が設置され，高等教育の近代化が進められた。

　折しも，カナダではケベック州において分離・独立を目指す勢力が成長しつつあり，それを受けて連邦政府は二言語・二文化主義調査委員会を設置してフランス語の地位向上に向けた検討を始めていた。そして，1969年に制定された公用語法によってフランス語が英語と並ぶカナダ連邦の公用語となり，同じ年にニューブランズウィック州はカナダの州で唯一，英語とフランス語を公用語とする州となった。フランス語が連邦や州の公用語となったことで，フランス語話者であるアカディアンの地位は向上し，経済格差は言語集団間よりもむしろ都市地域と非都市地域との間でみられる問題となりつつある。一方，ノヴァスコシア州やプリンスエドワードアイランド州ではフランス語は公用語とされておらず，言語的同化は深刻である。しかし，1982年に憲法の一部となった権利および自由に関するカナダ憲章第23条で少数派言語教育権が認められたことにより，フランス語を教授言語とする体制が整備され，アカディアンの地位は向上している。

　ただ，公用語となったからといって，少数派言語の維持が容易になるわけではないことには留意する必要がある。カナダでは一般に，少数派であるフランス語話者が英語を習得して二言話者となる傾向がみられ，フランス語が公用語になってから半世紀近い時間が過ぎてもその傾向に大きな変化はみられない（大石 2017）。

Ⅲ　アカディアンの文化を活用した観光の発展

Ⅲ-1　世界アカディアン会議

　最近まで，アカディアンの文化は必ずしも観光資源とは考えられてこなかった。フランス系カナダ一般にみられる傾向であるが，自分たちの文化が集団外の人々の関心を引くと考えていない節がある。しかし，1990年代に入ると沿海諸州では新たな動きがみられるようになってきた。

　まず，世界アカディアン会議の開催である。入植400周年を10年後に控えた1994年，ニューブランズウィック州南東部で第1回世界アカディアン会議が開催され，北アメリカを中心に世界各地からアカディアンの末裔が訪れて一堂に会するイベントとなった。既に述べたように，1755年の強制追放に際して当時のアカディアンは北アメリカ各地に離散しており，また19世紀後半から20世紀前半にかけてはニューイングランドの工業都市に移住する者が多かったことから，アカディアンの末裔はルイジアナ州をはじめとするアメリカ合衆国各地に居住している。人口規模が小さい沿海諸州では，各地の末裔が集まるだけでも社会経済的に大きなインパクトをもつイベントになる。1994年の第1回会議に参加した太田（1998）が詳細に紹介するように，世界アカディアン会議では，文字どおり，学術的な会議や政策を検討するための会議が開催されるだけでなく，コンサートなどの一般向けのイベントも開催されるが，特筆すべきは一族集会（ファミリー・レユニオン）であろう。これもフランス系カナダ一般にいえることであるが，アカディアンは少数の家族から発展したために姓に特徴がある。たとえば，ルブラン（LeBlanc）やガラン（Gallant），アルスノー（Arseneault），コルミエ（Cormier）などが代表的なアカディアンの姓であり，ケベックのフランス系住民とも容易に区別可能であるだけでなく，多くの場合，沿海諸州においてもそれぞれの地域に特徴的な姓が存在する。そして，一族集会は家族として認識されている範囲で集まるというより，同じ姓を共有してきた人々が集まる機会となっている。

　世界アカディアン会議は，第2回（1999年）がルイジアナ州，第3回（2004年）が最初の入植地であるノヴァスコシア州ファンディ湾南岸，第4回（2009年）が現代のアカディアの文化的中心地であるカラケットをはじめとするニューブランズウィック州北東部のアカディア半島，第5回（2014年）がニューブラ

ンズウィック州北西部のエドマンズトンを中心とする地域で開催され，第6回(2019年)は第2回アカディアン・ナショナル会議(1884年)の開催地であったプリンスエドワード島とモンクトンを中心とするニューブランズウィック州南東部がホストとなって開催されることが決まっている。このうち，第5回世界アカディアン会議は，ニューブランズウィック州北西部だけでなく，隣接するメーン州アルーストゥーク郡北部，ケベック州テミスクアータ地方との共同開催であり，国境・州境を越えて様々なイベントが実施された。アカディアンの居住地域はほとんどが沿海部に位置し，生活文化も海とのつながりが強いのに対して，ニューブランズウィック州北西部とその隣接地域はアパラチア山脈の延長である山間部に位置し，人々は農業や林業を生業としてきた。そこで，世界アカディアン会議の開催に際して人々は「大地と森のアカディアン」を標榜し，アカディアンの多様性を人々が再認識する契機となった(大石 2018)。ちなみに，メーン州とケベック州は東部標準時(EST,UTC-5)を採用しており，大西洋標準時(AST,UTC-4)を採用するニューブランズウィック州との間には1時間の時差があり，時差をも乗り越えなければならない共同開催であった。

Ⅲ-2 タンタマル

近年，アカディアンの居住地域におけるイベントで急速に普及しつつあるのがタンタマルである。タンタマルとは，フライパンなど身近にある道具を叩いて騒音をまき散らしながら練り歩くパレードであり，音をたてることにより自らの存在をアピールするというわけである。多くのコミュニティでは，夕方6時にカトリック教会の鐘を合図に始められる。タンタマルは，強制追放200周年にあたる1955年にモンクトン大司教の呼びかけにより初めて実施された。しかし，これは一度きりで終わり，定着したのは入植375周年にあたる1979年にニューブランズウィック州北東部のカラケットで実施されて以降であるという(Labelle 2007)。

写真6-3　カラケットにおけるタンタマル
　　　　(2012年8月筆者撮影)

写真6-4　モンクトンにおけるタンタマル（2017年8月筆者撮影）　左奥に見えるモントリオール銀行のガラス張りの建物の隣にモンクトン市庁舎がある。

カラケットでは，8月前半に開催されるアカディアン・フェスティヴァルに組み込まれ，聖母被昇天の日にフェスティヴァルのフィナーレを飾るイベントとして定着した。カラケットのタンタマルには地域の人口を大きく超える人々が集まり，派手な仮装で参加する人が多い（写真6-3）。2016年には連邦首相ジャスティン・トルドー（在任2015～）が参加するなど，政治家が参加して市民と触れ合ったり，多様な文化を尊重する姿勢をアピールしたりする機会として選ばれるようになっている。

　タンタマルが各地で実施されるようになった経緯は詳らかではなく，今後の検討課題であるが，最近ではノヴァスコシア州のアカディアン居住地域でも小規模ながら実施されており，アカディアン居住地域における聖母被昇天の日の行事として定着したと言って差し支えない。また，かつては自動車で徐行しながらのタンタマルもあったが，現在では徒歩によるタンタマルに収斂されつつある。ただ，カラケットのようにアカディアンが多数を占める小規模なコミュニティであれば，タンタマルのための交通規制も大した問題にならないと思われるが，都市部では交通規制に対する理解を得る必要があり，実施のためのハードルが高い。アカディアンの政治・経済的中心地であるニューブランズウィック州南東部の中心都市モンクトンでも，タンタマルの実施は容易ではなかった。モンクトンは交通の要衝として発展し，19世紀後半以降，鉄道が建設される過程で周辺の農村地域からアカディアンが流入した。そして，フランス語日刊紙レヴァンジェリンヌ（L'Évangéline）の本社をはじめ，アカディアンの主要組織が立地するようになり，1963年にはフランス語を教授言語とするモンクトン大学が開学した。しかし，アカディアンの主要機関が立地するとはいって

写真6-5
タンタマルの終点リヴァーフロント公園のコンサート会場(モンクトン, 2017年8月筆者撮影)
タンタマルに参加した人々はそのままアカディ・ロックの無料コンサートを楽しめる。

も, 州最大の人口を擁するモンクトンではフランス語話者は少数派である。したがって, 交通規制への理解は容易に得られなかった。フランス語日刊紙ラカディ・ヌーヴェル(L'Acadie Nouvelle)によれば, モンクトンで最初のタンタマルが実施されたのは2003年のことのようであるが, その後中断し, 2012年に復活して現在に至っている。

2012年は, フランス語で活動するアーティストによる音楽祭アカディ・ロック(Acadie Rock)が始められた年であり, モンクトンのタンタマルはアカディ・ロックと連動して実施されている。アカディ・ロックは, 8月中旬にモンクトン市内の施設やプティコディアック川に面したリヴァー・フロント公園において基本的に有料で連日実施されるコンサートである。2017年の参与観察に基づいてモンクトンのタンタマルを紹介しよう。出発地点はアバディーン文化センターであり, この時期には昼間に子ども向けのイベントが実施されている。そして, 午後6時にカトリック教会の鐘を合図に始まり, アカディアンの旗をまとったり掲げたりした人々が騒音をたてながらモンクトン市役所の脇を通過し(写真6-4), 2000年代以降の再開発で開通したアソンプション大通りを通ってアカディ・ロックの会場であるリヴァー・フロント公園に30分ほどで到着する。聖母被昇天の日, アカディ・ロックはタンタマルの後に無料コンサートを実施するので, タンタマルの参加者はそのまま無料コンサートを楽しめるというわけである(写真6-5)。無料といっても招待されるアーティストは豪華であり, 2017年の無料コンサートでは活動40周年を迎えるというアカディアンの伝説的バンド1755も出演した。市役所前でメイン通りを横切るため, 一時的に交通規制が敷かれるが, 筆者の観察では驚くほど短時間であった。ただ,

メイン通りのバイパス的な役割を果たしているアソンプション大通りが通行止めになっているので,ダウンタウンを貫通し,片側1車線しかないメイン通りは大渋滞であった。

　筆者の観察では,モンクトンではカラケットのように派手な仮装をした人は少なく,集団の旗を身にまとう程度であり,沿道で参観する人もそれほど多くなかった。しかし,仮装があまり重要でないことはかえって参加しやすいともいえ,また終点のリヴァー・フロント公園で無料コンサートに接続していることは参加者を増やす仕掛けとして機能している。興味深いのはコンサートの冒頭であった。フランス語話者向けのイベントであるため,2名の司会者はフランス語で話し続けたが,会場の安全のための注意事項と出店する屋台の紹介は英語でも行われた。そして,最初の出演者であるCY（サイ）というグループは,紹介されると自分たちの曲の前にアヴェ・マリス・ステラを独唱した。すでに述べたように,この歌は彼らにとって「国歌」の意味合いがあり,指示されたわけではないにもかかわらず,座っていた観客が一斉に立ち上がった。このように,世俗的なイベントにも伝統的なアイデンティティ象徴体系が生き続けており,現代でもアカディアンの文化とアイデンティティの継承に大きな役割を果たしているといえよう。

　なお,2017年には英語圏に位置する州都フレデリクトンやセントジョンを含むニューブランズウィック州の三大都市すべてでタンタマルが実施された。英語圏の都市でも実施されるのは,仕事の都合でこれらの都市に居住するアカディアンが少なくないためである。1990年代末までは,ロイヤリストが建設したこれらの都市では街路表示が英語のみであるなど,アカディアンやその文化への理解が十分であると感じられなかったが,最近では二言語表記も定着しつつあり,言語集団間の融和が進んでいるようである。

Ⅳ　おわりに

　本章では,カナダの沿海諸州におけるフランス系住民アカディアンの文化とそれを活用した観光振興を現地調査に基づいて検討した。その結果は次のようにまとめられる。アカディアンは歴史的経緯から北アメリカ各地に多くの末裔が存在し,1994年から5年ごとに開催されている世界アカディアン会議は彼

らが一同に会する機会となっており，沿海諸州における観光の発展に寄与している。また，最近では身近な道具で騒音をまき散らしながら練り歩くパレードであるタンタマルが夏のイベントの定番となっており，野外コンサートと接続することが参加者を増やす仕掛けとして機能している。そうしたイベントと伝統的なアイデンティティ象徴体系が融合することによって，アカディアンの文化が地域の観光振興に重要な役割を果たすとともに，イベントがアカディアンのアイデンティティの継承にも貢献している。

　北アメリカでは各地に移民の歴史や文化を展示した移民博物館が存在し，またそれらを活用したフェスティバルが数多く開催されており，それらは観光振興と地域の文化やアイデンティティの継承とに大きな役割を担っている。北アメリカの移民博物館やフェスティヴァルは，地域の観光振興を理解するうえで，ひいては北アメリカを理解するうえで重要な要素であり，今後の研究の発展が期待される。

◎参考文献

大石太郎 2017．カナダにおける二言語主義の現状と課題．E-journal GEO 12（1）：12-29．
大石太郎 2018．メイン州北部におけるフランス系住民のアイデンティティとアカディアン・フェスティヴァル．矢ケ﨑典隆編『移民社会アメリカの記憶と継承　―移民博物館で読み解く世界の博物館アメリカ―』学文社（印刷中）．
太田和子 1988a．現代の創世神話―新しい「民族」の生成―．川田順造・福井勝義編『民族とは何か』171-186．岩波書店．
太田和子 1988b．アカディアンのエスニシティと民族間関係―ニューブランズウィックでの調査より―．綾部恒雄編『カナダ民族文化の研究―多文化主義とエスニシティ―』59-96．刀水書房．
太田和子 1998．「世界アカディアン会議」とアカディアン・アイデンティティ．森川眞規雄編『先住民，アジア系，アカディアン―変容するカナダ多文化社会―』99-112．行路社．
大矢タカヤス・ロングフェロー 2008．『地図から消えた国，アカディの記憶―「エヴァンジェリンヌ」とアカディアンの歴史―』書肆心水．
矢ケ﨑典隆・高橋昂輝 2016．バージェス時代の多民族都市シカゴを記憶する移民博物館．歴史地理学 281：1-22．
Craig, B., and Dagenais, M. 2009. *Land In Between: The Upper St. John Valley*, Prehistory to World War I. Gardiner, ME: Tilbury House.
Griffiths, N. E. S. 1992. *The Contexts of Acadian History, 1686-1784*. Montréal: McGill-Queen's University Press.
Labelle, R. 2007. Tintamarre, une nouvelle « tradition » en Acadie. Encyclopédie du patrimoine culturel de l'Amérique Française, http://www.ameriquefrancaise.org/fr/article-102/ （最終閲覧日：2017年9月2日）
Schnell, S. M. 2003. *Creating narratives of place and identity in "Little Sweden, U. S. A."*. Geographical Review 93: 1-29.

COLUMN

東京臨海部におけるナイトクルーズと若者

　ナイトクルーズは都市観光におけるアトラクションとして，世界中の河川や港湾付近につくられた都市でみられ，レストランクルーズやパーティクルーズなどの交流の空間，港湾クルーズなどの景色や夜景観賞の空間として利用されている。東京湾納涼船は，伊豆諸島方面への海運関連事業を展開する東海汽船株式会社によって1950年の夏から運行されているナイトクルーズである。東京湾納涼船は，東京と伊豆諸島方面を結ぶ大型貨客船の竹芝埠頭への停泊時間を利用し，東京湾を周遊する約2時間のナイトクルーズを展開している。

　初期の東京湾納涼船はカップルや家族連れでにぎわっていたが，1970年代以降の主要な客層はサラリーマンとなった。しかし，東京臨海部に様々な娯楽が出現すると，1990年には年間約82,000人であった乗船客数が2000年には約45,000人にまで減少した。このような乗船客数の減少に対して，2000年以降浴衣を着用した乗船客への割引とともに，若者をターゲットとしたライブ・コンテンツが大々的に導入され，イメージ転換とターゲット客層の転換が図られた。2004年以降になると，ライブ・コンテンツのダンサーやDJはオーディションによって選考されるようになり，選考過程はSNSを通じて発信されている。これらの集客戦略の転換によって，現在は20〜30代を中心とした若者が乗船客の中心となり，女性客や浴衣客の割合も増加した。その結果，2014年以降の年間乗船客数は140,000人を超えるまで増加した。以上のように，安価で手軽に利用できる東京湾納涼船は学生を含む若年層にナイトクルーズ利用の機会を増やしている。（太田　慧）

写真　船内における「ゆかたダンサーズ」のパフォーマンス
（2017年7月21日筆者撮影）

2編 農村地域における観光研究

マレーシアのキャメロンハイランドにおける茶農園
(2013年3月筆者撮影)
避暑地であり，紅茶の主要な生産地でもある。
茶畑には農場直営のティールームもある。

7

東京都における観光農園の立地と果樹園経営の持続性

林　琢也

I　観光農園の特徴と東京都における展開

　観光農園とは,「農業を営む者が, 観光客等の第三者に圃場において自ら生産した農産物の収穫等の一部農作業を体験又は圃場を観賞させて代金を得ている事業」を指す(農林水産省「農林業センサス・用語の解説」より)。農村の自然環境と農業生産をレクリエーションの対象として活用している点に特徴がみられる(林 2010)。主に果樹栽培の盛んな地域や都市近郊地域において積極的に農家経営に取り入れられる場合が多い。

　本章では, 農林業センサスにおいて観光農園に係る市区町村単位の統計が整備された2005年以降のデータと現地調査の結果をもとに, 東京都内の観光農園の展開と果樹農業の持続性について考察する。

　農林業センサスによれば, 東京都の観光農園の経営体数は2015年現在, 148経営体に上る。都内の観光農園は2005～2010年の5年間で124経営体から184経営体へと増加しているものの, 2010～2015年の5年間では減少に転じている。この変化は日本全体の動向とも共通しており, 全国の観光農園の経営体数も2005年の7,579経営体から2010年には8,768経営体へと増加し, 2015年には6,597経営体に減少している。

　他方, 農林水産省・大臣官房統計部生産流通消費統計課消費統計室では,「農業・農村の6次産業化総合調査報告」・「6次産業化総合調査報告」として, 全国の観光農園を含む農業生産関連事業の年間販売金額及び事業体数を2010年以降, 毎年集計している。それによると, 東京都の観光農園は, 2011～2012年の190経営体が最多となっており, 年間販売金額も2012年の5億8200万円が最大となっている。この点は, 先述の農林業センサスの傾向と同様であるが, 1経営体当たりの年間販売金額をみると, 2014年の328万円が最大であるが, 2015年も312万円に上り, 集計当初(2010年は243.3万円, 2011年は287.4万円)と比べれば, 1経営体当たりの収益は増加していることがわかる。

Ⅱ 市区町村別にみた観光農園の分布と立地特性

次に，観光農園の立地する地域を概観しよう。図7-1は，島嶼部を除いた東京都の市区町村別の観光農園の経営体数について，2005年以降の5年ごとの値とその変化を整理したものである。

2005年は日野市の15経営体が最多で，稲城市の13経営体が続く。両市は日本ナシ（以下，ナシ）の栽培が古くより行われ，ナシやブドウの観光農園が展開してきた点に特徴がみられる。また，長年の栽培技術の蓄積（品質の高さ）や固定客の存在（信頼関係）は，消費者や観光客と直に接するような経営形態においては極めて重要な要素となる。

2010年になると，練馬区や世田谷区，小平市，府中市，三鷹市，調布市など，23区の西端から23区に隣接・隣々接する地域において観光農園の経営体数が増加している。なかでも4経営体から21経営体に急増した練馬区の変化は顕著といえる。この点については後述するが，区と農協が生産者と連携して積極的に観光農園事業を進めていった成果である。その他には，2005年時点で上位にあった日野市・八王子市の経営体数は変わらず，稲城市は13経営体から11経営体に減少している。

2015年現在は，練馬区の23経営体が最多となっており，以下，世田谷区（12経営体），八王子市（11経営体），日野市（10経営体），稲城市・小平市（7経営体）

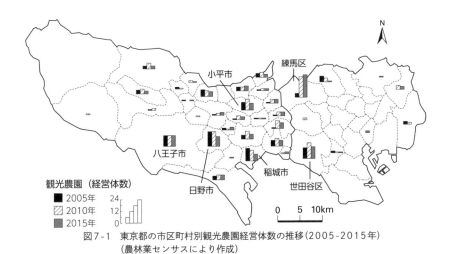

図7-1 東京都の市区町村別観光農園経営体数の推移（2005-2015年）
（農林業センサスにより作成）

と続く。上位の市区でも世田谷区・日野市・稲城市・小平市は減少傾向にある。ただし，それ以外の市区町村の観光農園の経営体数に大幅な増加がみられないため，練馬区の成長を除いては，この10年の間で，都内の観光農園の上位市区に変動はみられない。

III　農園情報の発信と管理・運営主体

　観光農園は，消費者や観光客が余暇やレクリエーションの一環として園地を訪問するため，近隣からの訪問や口コミのみならず，来訪を促すための広報・宣伝活動も重要となる。近年では，観光農園の情報（農園の住所や連絡先，栽培品目，農園の特徴・こだわり等）をウェブサイトに掲載する個人の農園も多い（林 2013）。それ以外にも，例えば，練馬区や葛飾区のウェブサイトにはブルーベリーの摘み取りができる農園の情報が掲載されている。また，小平市，国分寺市，小金井市，武蔵野市，三鷹市を管轄とするJA東京むさしが運営するウェブサイトには，管内のブルーベリーやキウイ，ブドウ，イチゴ，花卉の観光農園・農家直売所の詳細が掲載されている。この他にも日野市では，観光協会のウェブサイトにおいて同様の内容が掲載されており，様々な主体が観光農園の情報を発信している。

　このことは，観光農園が，個々の農家経営の維持や収益の向上といった効果のみならず，地域の農業振興や農地の保全・活用，地域活性化や観光まちづくりといった，より大きな目標や目的を実現するためのツールとしても重要な意味をもっていることを示している。

　以下では，長年，都内の果樹栽培を牽引してきた稲城市，ブルーベリー栽培発祥の地として，近年，行政が生産・販売の振興に力を注いでいる小平市，同じくブルーベリーの栽培を進め，都内で最も観光農園の多い練馬区を例に観光農園経営の現状と課題についてみていきたい。

IV　伝統的果樹産地にみる観光農園経営の現状——稲城市の事例

　稲城市は，古くからナシの産地として著名で，かつては隣接する川崎市とともに「多摩川梨」として名を馳せた（山村・浦 1982）。ナシ狩りの歴史も古く，

稲城市の「もぎ取り即売会」が始まったのは，第二次世界大戦直後のことである。1951年にナシ狩りに対応する農家は3戸であったが，徐々に増え，1957年には11戸で観光果樹協会が結成された。また，1964年のよみうりランドの開園により，バス会社は近隣のナシ栽培農家を指定梨園とし，もぎ取り直売の発展が促された（宮地 2013）。ナシ狩りや直売を行う農家は，多くのレクリエーション需要に応える形で高度経済成長期に活況を呈した。

　稲城市では，ナシ産地としてのブランド力の強化を図るため，稲城市を含む3市を管轄するJA東京みなみによって，2006年11月に「稲城の梨」として特産のナシが地域団体商標に登録されている。また，市のイメージキャラクターもナシをモチーフにしたものとなっており，行政や農協レベルでも市を代表する地域資源としてのナシの知名度が活用されている（写真7-1）。

　同市押立地区のA農園では，ナシとブドウのもぎ取りが可能である。入園料は無料で，収穫した分の重量で精算する形を採用している。金額の目安として，ホームページには，ナシ2～3個（1kg）で950円，ブドウ2房（1kg）で2,000円という価格帯が提示されている。その他にも，子ども連れの家族客を対象としているため，セミやザリガニを捕まえられることも写真付きで示されている。

　ただし，稲城市では，宅配や直売を販売の主軸とするナシ栽培農家の方が多く，もぎ取りに対応する農家は減少傾向にある。矢野口地区のB農園を例にみてみよう。B農園は，ナシ50aとブドウ20a，ウメとカキを10a栽培し，農外収入として駐車場とアパートを経営している。販売方法は，宅配が95％，直売が5％で，もぎ取りは特定日に限定し，受け入れは年数件程度とのことである。宅配を重視している理由は，近年の客はもぎ取りに来ても土産の購入が少なく，客単価が低いことや接客用に常時待機している労働力の人件費がかさむこと，雨天時の対応の煩雑さ等が挙げられる。

　他方，稲城市のナシ栽培農家は，小学生を対象にした農業体験学習に積極的に協力している。例えば，A農園のある押立地区では組織的に小

写真7-1　稲城市のナシやブドウを宣伝する幟や看板（2010年8月筆者撮影）

学3年生を受け入れており，4月の花粉付けと6月の袋掛け，9月の収穫の3期間にわたって継続的に児童が農園に足を運ぶ形が採られている。小学生の食育・職場体験に農家や生産組合として協力することは，子どもを通して住民（親世代）にもナシをはじめとする地域農業の重要性や存在価値を認識してもらうための重要な取り組みとなっている。こうした活動が，都市農業の有用性を実感する1つの機会を提供しており，その積み重ねが周囲の理解や協力，観光農園や直売所への訪問を促す上でも大切なものになっているのである。

V ブルーベリーによる観光農園経営の現状
――小平市・練馬区の事例

V-1 東京都におけるブルーベリー栽培の発展・成長

　ブルーベリーは，東京都において近年，栽培が振興されている果実である。2014年現在の栽培面積は103.7haに上り，都道府県別でみても長野県（129.0ha）に次ぐ栽培規模となっている。

　ブルーベリーの日本国内での普及については，福島県園芸試験場長を務め，東京農工大学の教授となった岩垣駛夫氏の功績が大きい。岩垣教授が教え子の島村速雄氏にブルーベリー栽培を依頼し，島村氏が1968年に自身の圃場（小平市）にブルーベリーを植栽したのが国内で最初の経済栽培である。その後しばらくは，多摩地域内に散在する意欲的な生産者によって生産が続けられてきたが産地化は進まず，本格的な生産振興が始まったのは1990年代後半以降である。近年の生産拡大には，眼に良いという情報（知識）の消費者への定着や，食物繊維やビタミンが豊富な点から健康志向の女性に人気があること，粗放的かつ無農薬で栽培可能な点，収穫体験への高いニーズ（低木のため，子どもでも安全に摘み取りが可能）などの特性が影響している。

V-2 小平市の事例

　小平市では，発祥の地であるという事実を活かし，近年，ブルーベリーを利用した取り組みを活発化させている。2006年には，生産者団体が設立され，第1回ブルーベリーまつりが開催された。また，2008年には小平商工会とJA東京むさし小平支店，小平市産業振興課を事務局に小平ブルーベリー協議会を組織し，生産者と加工品を扱う菓子店や酒販店などの事業者の連携を進めてい

る。また、市では小平産ブルーベリーのブランド化のための事業に補助金を交付し、生産基盤の強化や特産品の開発、流通・消費の増大を図っている。

　C農園を例に、ブルーベリーの摘み取りを行った入園者の発地をみてみよう。C農園では、特定日に限って入園者を受け入れている（7〜8月で8日間）。摘み取りの料金はカゴ1杯（1kg）2,000円（何カゴでも可）とし、最低料金を大人1名2,000円、子ども（4歳〜小学生）500円としている。2014年の入園者は58組で、このうち58.6%（34組）が小平市民であることからも、近隣住民のニーズの高さがうかがえる（図7-2）。それ以外では、同市に隣接・近接する自治体を中心に、北多摩地域から埼玉県南部にかけて均一に訪問者がみられる。一般に大規模な果樹産地の観光農園は広範な集客圏を有している場合が多いが、都内の観光農園の場合、農園自体が既にベッドタウンや都市化地域にあるため、集客範囲が極端に広域とならなくとも十分に入園者を確保できるのである。

　ただし、C農園は耕作する1.3haの農地のうち、半数以上（70a）は、野菜や花卉用の畑で、果樹はブドウとカキをそれぞれ20a、キウイフルーツを5a、ブルーベリーを6a栽培しているのみである。また、ブルーベリーの販売は、90%以上が庭先直売であり、摘み取りの比率は数%に過ぎない。これは、C農園が主力の販売品目である野菜の減少する時期（8月）に販売を補完できる作物としてブルーベリーを選択したことが影響している。また、多くの都市農家と同様、アパートや駐車場等の不動産経営も行っており、複合経営の中で、ブルーベリーの特性を評価し、経営の中に組み込んでいるため、それほど収入源としては重要視していないのである。こうした傾向は、同市内の他の農園においても見受けられる。D農園も1haの農地を有しているが、主力は花卉（切り花・鉢物）で、ブルーベリーは10a弱に過ぎない。摘み取りは、花を購入する常連客

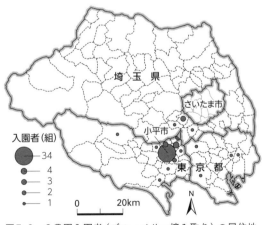

図7-2　C農園入園者（ブルーベリー摘み取り）の居住地
　　　（2014年）（C農園提供資料により作成）

の利用が大半で，収入よりも客とのコミュニケーションツールと捉えている。

他方，ブルーベリーの栽培規模の大きな農園をみると，E農園では，ブルーベリーを75a栽培している。自園のウェブサイトも有しており，自宅の直売所には，関東の広範な地域から訪問がみられる。自家製のジャムも販売しており，これは年間を通してE農園のブルーベリーを食べたいという消費者の要望に応えたものである。

このように，小平市のブルーベリー栽培は，積極性や経営に占める重要度において二極化する傾向がみられる。生食や加工品の品質の向上を追究し，ブルーベリーを経営上の重要な品目として積極的に利用したい農園とブルーベリー以外の主力品目・収入源が存在し，副次的にブルーベリー栽培を行う農園である。ただし，両者にとって，ブルーベリーは農業経営上，メリットの大きな品目であり，そのことが多様な属性や経営内容，方針の生産者の参入を促している。

V-3　練馬区の事例

練馬区は，東京23区で最大の農地面積を有し，農地の保全対策にも積極的に取り組んでいる。これは，「農業のある練馬区」の魅力を周知させるとともに，区内の農業活性化を目的にJA東京あおばと協力し，2005年度より農園整備の支援を開始したことが契機となっている（半澤ほか 2010）。ブルーベリーの摘み取り園数は，2014年まで順調に増加し，近年は30戸前後で推移している（図7-3）。摘み取りは100gで200円に料金が設定（統一）されている。消費需要の拡大を促すため，ブルーベリーレシピの配布や練馬区・JA東京あおばブルーベリー研究会と連携し，池袋駅構内でイベント等も行っている。

F農園は，ブルーベリー70aと露地とビニールハウスでの野菜栽培（1.3ha）を行っている。不動産収入として，駐車場やアパートも経営しているが，世帯収入としては，農業収入の方が多い。多くの農産物は庭先直売か農協の直売所に出荷している。ブルーベリーの摘み取り園を開始した経緯は，当地は都市近郊の農業地

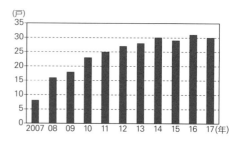

図7-3　練馬区のブルーベリー摘み取り園数の推移（2007-2017年）（練馬区資料により作成）

写真7-2 宅地に囲まれたブルーベリー園（2010年8月筆者撮影）

写真7-3 「練馬果樹あるファーム」の紹介冊子（表紙）

域であるから，周囲の住民（非農家）の理解が重要であり，園地に積極的に入って楽しんでもらった方がいいと考えたことによる。また，粗放的な栽培が可能なブルーベリーは都市型の農業のメリットを活かせると判断したことも大きい（写真7-2）。実際，入園者の約7割は徒歩・自転車による訪問であり，摘み取りの満足度は高いようである。直売を重視するのも，近隣の住民に鮮度や美味しさを実感してもらうためである。まさに，練馬区の推奨する"カジュアルに「農」とふれあえる場所"としての役割を果たしている（写真7-3）。

練馬区では，ブルーベリーの摘み取りに28,000人が訪れているが（2016年），身近な都市住民に農の重要性や食の豊かさを伝えるという意味においては，観光農園を営む生産者は，都市住民と農地をつなぐインタープリター（仲介者／解説者／案内人）の役割を果たしているといえよう。

Ⅵ　果樹園経営に果たす観光農園の役割

　これまでみてきたように，東京都の観光農園は，生産者と来訪者（都市住民）をつなぐ機能のみならず，農産物や地域の付加価値を高めるためのツールとしても重要な役割を果たしていた。また，そのことは，結果的に，都市農地の保全や都市農業の振興にも大きく貢献している。都市化の進行する地域では，農地は宅地やアパート・マンション，駐車場，倉庫，商業施設への転換が比較的容易であり，常に都市的土地利用との競合が生じている。決して良好な営農環境とはいえない状況下での農業の継続には，地域住民（非農家）の理解や協力が不可欠となる。また，観光農園での収穫体験や新鮮な農産物の購入は，両者の

交流のみならず,都市部に居住する子どものレクリエーション・教育の場としても重要な機能を担っており,子どもを連れて来訪した親世代にも,身近な農の存在を再認識・評価してもらう機会となっている.

2016年3月に東京都が策定した『東京都果樹農業振興計画』においても,「東京の果樹農業を一層発展させていくためには,地域住民の理解と支持を得ることが必要である.このためには,生産現場においても,販売の場面においても,農業者と消費者とが共生するという発想を基本とする」ことや「都民が親しみやすい販売施設への改善や消費者参加型の観光果樹園の開設等を進める」ことの重要性が示されている.

都市の発展や都市的生活様式の浸透は,多くの住民にとって,土に触れることや農地に足を踏み入れることを,日常から遊離した行為へと変化させた.しかしながら,そのことが都市近郊で体験可能な農的な活動の非日常性を強め,農業のレジャー・レクリエーション化を進めたことも事実である.また,生産者が農産物や農作業を介して,都市住民と密接に関わることは,営農意欲の向上につながっている.半澤ほか(2010)において指摘されているように,市街化区域内に残る農地は,普段,農業と無関係な生活を送っている都市住民が,散歩などのちょっとした余暇の延長線上の行為として気軽に来訪することを可能にしている.また,そこで摘み取りやもぎ取りができることは,こうした住民層に対して,身近な農地の重要性を理解してもらう上で極めて重要な機会となっている.プロの生産者が日常的に作業する現場をみることで,都市農業や果樹園の現状を理解し,それを支援するような姿勢や意識をもつ住民層が少しでも増えれば,それは,果樹園経営の持続性や都市農業のプレゼンスを高めることにもつながるのである.

◎参考文献
林琢也 2010.入園料からみた観光農園経営の地域的特性－集客圏および所得との関わりから－.観光科学研究3:143-154.
林琢也 2013.山梨県南アルプス市西野地区におけるアグリ・ツーリズムの変化と観光農園経営者の適応戦略.地学雑誌122(3):418-437.
半澤早苗・杉浦芳夫・原山道子 2010.東京都練馬区におけるブルーベリー観光農園の立地とその現状.観光科学研究3:155-168.
宮地忠幸 2013.多摩川梨産地のいま－稲城の梨は「幻の梨」－.地理58(10):60-68.
山村順次・浦達雄 1982.都市化地域における観光農園の動向－川崎市多摩川沿岸を例として－.新地理30(2):1-18.

> **COLUMN**
> コラム

観光農園は若者にとって身近な存在か？

　筆者は勤務校(岐阜大学)の主に1年生を対象とした教養科目「現代のまちづくりと住民」において観光農園の利用に関するアンケートを行った。

　図7-4によれば，大学生のうち観光農園への訪問経験がある人の割合は75.9％(41/54)に上る。収穫したことのある品目の上位はイチゴ(27)で，ブドウとリンゴ(6)が続く。同行者は，家族が26と最多で，友人との訪問(11)，学校の課外活動(4)が続く。家族や学校の課外活動は，幼稚園や小学校時代の来訪を示している。その意味では，多くの大学生にとって，観光農園は幼少期に家族と一緒もしくは学校行事で訪問した場所に過ぎず，遠い記憶の中の訪問地なのである。

　では，現在の若者は観光農園に関心が無いのだろうか。同行者についての回答(41)のうち，12は大学生になって友人や恋人と訪問したと回答している事実は，少なからず若者が観光農園に関心を有していることを示している。ただし，岐阜・愛知の学生は，自分の車を所有あるいは家族と車をシェアしている場合も多く，世帯内の車の所有台数も多いため，全国的な動向と比較して検討の余地はある。とはいえ，情報の発信方法を工夫したり様々なアクティビティを考えたりすることで，若者の関心や興味を喚起させ，観光農園を身近に感じてもらうことは，観光農園振興にとって今後ますます重要になってくるといえる。(林　琢也)

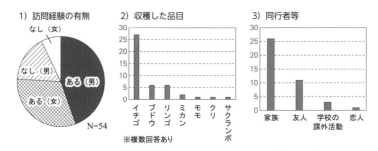

図7-4　大学生にみる観光農園の利用状況に関するアンケート調査(2011年1月25日実施)

8 大都市遠郊における農村資源の観光利用と女性の役割〜北海道・十勝地方

鷹取　泰子

Ⅰ　はじめに

かねて遠郊と呼ばれ，大都市から遠く離れた土地において，輸送コストをかけても有利に生産・出荷可能な農業が発達してきた。大都市の近郊において成立してきた土地生産性の高い近郊農業に対し，「戦前，地理学での専門用語」として「遠郊農業」と呼ばれた農業（坂本 1976）だが，浮田（1957）によればこの呼称は当時既にあまり適切ではなくなっており，＜輸送園芸＞と称すべきであるとされた。

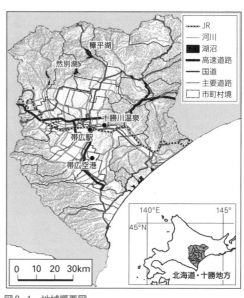

図 8-1　地域概要図

大都市遠郊で発達した農業は，輸送園芸のような野菜作に限定されない。本章で取り上げる北海道は，菊地（2008）で言及された「20世紀後半，農業の専門化や規模拡大が進み，少品目大量生産のシステムが構築され」，生産主義において「食料を生産する経済活動として位置づけられ，その利潤最大化が至上命令として義務づけられてきた」農業が行われてきた代表的な地域の1つである。北海道はその冷涼な気候を生かし，小麦や豆類，ビーツ，じゃがいもなどの農産物，酪農などの畜産，石狩平野ではコメなど，土地利用型で生産性の高い農業が展開されてきた。

一方，北海道は日本有数の観光地を有するが，山本ほか（1987）は農村空間に関する議論において，「大陸的景観を持ち，さらに火山や温泉，湖などの観光

資源に恵まれている」北海道は，「農家の収入に観光収入を組み込める可能性が大きい」が，「観光業を農家の就業に加えている例は極めて少ない」点を指摘していた。1970年代頃より富良野周辺のラベンダー畑等の景観が観光客を集めてはいたが，集客を観光収入に直結させることは容易ではなかった。

　本章では，北海道の十勝地方（図8-1）を事例地域として，道内の観光資源の変遷を概観した上で，具体的な事例を踏まえ，大都市遠郊における農村資源の観光について考察し，農山村における観光・ツーリズムの将来性について展望する。十勝地方は，農村資源の積極的な観光利用の歴史は浅いものの，日本の食料基地としての存在意義は大きく，観光・ツーリズムの対象として利用しうる潜在的な農村資源の宝庫である（先行研究は例えばMason 2017）。

II　北海道および十勝地方における観光資源

　まず，1960年代以降の北海道および十勝地方における観光資源の変遷を，北海道の資料[1]を用いて概観する。北海道の観光資源といえば豊かな自然景観，温泉，冬季の雪や流氷，雪まつり等のイベント，多彩な食・グルメなどを思い浮かべる人が多いであろうが，かつて観光客は夏季に集中した。多くの観光客は，「冷涼で快適な夏の北海道」に魅力を感じて来訪したからである。しかし，1972年の札幌冬季オリンピックは北海道観光に変化をもたらし，道外の観光客が「冬の北海道」へ関心を高めるきっかけとなった。さらに知床ブーム，スキー場やリゾート施設の開設，各種スポーツイベントの開催，モータリゼーションや青函トンネルの開通，航空路線の充実などと相まって，観光客数は順調に伸びた。また，1970年代後半より，国鉄のポスターなどを通して道央の富良野のラベンダーや美瑛の丘の農村景観などが知られるようになり，多くの観光客を集めてきた。

　1980年代以降，都市における「用務を兼ねた観光客」として，展示会や会議等のイベントを目的としたツーリズムも発生し，行政等による観光誘致キャンペーンも実施されるようになった。しかし，自然災害や，本州の新幹線開通・延伸や大きなイベント開催（万博，五輪等），大型レジャー施設の開園，不況や節約ムード，円高による海外旅行ブームなどの影響を受けた年度には，道内の観光客が減少するという一面もあった。

十勝地方は，明治以降の開拓により内陸の平原を田畑へと変えながら，生産主義のもと成立し，発展してきた大規模な遠郊農業地域である[2]。十勝地方の"経営耕地のある1農業経営体当たり経営耕地面積"（2010年農業センサス）は38.3haで，北海道平均の23.5haを大きく上回り，国内随一の大規模畑作農業地域を形成している。そうした背景から，地域の産業として観光業に活路を見いだす必然性が相対的に低い地域と見ることもできる。とはいえ，十勝地方にも観光資源は存在し，他の北海道の多くの地域と同様，自然や温泉が主流であった。主な観光地は大雪山国立公園内の湖沼（糠平湖や然別湖等）での釣りや山歩き，温泉地（十勝川温泉，糠平温泉等）などで，その多くは現在でも主要な観光資源となっている。また，本州からの移動手段が限定されていた時代，国鉄を利用したビジネス移動や通過も一定数いたことが推測される[3]。平成に入ると，スキー場やテーマパークが開設されたり，農業関係の展示会やスポーツ大会が定期的に開催されたりしたが，十勝地方の場合，マスツーリズム的な観光資源は総じて乏しく，日帰り客や通過客の多さが長らく課題となってきた。

　農村資源の観光利用という観点から見ると，十勝地方は冬季の制約（寒冷・降雪）から，観光農園や直売所といったルーラル・ツーリズムの取り組みは，近年になるまでほとんど存在しなかった。しかし，比較的若い世代や移住起業家などにより，その状況に変化の兆しがある。次節で紹介するルーラル・ツーリズムの動きがその一つである。生産性の高い農業が展開されてきたゆえに，充実したフード・ツーリズムの可能性を秘めた地域でもある。そうした兆候や現状は統計には反映されにくく，既存の農業の枠に留まらないこともあり，全体像を捉えることは難しいが，2013年から2017年に実施したフィールド調査と，補足的に確認・入手した情報による分析に基づき，農村資源を観光利用している4事例を次節で紹介する。

Ⅲ　農村資源の観光利用──北海道十勝地方を事例に

Ⅲ-1　農場ツアー等を企画するA社の事例

　A社は提携先の大規模農家と協力し，農場ツアー等を企画する法人である。A社のツアーの特徴は，案内先の農場を観光客用に用意した圃場ではなく，農家が大規模に生産を行っている農業・農村空間をそのまま活用していることで

写真8-1　提携農家がツアーに提供する菜の花畑には写真撮影用の簡易ステージ等が設置される（2017年5月筆者撮影）

ある。また，ツアーは農産物の収穫・消費を必ずしも主眼とはしておらず，果物狩りのように観光客のために用意する栽培は行っていない。とはいえ，一部の圃場で採れたての作物（菜の花，とうもろこし，じゃがいもなど）を使った料理をツアー中に試食することは可能であり，参加者は広大な大地で野菜の花や実，葉が生育した様子を五感で体験することができる。

社長のA子さんは札幌出身で1970年代に生まれ，道内の農業系の大学へ進学，農業経営学や外国の牧畜，グリーンツーリズム等について学びつつ，在学中より農業体験やインターン，観光協会への勤務，外国での旅行や短期滞在など，様々な経験を重ねた。また，結婚・出産・子育てを経験する途中で，家庭の事情により千葉県の近郊農村に数年間居住するなど，生活環境を大きく変化させた時期もある。

A子さんの経験の全てが現在の起業家生活の糧となっているが，とりわけ子供が生まれ大きく成長する姿が，今の生き方に大きく影響を及ぼしたという。仕事と子育ての両立に苦労を重ねた一方，保育園での農家のママ友・パパ友との出会いが様々な形へと発展することになる。例えば，友人農家らの協力を得て，保育園のお迎え時間に合わせてマルシェを始めたことで，「自分が良いと思ったことを形にする」という経験をした。また，千葉での主婦生活で複数の生協・専門宅配業者を比較・検討し，消費者として得た気づきは，「農業地域で産地交流事業を業者向けにコーディネートする」という提案に繋がった。

A社との提携農家の多くは，通常は農業に専念し，広大な農場というルーラリティの一部の空間を提供しているにすぎない（写真8-1）。つまり，ここではルーラリティの価値が畑ガイドによって引き出されながら，消費者に提供されている。提携農家は消費者との交流には興味があるが農作業に忙しい。そこで農家と消費者との間をA子さんが取り持つ形で農場ツアーを実現させたことが，起業のきっかけとなった。農家任せの農業体験ツアーではなく，専門的な畑ガイドを育成し農場ツアーを企画してきたA子さんは，ルーラル・ツーリズムの先駆者として講演に呼ばれる機会も多い。

Ⅲ-2　ネイチャーガイドとして独立したB夫妻の事例

　主に小人数向けのネイチャーガイドの仕事で生計を立てているB夫妻は，ペンションの経営も手がける起業家である。B子さん（十勝出身）とB男さん（神奈川県出身）は共に1970年代生まれで，道内の農業系の大学で学び，学生時代の実習や余暇活動，外国でのファームステイ体験，ツーリズムに関する企業への勤務等を経てガイドとして独立した。ペンションはB子さんの祖父母が長年農業を営んだ敷地内の，今も祖母家族の居住する土地の一角に新築された。

　ガイドとしての繁忙期は雪のない4月下旬のゴールデンウィークから11月上旬で，その間ほぼ休みなくガイド業務に従事している。釣り，動物観察，ウォーキングなどでガイドを行い，特にB男さん自身の野外活動の原点である釣りは人気が高く，外国からの常連客もいる。独立した2010年夏以降，繁忙期は常に予約で埋まり，1年以上先まで予約が入っていることも多い。こうした良好な状況を生み出した要因としては，ガイドとしての豊富な知識・経験，顧客の希望を叶えるサービスに加え，B男さんがアウトドア愛好家時代から発信するブログなどの読者を顧客として取り込むことに成功したこと，また，起業後に重要な広報ツールとしてウェブサイトを開設し，SNSを通しても最新情報を発信し続けていることなどが指摘できよう。

　B夫妻は，ペンション用に家庭菜園を管理し，祖母の指導を受けながら味噌や漬物を仕込む作業も行っている。その他，狩猟や釣りで得られた獲物を保存食として調理したり，動物の獣皮を一時処理してから東京で開催されるクラフト材料展示会で販売したりしている。また，ペンションの大きな窓からは広大な農地の景観を臨み，脇には北海道によく見られるギャンブレル屋根の古い畜

写真8-2　B夫妻のペンションの窓から眺められる農村景観
（2016年1月筆者撮影）

舎もある（写真8-2）。このように，B夫妻は農業を生業としてはいないが，夫婦が協働して行う事業は自然や農村資源と共にある。地域の歴史に敬意を払いながらSNS等のツールを巧みに駆使する，農村地域における新たな個人起業のスタイルとして示唆に富む一事例である。

Ⅲ-3　環境と共にあるC牧場の酪農経営の事例

　十勝地方は乳用牛飼養頭数で全国の約15％（2010年農業センサス）を占める酪農の盛んな地域で，経産牛を数百頭以上飼育する"メガファーム"も多い。C男さんは畜産農家であるC牧場の4代目として育った。同牧場の現在の経営規模は飼育頭数（経産牛）で80頭余りと，さほど大規模ではなく，放牧による乳牛飼育に特徴づけられる。生乳は農協へ出荷するほか，一部を自社施設で乳製品などへ加工し販売する。

　C男さんは1970年代生まれで，道内の農業高校から農業系大学に進学した。家業を継ぐ意志はなかったが，部活やアルバイトなど学生時代の様々な経験から酪農の良さを再認識した。卒業後は，最先端の酪農経営，酪農における土作りの重要性などを外国で1年間学んだのち就農した。妻のC子さんも十勝生まれで，道内の短大家政科を卒業後，観光PRの仕事や食品関係の研究所に勤務した経歴を持つ。

C男さんの酪農は，科学的分析に基づく土作りから着手する試験的な放牧から始まり，専門家の支援を受け，数年かけて品質の良い牧草の栽培に注力した。道内で主流であり，両親も行ってきた繋ぎ飼い飼育から放牧に転換すると共に，計画的な放牧地管理を行い，牛

写真8-3　C牧場直営の喫茶スペース（2016年12月筆者撮影）

の生育環境を整えた。その結果，病気や突然死等の頻度が減り，さらに糞尿が放牧地の中で自然に分解されることで処理の手間を省くのみならず，土壌の肥沃度を高めた。C牧場が構築した酪農経営は，自然や環境，動物福祉への配慮を実現すると同時に省力化を達成しうる方法であり，持続可能な牧場経営を行うための重要な取り組みといえる。

　2000年代に入り着手した加工品開発・製造では，C子さんのキャリアや人脈が発揮された。健康な環境で育った牛は高品質の乳を出す。素材の良さを活かした製品作りは消費者に受け入れられ，バイヤーが各地からやってきた。また，紅茶のインストラクターとしての活動などで広がったコネクションのなかから得たヒントが製品開発に生かされた。乳製品は直営の喫茶・物販スペース（工場併設店と駅ナカ店）だけでなく，帯広市街地や東京などのデパートや高級食料品店へも出荷されている（写真8-3）。

　さらに，C牧場で働く女性社員が，加工品の開発・製造・販売の過程で大きな役割を果たしている。加工品の主な販売ターゲットは女性であり，開発現場では同じ女性として厳しい消費者目線に基づく意見が交わされる。また，製造工程は細かで丁寧な取り扱いの要求される作業の繰り返しであり，手先が器用で辛抱強い女性の力が評価されている。外国人観光客への対応は，航空会社への勤務歴を有する語学堪能な社員が務める。このように，農村において貴重な就労の機会は有能な女性の社会進出を支えており，C農場が地域に果たす貢献は大きい。

Ⅲ-4 地域の食と農業を結ぶD農園の事例

　D夫妻は共に1980年代に十勝で生まれ、D男さんは両親の世代で4代続いた農家、D子さんは飲食店を営む家に育った。D男さんは農業系の高校・専門学校を卒業後、一度はレストランに就職したが、実家の農業を継ぐべくUターンした。後継者として農業に従事する傍ら、地元農産物のPRをする団体の代表も務めた。D男さんの両親が経営する農場はじゃがいも・ビート・小麦にその他の野菜等の栽培を組み合わせるもので、典型的な輪作体系による大規模農業である。D子さんは短大卒業後に地元農協に勤務し、D男さんとの結婚を機に農業の道に進んだ。

　十勝の食について発信し、農業と結びつけるような仕事がしたいという希望を持って農業に従事した二人は、その実現のために消費者との距離を縮めたいと考え、マルシェなどを通した販売方法や、料理店向けの営業などで試行錯誤をしていた。しかし、現実と理想のギャップは大きかった。特に"農家の嫁"として対応されることも多いD子さんは、子供を産むことが周囲から期待されるというプレッシャー、D男さんと並んでいても一人の農業者として扱って貰えないやるせなさなどを感じていた。

　農業分野で多くの女性が抱える限界や課題に直面し悩んだD子さんは、地縁や同級生、親戚の繋がりを通じて様々な人々と出会う中で、地域内の若い農村女性も同じようなジレンマを感じていたことを知った。そこで、北海道の農業改良普及員の女性がオブザーバーとして加わり、2014年夏、十数名が参加する農村女性の会が発足した。メンバーは農家の後継者と結婚した者、自らが農家の後継者である者、農業や六次産業に関わる法人等に従業員として勤務する者、農業以外の企業等に勤める者などから構成され、年4回

写真8-4　D夫妻が町に委託され運営する道の駅の様子
　　　　　（2017年5月筆者撮影）

の勉強会，地域内外で開催されるイベントへの参加，地元ラジオ番組での発信等を行っている。マスコミに取り上げられる機会も増え，メンバーは約30人に増えている(2017年時点)。

そして2016年には，二人の夢の具体化に向けた一歩として，D夫妻は町内の「道の駅」(国土交通省登録)を運営するための法人を設立し，D子さんはその代表を務めている。この「道の駅」(写真8-4)は，地元の食材を活用した物販・飲食などのサービスの提供に加え，地域の食と農業，それを育んできた歴史と先人の偉業を伝える発信基地として，滞在・通過する観光客のみならず，地元の人も集う拠点となっている。

Ⅳ　考察・農村資源の観光利用と女性の役割

少子高齢化の問題は現代の日本社会全体が抱える共通の課題であるが，とりわけ農山村地域の高齢化・後継者不足においてより深刻な状況を呈しており，それは北海道でも例外ではない。また，図8-2に示したように，全国の農業就業人口は減少し続けており，特に女性の減少は著しい。食料・農業・農村基本法(1999年7月16日施行)における「女性の参画の促進」の明記や，いわゆる女性活躍推進法(2016年4月1日施行)をもってしても，女性の社会参画や経営参画に関する全国的な数値目標の達成は容易ではない。

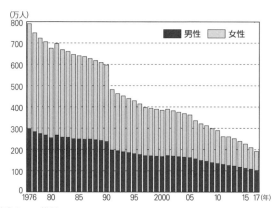

図8-2　農業就業人口の推移
注：1990年以降の農林業センサスおよび1991年以降の農業構造動態調査は，販売農家の数である。
(各年次農林業センサスおよび農業構造動態調査により作成)

農山村において必要な労働力は，筋力の違いという生物学的な性差により分業されるような単純な力作業ばかりではない。旧来の農作業の範疇を超えた様々な状況において，女性の力が発揮される場面が少なからず存在している。例えば，関ほか（2010）が，農産物直売所，農産物加工，農村レストランを「三点セット」として紹介するなど，女性が農村における新たな活動の場を広げてきた歴史に注目する必要がある。前節などの事例を踏まえ，農村資源の観光利用，特に女性が果たす役割とその将来性等を検討した結果，特に重要な要素として，以下の4点が見いだされた。すなわち，多彩な経歴を有する農村女性の存在，インターネットやSNSのサービス等の活用，補助金等の限定的な利用，世代を超えた資産継承の存在である。

　まず，農業以外の多彩な経歴を有し，男性以上に大きな変化の伴うライフステージイベント（出産・子育て・介護）を経験することが多い女性の存在は，農村資源の観光利用という点で大いに貢献をし，可能性を広げている。例えば，Ⅲ-1で紹介したツアー会社経営のA子さんや，Ⅲ-3で紹介したC牧場のC子さんの事例では，起業家として新たな事業を展開する上で，女性や母親としての経験・知見が生かされている。また，彼女らの部下や仲間の女性たちの多くは非農家出身であり，そのキャリアは農業や観光の枠組みに止まらない。社会人としての勤務経験や業種内容は多彩であり（例・公務員，金融機関，航空会社，ブライダル関係など），国内外で豊富な経験を有してきた人材が起業家達を支えている。一方で，社会進出に際して様々な足かせや障害に直面する女性は少なくない。例えば，Ⅲ-3で紹介したC牧場の場合，加工場に勤める女性の離職は稀であるが，数少ない離職理由は夫の転勤への同伴など，家族理由によるものが多い。Ⅲ-2で取り上げたツアーガイド・B夫妻の場合，子供がまだ小さく，妻のB子さんは家事全般を夫と共にこなしつつ，日中のガイド業務からは離れている。男女雇用機会均等法の施行から30年以上が経過した現代においても，家庭内における家事や子育てなどの負担の多くを女性に依存している状況がこうした事態の一因ともなっており，これは総務省の公表する調査結果（総務省2017）とも一致する課題といえよう。

　次に，農村資源の観光利用においてSNS，ブログなどを活用した発信，スマートフォンなどの活用は，もはや不可欠である。前節の4事例はどれもウェブサイトの制作に力を入れ，情報発信を積極的に行っている。また，Ⅲ-4で紹介

したD子さんが関わる農村女性の会では，それぞれの相談や情報交換をメンバー限定のSNSグループを通じて行う等，日々活動する中での互いの思いや悩みを共有している。彼女たちの生きる農村社会は旧態依然とした体制にあることも多いが，SNSを通して緩やかに繋がりながら確かな信頼関係を築いている。重要であることは，SNSやスマートフォンが，親世代や男性陣から必要以上の干渉を受けずに連絡を取りあったり，表立つことなく物事を進めたりすることのできる点であり，農村女性にとって特に不可欠な道具・インフラといえるだろう。

そして，資金調達の方法について，多額の融資や補助金等の利用を必ずしも前提とせず，堅実な事業展開を計画・実行していることである。例えば，C牧場では身の丈に合った経営を信条とし，親世代までに補助金の支援を受けて建設された建物をリフォームし加工場として活用するなど，極力出費を抑えてきた。ツアー会社のA子さんは，起業に関する補助を受けた時期もあり，それが事業のスピードを速めることに役立ったと感謝しつつも，補助を前提とした事業計画は立ててこなかったという。

最後に，ポスト・バブル世代[4]による農村資源の観光利用を始めとする活動において，一世代空いた，いわば「隔世承継」と表現できる起業方法が見いだされてきた。それは例えばツアーガイドのB夫妻のように，非農家に育ちながら，地縁・血縁関係のある土地で祖父母世代が築いた有形・無形の財産を農村資源として受け継いでいる現象であり，新規起業の安定化に繋げる一つのヒントといえそうである。こうした経済的な安定を確保した上で，夫妻の共通の趣味から起業に繋げ，家族で過ごす時間を大切にする，"クオリティ・オブ・ライフ"（生活の質）の豊かさを追求し実現するポスト・バブル世代の生き方は，現代の個人起業の一つの形といえるだろう。

十勝地方では，前節で紹介した事例のほかにも，農家に生まれ育ちながら親世代とは異なる意欲的な取り組みをする後継者や，地域外から移住し農村資源を生かした諸活動に関わる起業家たちが，自身の事業の安定等を模索しながら，またパートナーと協力しながら，地域の農業や様々なコミュニティと複合的に結びつき，互いの結束を強めたり，新たな絆を生んだりしている。十勝地方のような遠郊における農業は，グローバル化の影響を強く受ける品目も多いが，本章で取り上げたようなポスト・バブル世代の起業家とその仲間たちによって，

現在取り組まれつつある農村資源の観光利用とその多様化が，今後また新たなルーラル・ツーリズムを生み，将来に渡り持続可能な農村空間の確立や，農村のネットワークの重層化・安定化を確かなものにすることであろう。

---

1) 1962（昭和37）年度の北海道商工部観光課「北海道観光動態資料」から，2016（平成28）年度の北海道経済部観光局課「北海道観光入込客調査」までを使用した。詳細は北海道経済部観光局のウェブサイトで公開されているので，そちらを参照されたい。
2) 1980年代までの分析としては，例えば市川（1987）などが詳しい。
3) 1962年度の北海道資料を見ると，その他に帯広の観光資源として「産業観光」の文字を見いだすことができる。ただし，観光地とされた場所や活動内容等，その具体的な内容については不明である。
4) 筆者は，バブル時代を経験していない世代，具体的には2016年時点で生産人口年齢に入る15〜45歳を「ポスト・バブル世代」と位置づけ，少子高齢化の進む日本の将来を担う重要な世代として，調査研究を行っている。1992年以降に就職活動を開始したが，就職活動に苦労し，バブル景気を社会人として体感していないため，経済的な価値に対して厳しい見方を持っていると推測される世代である。一方，学生時代にパソコンやインターネット環境を入手し，通信機器の変化等を経験するなど，情報化社会の中で変革するグローバル化社会への柔軟な対応という点は，壮年層（バブル世代以上）より容易に実現してきた第1世代と位置づけている。

◎参考文献

市川健夫 1987. 十勝平野の農業と農村の変容. 山本正三・北林吉弘・田林明編『日本の農村空間－変貌する日本農村の地域構造－』. 古今書院, pp.288-300.

浮田典良 1957. わが国における近郊農業の地理学的研究－その研究史と問題－. 人文地理9-3, pp.62-74.

菊地俊夫 2008. 地理学におけるルーラルツーリズム研究の展開と可能性－フードツーリズムのフレームワークを援用するために－. 地理空間 1 (1) : 32-52.

坂本英夫 1976. 地理学における輸送園芸の研究成果と展望. 人文地理28: 646-673.

関満博・松永桂子 2010.「農」と「食」の女性起業－農山村の「小さな加工」. 新評論. 240p.

総務省 2017. 平成28年社会生活基本調査－生活時間に関する結果－. http://www.stat.go.jp/data/shakai/2016/pdf/gaiyou2.pdf（最終閲覧日：2017年10月25日）

日本政府観光局（JNTO）2016. 国籍別／目的別 訪日外客数. https://www.jnto.go.jp/jpn/statistics/tourists_2016df.pdf（最終閲覧日：2017年10月25日）

北海道経済部観光局. 北海道観光入込客数調査報告書. http://www.pref.hokkaido.lg.jp/kz/kkd/irikomi.htm（最終閲覧日：2017年10月25日）

山本正三・田林明 1987. 北海道の農村空間. 山本正三・北林吉弘・田林明（編）『日本の農村空間－変貌する日本農村の地域構造－』. 古今書院, pp.53-67.

Mason Michele M. 2017. *Dishing out Silver Spoon: Agricultural Tourism in the Tokachi-Obihiro Area of Hokkaido*. International Journal of Contents Tourism 1, pp.31-43.

9
茨城県北部における地域おこしのメカニズムと観光化の可能性

小原　規宏

I　はじめに

I-1　地域おこしと観光

　日本で地域経済活性化策といえば，かつては工場誘致が定番であったが，それに代わって最近では住民のライフスタイルに合わせた施策が前面に出るようになった（佐々木 2010）。地域おこし＝地域経済活性化を観光や交流で定着させようというのも，そうした動きの1つである。

　これまで地方自治体では，定住人口の増加が地域活性化の目安の1つであった。しかし人口減少時代を迎えた現在，定住人口に替わり交流人口の拡大が目標とされ，特に観光・交流への期待が顕在化，地域においては観光振興が重要な課題となってきた（香川 2009）。

　全国で共通の基準で計算された都道府県別観光入込客数をみると，2017年には年間328.2万人が観光目的で茨城県を訪れており，これは近隣の栃木県の421.8万人，群馬県の260.3万人と比べても決して少なくない。しかし，同統計に記載されている観光地点数[1]をみると，茨城県は163地点であり，栃木県の326地点や群馬県の399地点と比較すると少ない。さらに，従業者数10人以上の宿泊施設に宿泊した延べ人数は434.0万人泊であり，これも栃木県の798.2万人泊や群馬県の708.0万人泊と比べて大幅に少なくなっている。つまり，これらの統計データからは，茨城県においては，観光資源や宿泊施設の集積が弱く，滞在型の観光地の形成が遅れているということを読み取ることができる。

　また，近年の地方における観光・交流を媒介とした地域おこしの一手法として道の駅の設置が注目されているが，茨城県では道の駅の整備も遅れており，2017年のデータによると，茨城県における道の駅の数は13か所で，これは全国で40位の数となっている（栃木県17位，群馬県9位）。さらに，都市部の住民を地方へ派遣することで地方の地域おこしを加速させるという目的で2009年に総務省によって制度化された地域おこし協力隊制度についても，2015年

時点では制度を利用して茨城県が受け入れた隊員数が34人で全国29位と，栃木県の22位や群馬県の24位に比べて下位となっていた。

I-2　茨城県における観光の遅れ

　それでは，なぜ茨城県では観光資源や宿泊施設の集積が弱く，滞在型の観光地の形成が遅れてしまったのだろうか。モータリゼーションが進展する以前の鉄道による観光が中心であった時代には，茨城県の県都である水戸市の偕楽園を中心とした一大観光地が形成されており，元々生産が特に盛んであった訳ではない納豆が偕楽園を訪れる観光者の土産物として定着し，その後「水戸納豆」や「天狗納豆」として全国的に有名になっていったことは有名な話である（飯島2002）。しかし，その後は私鉄を中心とした鉄道網の拡大が進まず，またその自然地理的環境から温泉地や避暑地の集積に適さなかった茨城県の観光開発は進展していかなった。辛うじて，沿岸部の大洗町や北茨城市では関東の海水浴場の1つとして認知されていったが，海水浴という極めて集客期間の限られた観光形態では一大観光地が形成されることはなく，漁師の兼業としての小規模な民宿の形成に留まった。同時に，観光業による地域おこしよりも工業による地域おこしに力が注がれ，茨城県北部の農山村部や沿岸部では，工場誘致が盛んに行われていった。

　しかし，経済活動のグローバル化による国内工業の空洞化や少子高齢化に伴う人口減少が顕著になった現在，先述したように工場誘致だけでは地域の未来を考えることができなくなった。茨城県でも，特に地域の衰退が懸念される県北部においては，地域経済活性化を観光や交流で定着させようという地域おこしが取り組まれるようになっている。

II　茨城県北部における地域おこしの事例

II-1　大洗町の事例

　1つ目の事例は，コンテンツツーリズムを媒介とした地域おこしの事例である。いわゆる「アニメの聖地」となることで地域おこしに取り組んでいる事例であるが，対象地域となる大洗町における「聖地」は非常に持続的であるという特徴がある。一般的には，「アニメの聖地」としての寿命は短いものが多いが（増

渕2008)，大洗町におけるそれは非常に長く，かつ持続的なものとなっている。アニメの聖地として大洗町を訪問する観光者のリピーター率は高く，観光者の6割以上が6回以上訪問している。さらに，そのうちの3割強が11回以上も大洗町に訪問している（図9-1）。

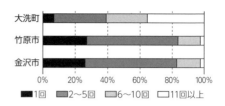

図9-1 アニメの聖地と呼ばれる地域におけるリピーター率の比較
（堀内・小山 2014から転載，一部改変）

大洗町は，沿岸部に位置する人口約1.7万（2015年）の町である（図9-2）。古くから漁師町として発展するとともに，古くは大洗磯前神社を訪れる参拝者の宿泊地として，そして夏の海水浴やサーフィンを目的とした観光者の宿泊地として発展してきた。都心からの距離がおよそ100kmということもあり，モータリゼーションが進展した以降は日帰り観光地としての性格を強め，2010年度には554万人の観光者が大洗町を訪れた（大洗町観光振興計画 2013）。

図9-2 事例地域の地図
（茨城県北・県央地域）

しかし，2011年に発生した東日本大震災と，それに伴う福島第一原子力発電所の事故が，大洗町の観光の脆弱さを露呈させた。大洗町は，大地震による津波や原発事故の風評被害によって2011年度には観光者が半減した。海水浴場を訪れる観光者の減少は著しく，震災前の4分の1にまで観光者を減らした（大洗町観光振興計画 2013）。福石（2008）が「その大盛況は夏の間だけで，季節的な集客のピークを過ぎれば残されるのは閑散とした街並みである」と指摘しているように，海という観光資源のみに依存してきた大洗町の観光は，震災と原発事故によってその脆弱さが浮き彫りになってしまったのである。

そのような中で，震災復興の一環として大洗町をアニメの舞台にすることで

表9-1 大洗町におけるアニメとのタイアップ手法とその件数

タイアップ手法	件数
イベントの開催	16
オリジナル商品の開発	15
公共交通機関へのラッピング	11
キャラクターパネルの設置	9
交流ノートの設置	9
ポスターの掲示	8
マップの作製	7
ギャラリーの設置	5
スタンプラリーの実施	4
旗の掲出	3
レンタサイクルの設置	2
特別住民票の発行	1
オリジナル商品の開発商品券の販売	1

(2011〜2014年,現地調査により作成)

写真9-1 観光・交流者が主体となって開催した宿泊施設大勘荘でのイベントで配布されたポストカード(筆者撮影)

復興を進めようという動きが起こる。アニメ「ガールズ&パンツァー」のプロデューサーである杉山氏が，アニメの舞台をそれまで候補としていた山陰地方から大洗町へと変えて制作することとした。町も全面的にバックアップし，アニメとの様々なタイアップ企画を進めた。その結果，大洗町は急激に「アニメの聖地」として成長し，それまでにはみられなかった新しい観光目的で訪問する観光者を生み出すことに成功した。さらに先述したように，大洗町の「アニメの聖地」としての特徴は，リピーター率が高く，アニメの放送が終了した後も持続的に聖地訪問を目的とした観光者を惹きつけている点である。

　大洗町が持続的な「アニメの聖地」として成長した要因は，その聖地づくりの特徴にある。大洗町ではアニメとの様々なタイアップ企画を進めてきたが(表9-1)，その企画を進める上で，観光者も巻き込みながら企画を進めることを重視した。アニメに登場する商店街の店主はもちろん，行政や観光に携わる町内の関係者だけでなく，町外から聖地訪問を目的に来訪する観光者をも，企画の立案や企画の実施の際に「関係者」として位置づけ，役割を与えていった。役割を与えられた外部の「関係者」は，関係する企画が実施される際には積極的に町を訪れるというシステムを構築することにより，リピーター率を高めるとともに，企画の発展を促進させることも可能になった。さらに，観光者が中心となって企画・実施するイベントも生まれ，大洗町は観光者が「関係者」や「主体」となった観光・交流を媒介とした地域おこしを加速させていったのである(写真9-1)。

Ⅱ-2　常陸大宮市の事例

2つ目の事例は，近年，特に地方の地域おこしの一手段として注目を集める，道の駅を核とした地域おこしの事例である。対象地域となる常陸大宮市における道の駅を核とした地域おこしには，地元住民の道の駅への積極的な参画という特徴がある。通常，道の駅の運営・経営は第三セクターや株式会社が中心となって行い，地元住民は農産物や特産品の「出荷者」に留まることが多いが，常陸大宮市では，地元住民が道の駅の設置を契機としてグループを作り，新商品の開発や六次産業化に取り組んでいる（小原2016）。

常陸大宮市は，県都である水戸市の北約25kmに位置している（図9-2）。1960年のピーク時には6万を超えていた人口も現在では4万近くまで減少し，少子高齢化と過疎化が進展している。主要な産業は農業と工業であり，市内にはかつて造成された大規模な工業団地があるが，年々企業が撤退しており，自治体内には閉塞感が漂っている。一方で，首都圏からの近さにより，農業においては東京市場との強固なネットワークが構築され，大消費地に向けた農畜産物の生産が継続されている。また，近年では，観光ブームを背景に隣接する大子町とともに日帰り観光地して認知されるようになり，観光者が増加している。

「道の駅常陸大宮」は，県内で12か所目の道の駅として常陸大宮市の国道118号線沿いに開設された。道路利用者の休憩場所としての機能はもちろん，東日本大震災を踏まえて地域の震災時の復興拠点としての機能，また少子高齢化の進む茨城県北に賑わいを創出する拠点しての機能の発揮も期待されて開設された。特に，観光施設として人気を博している道の駅には，賑わいづくりの拠点としての機能が大いに期待されており，観光や交流を媒介とした地域おこしの拠点としての機能も期待されての開設となった。

地域おこしの拠点としての機能を発揮させるための取り組みは，道の駅が開設される前から始まった。元々，岩崎地区には早々に地域営農に取り組むような素地はあったが，道の駅開設が決まると岩崎地区だけなく，周辺の5地区[2]が協働して「大賀地域活性化協議会」を発足させた。そして，行政や地元の茨城大学，東京農業大学地域活性化センターなどを巻き込みながら特産品づくりに着手した（図9-3）。

この協議会の特徴がその組織体系にある。図9-3をみると「農業関係」というグループと「自治組織」というグループが示されているが，「農業関係」は住民を

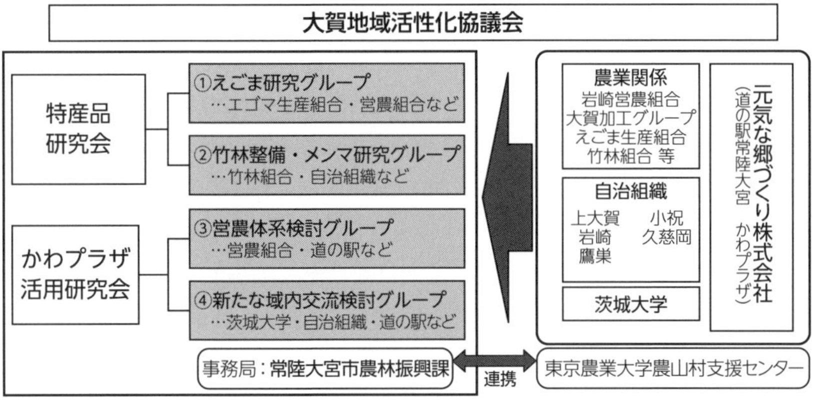

図9-3 大賀地域活性化協議会の組織体制と活動内容
（常陸大宮市農林振興課の資料により作成）

その生業活動によって組織されたグループであり，「自治組織」は住民の社会活動によって組織されたグループである。つまり，地域の住民がその場面に応じて一人が複数の役割を果たすような組織体制が構築されているのである。この組織体制によって，人口減少に直面する地域でも道の駅を核にしながら様々な取り組みが展開されるのを可能としている。その一例が竹を活かした取り組みである。「道の駅常陸大宮」は清流久慈川沿いに立地しており，久慈川の両岸には竹が繁茂している。この竹は江戸時代に植栽された水害防備林の「竹堤」であり（飯田 1999），地域の文化的資源であるものの，現在では手入れが行き届かずに荒れている。そこで協議会は竹堤の竹に着目し，「竹堤」という文化的資源を保全しつつ，竹を利用した商品開発に取り組むことにした。そして国や県の補助金なども利用しながら，「道の駅に相応しい特産品」を重視し，今やほとんど口にすることのできない国産メンマや，土産物としての竹を利用した竹馬や水鉄砲などの開発に着手した。

この道の駅の開設を契機とした大賀地域活性化協議会による竹堤の再生とそれに伴う景観整備は，さらなる波及効果をもたらすことになった。再生された竹堤は，他にはないような景観を復元し，その結果，竹堤を舞台としたイベントやワークショップが数多く開催されるようになったのである。その一例として地元の茨城大学の学生が主体となって開催した「竹あかり」というイベントがある。これは地域おこしを研究する学生たちが道の駅のPRと集客力の向上を目的に企画したイベントであり，「竹堤のある道の駅を竹灯籠で光の演出をす

る」というテーマを設定し実施したイベントである。イベント当日には，およそ1,200個の竹灯籠を設置し，自然の光や星空を楽しむために大勢の市民や観光者が集まった。イベント中には，学生たちが制作した「竹堤」や環境についてのチラシが配布され，観光者や市民が改めて地域の環境について考えるきっかけとなった。同時に，数々のメディアに取り上げられることで道の駅のPRにつながり，さらに当日はレストランや物販施設の売上も大幅に伸びた。また，1,200個に及ぶ竹灯籠を製作するためには多様な市民の協力が不可欠であったが，ここでも大賀地域活性化協議会が主導し，協議会内の「自治組織」だけでなく，「自治組織」のメンバーの人的ネットワークを活用することで，「訪問者」に留まらない「関係者」を数多く生み出していったのである。もちろん竹堤を舞台としたイベントやワークショップはこれだけに限らず，現在では毎週のように協議会や市内外の「関係者」が主体となって実施されており，「道の駅常陸大宮」の売りの1つとなるとともに，イベントやワークショップを目的に，子供や若者を含む多世代が訪れる道の駅として発展する契機となっている。

Ⅲ 茨城県北部における地域おこしのメカニズムと観光化の可能性

　ここでは，これまでみてきた大洗町と常陸大宮市の観光・交流を媒介とした地域おこしの特徴から，近年の茨城県北部における地域おこしのメカニズムを検討していく。

　まず，大洗町の観光・交流を媒介とした地域おこしの特徴として，放っておいては単なる訪問者となってしまう観光者に「役割」を与えることで「関係者」や「主体」にし，地域おこしを加速させていることが指摘できる。以前の海だけを資源としていた観光地としての大洗町では，観光者と地域おこしに取り組もうとする関係者の間に，接点はほとんどなかったという。しかし，東日本大震災後に創出された「アニメの聖地」としての大洗町では，観光者も地域おこしに取り組む主体の一部として捉えられ，そのことが観光者のリピーター率を高めるとともに，新たな企画やイベントも生み出される契機となり，持続的な「アニメの聖地」として町を発展させている。

　次に，常陸大宮市の観光・交流を媒介とした地域おこしの特徴として，道の駅の開設を契機として地域のネットワークの再構築が進むとともに，道の駅が

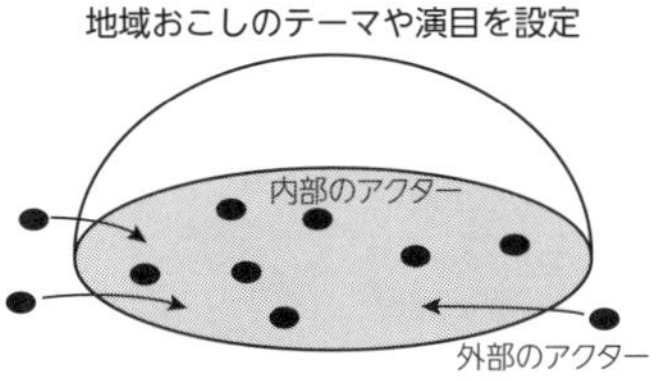

開設されたことで新たな地域おこしのテーマが設定され，それがさらなる地域内外のネットワークの再構築へとつながっていることが指摘できる。一次産品としての竹が地域資源として見直され，道の駅という商品販売が可能な拠点ができたことで竹の加工が着手された。さらに竹の利用が進むことで竹堤の整備が進み，常陸大宮市の文化資源である「竹堤」が蘇ったことで，竹堤を舞台としたイベントやワークショップが創出され，それがひいては道の駅や地域のPRにつながっている。いわゆる「地域の六次産業化」ともいえる地域おこしが展開され始めたのである。

図9-4 茨城県北部における観光・交流を媒介とした地域おこしのメカニズム

すなわち，大洗町や常陸大宮市での事例をまとめると，近年の茨城県北部における観光・交流を媒介とした地域おこしのメカニズムは，テーマや拠点を明確化し，そのテーマや拠点に合わせて主体となる演者（アクター）を巻き込むことで地域おこしを加速させる「劇場（アリーナ）型地域おこし」であることが指摘できる（図9-4）。観光・交流という現象はもちろん，現在は社会の変化がますます加速している。そのような中で1つのテーマに縛られた地域おこしに長々と取り組んでいてもその変化の速さには対応できなくなってしまう。また，特に少子高齢化や過疎化が進展する地方においては，地域内のアクターだけでは地域おこしに取り組むことがますます難しくなっている。そのような背景を鑑みると，テーマごとに上手く外部のアクターも巻き込みながら展開する「劇場（アリーナ）型地域おこし」というメカニズムは非常に効果的であると考えられる。道の駅とともに近年の地域おこしの一手法として注目される「地域おこし協力隊」制度では，地域おこし協力隊の任期終了後の地域での定着率の低さが問題となっている。地域おこし協力隊の定着率の向上を考える際にも，この「劇場（アリーナ）型地域おこし」という発想は有効であり，いかに地域おこし協力隊として地方に移住した移住者に地域が役割を与えられるか，また協力隊が移住先で役割を見出せるかが，今後定着率を向上させる鍵となると考えられる。

最後に，改めて茨城県北部をその地理的環境から考えると，茨城県北部は中山間地域を抱える地域である。農業の規模拡大は望めず，昔から兼業という生業形態で暮らし，地域を維持してきた。現在，多くの中山間地域で開発が期待

表9-2 茨城県北部における農をベースとした地域おこしの事例

	自治体	主体	内容
①	常陸太田市	里美しあわせ向上プロジェクト	アンケート調査などを通じて地域住民の生活満足度を指標化
②	大子町	JA常陸大子町りんご部会	リンゴの加工・PR
③	常陸大宮市	JA常陸大宮地区枝物部会	枝物のPR・ブランド化
④	日立市	十王町地産地消施設利用組合	野菜ソムリエ育成を通じた集客力の向上
⑤	大子町	茨城女子ライフ研究所	女性の視点からのそばのPR
⑥	大子町	JA常陸大子町りんご青年部	観光りんご園産地づくり
⑦	大子町	JA常陸露地園芸部会	ベニバナインゲンの加工
⑧	日立市	常陸農業協同組合里川西特産果樹生産部会	観光果樹園の再整備
⑨	常陸大宮市	岩崎荏胡麻生産組合	エゴマの加工・PR
⑩	常陸大宮市	久慈岡共有竹林組合	タケノコを利用した商品開発
⑪	常陸太田市	すいふひまわり工房	柿を利用した商品開発
⑫	大子町	奥久慈茶業組合	茶園ツアーの企画・実施
⑬	大子町	大子町農産品ブランド推進協議会	ベニバナインゲンのブランド化
⑭	笠間市	馬事畜産振興茨城協議会	馬事伝統行事のPR
⑮	日立市	たかはらグリーンツーリズム推進会	廃校を利用した体験メニューの開発
⑯	常陸太田市	むすめきた栽培会	地域の在来品種の小豆のブランド化
⑰	常陸太田市	里川カボチャ研究会	地域の在来品種のカボチャのブランド化
⑱	常陸太田市	棚谷健康野草づくり研究会	耕作放棄地を利用した野草の栽培
⑲	高萩市	高萩ふくまる栽培研究会	水稲新品種PR
⑳	常陸大宮市	おがわ地域振興株式会社	直売所でのイベントの企画・実施
㉑	大子町	上岡小跡地保存の会里山教室	廃校を利用した農家レストラン・直売所の開設
㉒	大子町	奥久慈茶カフェ巡り実行委員会	奥久慈茶ファンの獲得
㉓	常陸太田市	常陸太田市産葡萄&ワインブランド構築プロジェクト	ワインツーリズムの推進

(茨城県農村環境課の資料よりに作成)

される観光・交流の形態は，多額のコストをかけて開発する道の駅を除いて，地域の資源を活かし時間をかけて開発を行うソフトツーリズム的な観光開発である（菊地 2008）。ソフトツーリズム開発の先進地であるヨーロッパでは，小規模な観光業を農業や製造業と有機的に組み合わせることで，小規模な観光開発でも暮らすことのできる開発が進められている。さらに，各々の経済活動を有機的に組み合わすことでその持続性を高めるという，その形態は兼業と変わらないが有する意義が全く異なるプルーリアクティビティという生業形態の概念が重視され，自然景観や文化景観を保全しながら暮らしを成立させるという，持続的な開発が展開されている（小原 2005）。農村チャレンジ事業という茨城県による地方創生事業の一環としての補助金への過去3年間の応募状況（認可された）を示した表9-2をみると，確かに茨城県北部においても農をベースとした観光・交流の開発や特産品・加工品の開発・ブランド化が，地域をベースに取り組まれ始めている。小規模でも多様な仕事が地域で創出されていればそ

図9-5 茨城県北部における観光・交流を媒介とした地域おこしのプロセス

れが地域の魅力の1つとなり，観光・交流者だけでなく地域おこし協力隊をはじめた移住者の定着率も向上し，さらに多様な仕事が有機的に結びついていれば，地域をベースとした六次産業の創出の可能性も広がる。そのためには，地域にふさわしい観光・交流のテーマを設定し，時には行政界を越えて新しいテーマに合わせて地域資源とアクターを再構築することで持続的な観光化は望めるだろう。そのためには，まずは地域資源やアクターのデータベース化や地域にふさわしい観光・交流テーマの設定が必要であると考える（図9-5）。

---

1) 観光地点とは次の①～③の要件を満たす地点である。〈共通基準要件〉①月1回以上の頻度で訪問する人数の割合が半分未満と判断される地点，②入込客数が適切に把握できる地点，③前年の入込客数が，年間1万人以上もしくは前の特定月の入込客数が5千人以上である地点
2) 上大賀地区，岩崎地区，鷹巣地区，小祝地区，久慈岡地区の5地区であり，2015年の国勢調査によると人口2,476，世帯数928戸，耕作放棄地を含めた農地面積284.4haの地域である。

◎参考文献

飯島容平 2002.「水戸納豆」の全国的普及過程．茨城地理(3).35-54.
飯田貞夫ほか 1999. 久慈川の水害防備林（竹林）. 茨城キリスト教大学紀要2社会・自然科学 33. 73-83.
大洗町商工観光課・大洗観光協会 2013.『大洗町観光振興計画』.
小原規宏 2005. ドイツバイエルン州における農村の再編とその持続性. 地学雑誌, 114巻4号. 579-598.
小原規宏 2016. 魅力度最下位からの挑戦－茨城県. 地理739. 24-31.
香川眞 2009. 茨城県の観光の現状と課題．Joyo ARC 41 (474). 6-13.
菊地俊夫 2008. 観光とはなにか－その歴史とまなざしを探る. 菊地俊夫（編著）『観光を学ぶ－楽しむことから始まる観光学－』. 二宮書店. 2-10.
佐々木陽一 2010. ローカル食で地域経済活性化. JAPAN CLOSE-UP（PHP研究所）2010年3月号. 1-4.
常陽地域研究センター 2014. いばらきのシティセールスの現状と課題. Joyo ARC 46 (533). 10-37.
福石夕 2008. 茨城県大洗町の観光地としての変遷とその構造. 茨城の地域研究. 57-78.
堀内和哉・小山友介 2014. アニメ聖地巡礼に関する調査研究. 社会システム部会研究会5: 23-28.
増淵敏之 2008. コンテンツツーリズムとその現状. 地域イノベーション1. 38.
Kikuchi T., Yabe K. 2003. *Development of the arena society and its discontent in terms of regional festival : a case study of Oizumi-machi as liberdade of Japan*. Geographical Reports of Tokyo Metropolitan University.

10 イギリスのピーク・ディストリクトにおけるルーラル・ジェントリフィケーション

飯塚　遼

I　ルーラル・ジェントリフィケーションとは

　近年，農村から都市への人口移動だけではなく，都市から農村への人口移動もみられる。特にヨーロッパ諸国を中心に1960年代より農村への人口流入が顕著となり，反都市化（counterurbanization）として捉えられてきた（Champion 1989, Halfacree 1994; 2008）。しかし，反都市化の概念は量的な人口流入に着目するものであり，人口の質的変化については積極的には捉えてこなかった。そこで，1980年代より反都市化の概念を補完するものとして，都市におけるジェントリフィケーションのプロセスを農村に応用したルーラル・ジェントリフィケーション（rural gentrification）という概念が現れた（Pacione 1984, Phillips 1993; 2002; 2009）。ルーラル・ジェントリフィケーションとは，農村部における人口の社会階級的上昇をともなう地域変容のことである。それは多くの場合，都市からの人口流入によって引き起こされ，地価や不動産価格の高騰による間接的な旧住民の「追い出し（displacement）」を発生させる。その一方で，新住民は「生活の質（QOL: quality of life）」を求めて農村部に移入し，自身が思い描く「農村らしさ（rurality）」を住居や生活スタイルに反映させるため，荒廃した住居を自ら改装して不動産価値を高めたり（sweat equity），使われなくなった農家の納屋を住居用に転換（barn conversion）したりする。その結果，農村の景観は美化され，農村資源は都市住民の思い描く農村らしさに合わせて洗練される。そのため，ルーラル・ジェントリフィケーションが進展した農村は，観光対象としても魅力的な場所となる。

　現在，ルーラル・ジェントリフィケーションの現象はイギリスやドイツ，フランスなど西ヨーロッパ諸国のみならず，東ヨーロッパ，北アメリカ，南アフリカなどにも広がりをみせている。そこで，本章ではルーラル・ジェントリフィケーションの先進地としてのイギリスを取り上げ，現在も進展しているピーク・ディストリクトの一農村であるユールグレイヴ村を事例として紹介する。

Ⅱ　ピーク・ディストリクト国立公園とユールグレイヴ村

　ピーク・ディストリクト国立公園は，イングランド中央部に位置し，1951年に設立されたイギリスで最も古い国立公園である（図10-1）。マンチェスターやシェフィールド，ダービーといった地方都市との近接性が高く，都市住民にとっての気軽な自然ツーリズムの目的地として人気を博している。近年では，都市との近接性や自然環境に対する人々の嗜好性から，家屋をセカンドハウスとして利用する世帯のみならず，農村に居住しながら都市に通勤する世帯も多くなっている地域である。

　ユールグレイヴ村は，ピーク・ディストリクト国立公園南部ダービーシャー・デールズ行政区に属し，農村中心地であるベイクウェル近郊に位置する（図10-2）。ユールグレイヴ村は牧羊業を中心とする農村集落であったが，鉱産資源によって大きく発展を遂げた。17世紀には，村の周辺で鉛の採掘が行われるようになり，全国から鉛鉱で働く労働者を引きつけ，人口が急増した。しかし，19世紀半ばには資源の枯渇や採掘コストの増大，低廉な外国産鉛の流入などを背景として鉛鉱業は大きく衰退し，周辺の鉱山の多くが閉鎖した。19世紀の終わり頃になると，当時の全国的な建設ラッシュにより，鉛採掘に代わって建材としての石灰石の採掘加工が盛んになった。しかし，石灰の採掘加工についても，第二次世界大戦後の産業構造の変化で衰退を余儀なくされた。労働者の流入が著しかったユールグレイヴ村の人口も，産業の衰退にともなう労働者の流出によって大きく減少した。

　その一方で，1951年のピーク・ディストリクト国立公園指定を受けて，伝統的な農業や採石業に代わって観光業が地域の重要な産業になった。現在のユールグレイヴ村の基幹産業は，農業と観光業であり，わずかに石灰石採掘加工も残存している。また，周辺にベイクウェルやマットロックなどの農村中心地のほか，バクストンやチェスターフィールドなどの地方都市に

図10-1　ピーク・ディストリクト国立公園の位置

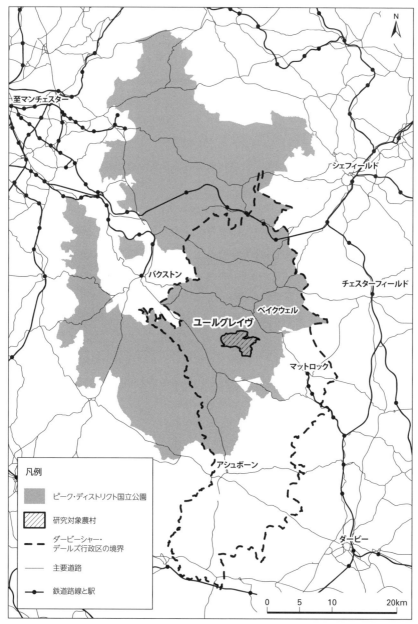

図10-2　ユールグレイヴ村の位置

写真10-1　ユールグレイヴ村(2013年6月筆者撮影)

近接していることから，都市民族にとっての気軽なルーラル・ツーリズムの目的地や通勤農村としての性格を有している。住民の一部は，シェフィールドやマンチェスターまで遠距離通勤をしている。

　2011年のセンサスによると，ユールグレイヴ村には467世帯1,018人が暮らしており，農村集落としては比較的大きいものである（写真10-1）。2017年現在，村内の商業施設としては宿泊設備を有する3軒のパブ，郵便局の機能を備えた雑貨店のほか，カフェを備えた食料雑貨店が立地している。また，B&Bやホリデー・コテージも宿泊施設として立地しているのに加えて，18世紀の生協を改装したユースホステルもあり，これらはピーク・ディストリクト観光の拠点にもなっている。

　このように，ユールグレイヴ村は，農業や石灰石の石材産業といった地域の伝統的産業を維持しながら，観光業などの第3次産業を中心とし，また多くの都市通勤者も抱える，典型的なポスト生産主義時代の「消費される」農村である。そして，近年では流入する都市住民の増加により，ルーラル・ジェントリフィケーションが発生し，農村コミュニティに従来とは異なる変容がみられるようになっている。そこで，次節では，ユールグレイヴ村におけるルーラル・ジェントリフィケーションの諸相についてみていく。

Ⅲ　ピーク・ディストリクトにおけるルーラル・ジェントリフィケーション

ルーラル・ジェントリフィケーションを捉える指標として，まずはユールグレイヴ村における人口動態についてみてみよう。図10-3はユールグレイヴ村における人口と世帯数の変遷を示したものである。それによると，人口は前述したように19世紀末からの石材産業の発展とともに増加したが，1951年の1,465をピークとして減少を続けている。とくに石材産業における機械化が進展した1961年から1971年にかけては，労働者の流出が続き，1,442から1,265へと減少の幅が大きくなっている。

人口が減少する一方で，世帯数に関しては1951年以降増加していることがわかる。それは，移入者世帯が増えているとともに，世帯員構成が変化してきていることも示している。つまり，地域産業の衰退にともなって旧住民世帯では，多くの若者が都市部に流出して人口が減少した。その一方で，都市部からは退職後の夫婦世帯を中心に構成員規模が小さい家族世帯が多く移入してきた。それにより，人口は減少しながらも世帯数は微増する傾向がみられたのである。

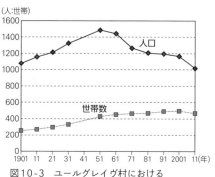

図10-3　ユールグレイヴ村における人口と世帯数の推移
（出典：UK Censusにより作成）

ルーラル・ジェントリフィケーションを捉えるためには，単なる人口動態をみるだけではなく，社会階級の上方変化について考慮しなければならない。ルーラル・ジェントリフィケーションは農村部へのミドル・クラスの流入によって引き起こされるとされ，ミドル・クラスのなかでも専門性の高い職種に就くサービス・クラスの流入が大きく寄与するとされる（Phillips 2002）。そこ

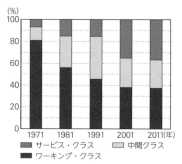

図10-4　ユールグレイヴ村における社会階級の推移
（出典：UK Censusにより作成）

で，図10-4に住民の社会階級の変化について示した。それによると，ユールグレイヴ村においては，サービス・クラスの割合が1971年の6.7%から2011年には36.6%に増加している。その一方で，ワーキング・クラスの割合は，1971年の81.0%から2011年の37.4%にまで大幅に減少している。このような，サービス・クラスの増加とワーキング・クラスの減少は，サービス・クラスによるワーキング・クラスの「追い出し」を示しており，明白にルーラル・ジェントリフィケーションの傾向を示しているといえよう。

また，ユールグレイヴ村においては，中間クラスの増減が特徴的である。その割合は1971年から1991年にかけて増大し，2011年にかけては減少している。この中間クラスにおける変化は，中間クラスの構成自体の変化によるものであると考えられる。1971年以前には，ユールグレイヴ村における中間クラスには多くの自営農家が含まれていたが，1971年以降は中間管理職やエンジニアの職に就く都市からの移入者が中間クラスに加えられ，中間クラスの割合が増大した。そして，1991年以降は，自営農家の減少やサービス・クラスの増大にともなってその割合が縮小したのである。つまり，ユールグレイヴ村においてはミドル・クラスの構成が中間クラス中心からサービス・クラス中心に移行したとみることができる。

Ⅳ　ルーラル・ジェントリフィケーションのもたらす影響

ルーラル・ジェントリフィケーションの影響は，農村コミュニティや景観にも表れる。そこで本節では，ルーラル・ジェントリフィケーションの様々な影響についてみていく。

まず，ルーラル・ジェントリフィケーションの農村コミュニティへの影響については，移入者が増加することによって旧来のコミュニティに変化をもたらしたり，移入者による新たなコミュニティが形成されたりすることがある。そこで，ユールグレイヴ村におけるコミュニティの変化をパブの利用形態からみてみよう。パブはイギリスにおける居酒屋であるが，コミュニティにとって単なる飲酒の場以上の機能を担っている。特に農村部においては，住民が毎晩のように集って会話を楽しむ場としてだけでなく，集落内の音楽クラブや朗読クラブなどのいわゆる「ソーシャル・クラブ」の活動の場として利用されたり，

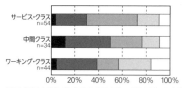

図10-5 社会階級別の集落内パブ利用状況
（出典：現地調査により作成）

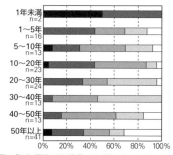

図10-6 居住年数別の集落内パブ利用状況
（出典：現地調査により作成）

自治会のミーティングの場として利用されたりと，人々の日々のコミュニケーションの場として重要視されているほか，観光客に対する宿泊施設としての機能も担っている。また，近年では農村部における公共サービスや商業サービスを補完するものとして郵便局や食料雑貨店を併設するパブもある。つまり，農村部におけるパブとは，英国王室のチャールズ皇太子も述べているように「農村生活の中心」であり，農村コミュニティの維持に必要不可欠なコミュニケーション施設なのである。そのようなパブの利用形態をみることは，農村コミュニティの諸相を捉えるうえで重要であり，パブはルーラル・ジェントリフィケーションの影響が如実に現れる場所でもある。

　ユールグレイヴ村における社会階級別のパブの利用状況を示した図10-5によると，全体として少なからず村内のパブを利用しているが，中間クラスの利用頻度が最も高いことがわかる。次いでワーキング・クラス，サービス・クラスの順で利用頻度が高くなっている。このことは，前述したように，ユールグレイヴ村には3つのパブが立地していることが影響していると考えられる。特に，移入者が多いサービス・クラスの利用頻度は，「週に1，2回以上」が30％程度を占めており，旧住民が多いワーキング・クラスとの接点としてパブが機能する可能性を示している。

　また，居住年数別のパブの利用状況を示した図10-6をみてみると，30年未満の比較的居住年数の短い集団と50年以上の集団においてパブの利用頻度が高いことがわかる。このことは，よりサービス・クラスの多い集団とよりワーキング・クラスが多い集団とがともにパブを頻繁に利用していることを示しており，社会階級別の利用状況を裏付けるものとなっている。つまり，ユールグ

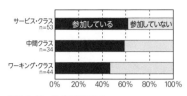

図10-7 社会階級別の
ソーシャル・クラブへの参加度
（出典：現地調査により作成）

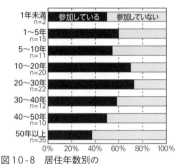

図10-8 居住年数別の
ソーシャル・クラブへの参加度
（出典：現地調査により作成）

レイヴ村においては，ルーラル・ジェントリフィケーションが進展しながらも移入者と旧住民との交流がパブにおいて保たれているのである。

また，ルーラル・ジェントリフィケーションの農村コミュニティへの影響を捉える指標として，村内のソーシャル・クラブへの参加度がある。ソーシャル・クラブとは，コミュニティ内の人々の交流を深めるものとして形成されているスポーツや文化活動を行うクラブである。ソーシャル・クラブへの参加はコミュニティの活性化だけではなく，移入者と旧住民の交流を図る指標ともなる。

図10-7は，社会階級別のソーシャル・クラブ参加度である。これをみると，全体的に参加している割合は高いものの，特にサービス・クラスの集団の参加度が高いことがわかる。それは，移入者によるコミュニティの形成が進行していることを示している。さらに，ソーシャル・クラブへの参加度を居住年数別でみた図10-8によると，居住年数が10～20年の集団および20～30年の集団に多く，50年以上の集団において少ない。このことは，移入者が多い集団において活発にクラブ活動が行われていることを示している。つまり，ユールグレイヴ村におけるソーシャル・クラブ活動は，移入者であるサービス・クラスを中心に担われており，彼らによる新たなコミュニティが形成される兆候を示唆している。しかしながら，旧住民の多くは高齢者であり，物理的に（体力的に）ソーシャル・クラブに参加するのが困難な人々も多いことを考慮すると，旧住民においても実質的な参加度は高いと考えられ，移入者と旧住民とがともに参加しながらソーシャル・クラブ運営を行っていることが伺われる。また，サービス・クラスとワーキング・クラスとの参加度の差異は10％程度と少なく，社会階級間のソーシャル・クラブ活動への参加意識の違いも少ないといえる。

写真10-2　バーン・コンヴァージョン住宅（2012年7月筆者撮影）

　このように，ユールグレイヴ村においては，パブの利用やソーシャル・クラブといったコミュニティ内の交流活動の面において，旧住民と移入者との調和が保たれている。そのように，異なる社会経済的背景を持つ集団が同一のコミュニティを形成しながら混住することをソーシャル・ミキシング（あるいはソーシャル・ミックス）（Lees, et al. 2012）と呼ぶが，ユールグレイヴ村ではそのようなソーシャル・ミキシングがある程度高い状態にあるといえる。つまり，コミュニティに対しては，ルーラル・ジェントリフィケーションはポジティヴに影響を与えているのである。しかし，一部には分断される様相もみられ，今後も地域が一体となったコミュニティ活動をめざすことが望まれる。

　また，ルーラル・ジェントリフィケーションの影響はユールグレイヴ村の景観にも表れている。写真10-2は，ユールグレイヴ村における典型的なバーン・コンヴァージョン住宅である。この住宅は，以前は納屋として利用されていた建物を住居用に改装したものである。そこでは，木製のモダンカントリー調な窓枠やドアに更新したり，2階部分を改装して造った部屋のために新しく窓を増設したりしていることがわかる。このような伝統的な住宅は供給量が限られており，不動産競争が激しく，価格も高額であるため，主にサービス・クラスの移入者の住居となっている。また，農村らしさを体現するものとして観光客向けのホリデー・コテージに使用されることも多い。

写真10-3　伝統的な建築様式を模倣した新興住宅（2012年7月筆者撮影）

　一方，写真10-3は，伝統的な建築スタイルを模した新しい住宅である。この住宅では，石灰石のブロックを壁の表面に張り付けることで，石造りの住宅のような外観を演出している。窓枠についても，17世紀から18世紀にかけてのジョージア朝様式の時代に流行したサッシ窓を模した全く新しいものとなっている。ピーク・ディストリクト農村に対する住宅需要と伝統的な集落景観の維持を両立させるものとして，写真のような景観に調和した住宅が建設されているのである。このような住宅の多くは，古民家に比べて比較的安価であるため，都市から移入してきた中間クラスの人々が居住していることが多い。

　伝統的な家屋にしても新しい家屋にしても，ユールグレイヴ村の家屋には，居住者いわば移入者の思い描く農村らしさが投影されている。それは，木製のドアや伝統的なサッシ窓，飾りとしての馬車の車輪，屋号，手入れされた庭などとなり表出する。そこに居住する人々は農村生活者としての意識を持ち，農家ではなくとも農村にふさわしいアイテムとしてニワトリやアヒル，ヒツジなどの家畜を飼うこともある（Phillips 2014）。このように，ルーラル・ジェントリフィケーションの進展した農村においては，景観が新しい「農村らしさ」を伴いながら美化されていくのである。美化された景観は地域の新たな魅力や観光資源となり，都市から多くの人々を引きつける。そして，地域産業としての観光の発展や集落の人口を維持することにも大きな役割を果たすのである。

Ⅴ　おわりに

　以上のように，ユールグレイヴ村においては，都市から移入してくるサービス・クラスや中間クラスの人々がジェントリファイヤーとなってルーラル・ジェントリフィケーションが進展していた。そこでは，ルーラル・ジェントリフィケーションが地域に様々な影響を与えていた。サービス・クラスや中間クラスの移入者が増加したことにより，ユールグレイヴ村の社会階級的人口構成は大きく変化した。そのような移入者は，改装をした古民家に居住し，一部の人々は倉庫や納屋などの非居住用の建物を居住用に改装した。その結果，ユールグレイヴ村の景観は，移入者の思い描く農村らしさが反映されたより美化されたものに変化したのである。その一方で，コミュニティの内部構造も変化していた。それらはパブの利用状況やソーシャル・クラブ活動となって表出しており，ルーラル・ジェントリフィケーションの進展により，従来のワーキング・クラス中心のコミュニティから，サービス・クラスや中間クラスも交えたコミュニティが形成されるようになった。これは，移入者が旧住民のコミュニティにしっかりと融和しながら取り込まれている過程を示していた。つまり，ユールグレイヴ村においては移入者と旧住民との間にソーシャル・ミキシングが発生しており，互いに交流しながら健全にコミュニティを維持させているのである。

　これらのルーラル・ジェントリフィケーションの影響は，農村人口の維持や景観の美化などコミュニティに対してポジティヴに働くものもあれば，地価の上昇や移入者と旧住民の分断など悪影響としてネガティヴに働くものもある。このような，いわば両刃の剣の影響こそがルーラル・ジェントリフィケーションの特徴なのである。そのため，農村コミュニティに対するポジティヴな面を利用しながら，悪影響を減らすようにマネジメントしていくことが重要となってくる。それにより，農村の維持・持続にルーラル・ジェントリフィケーションを適用させることができるのである。それは，ユールグレイヴ村のみならず，ポスト生産主義時代における農村の課題であるといえる。また，少しずつではあるが，「田舎暮らし」や「田園回帰」という言葉が人々の間に浸透してきている日本においても，ルーラル・ジェントリフィケーションが進展する可能性もありうる。農村の将来を占う意味においても，ルーラル・ジェントリフィケーション研究は重要となってくるであろう。

◎参考文献

Champion, A. 1989. *Counterurbanization: The Changing Pace and Nature of Population Deconcentration.* Edward Arnold.

Halfacree, K. 2001. *Constructing the object: taxonomic practices, 'counterurbanisation' and positioning marginal rural settlement.* International Journal of Population Geography 7: 395-411.

Halfacree, K. 2008. *To revitalise counterurbanisation research? Recognising an international and fuller picture.* Population, Space and Place 14: 479-495.

Lees, L., Butler, T. and Bridge, G. (2012): *Mixed Community: Gentrification by stealth?* The Policy Press.

Pacione, M. 1984. *Rural Geography.* Harper and Row.

Phillips, M. 1993. *Rural gentrification and class colonization.* Journal of Rural Studies 9: 123-140.

Phillips, M. 2002. *The production, symbolization and socialization of gentrification: impressions from two Berkshire villages.* Transactions, institute of British Geographers 27: 282-308.

Phillips, M. 2009. *Counterurbanisation and rural gentrification: an exploration of the terms.* Population, Space and Place 16: 539-558.

Phillips, M. 2014. *Baroque rurality in an English village.* Journal of Rural Studies 33: 56-70.

11 オーストラリアのハンターヴァレーにおける ワインツーリズムの地域的展開とその特徴

菊地　俊夫

I　はじめに

　ワインツーリズムは，農村景観やルーラリティ（農村らしさ）と強い関わりがある。Mitchellほか（2011）がワインツーリズムにおけるブドウ畑の景観や地域住民との触れ合いが観光資源として重要であると論じたように，農村での暮らしを体感し，地域住民との交流を楽しみ，地域の歴史やワインに関する知識を得ることは，ワインツーリズムに欠かせない要素になっている。本章では，オーストラリア・ニューサウスウェールズ州のハンターヴァレーに展開する個々のワイナリーに焦点を当て，地域特有の歴史・文化や社会・経済などと関連づけながら，ワイン産業を地域観光の主軸にしたハンターヴァレーにおいてワインツーリズムがどのように発展してきたかを検討する。

　Hall（1998）によれば，ワインツーリズムはワイナリーとそこでのワイン生産，およびワイナリー周辺のブドウ畑を基本的な構成要素とし，それらと関連した多様なアトラクションとの組み合わせから成り立っている。多様なアトラクションのなかで，農業に関わるものとしてブドウの栽培景観とそれに基づくルーラリティが，製造加工に関するものとしてワイン醸造が，販売・サービスに関わるものとしてワインテイスティングと直売，飲食の提供，および教育研修や見学，各種イベントの開催などがある。多くの場合，ワインツーリズムは都市域の居住者に対して，都会の喧騒から離れ，非日常な空間であるブドウ畑の景観や農村での生活を楽しみリラックスできる機会を与え，さらにワイナリーでの様々な交流を通じて，ワイン生産や地域の歴史・文化に関する知識が得られるなどの意味をもっている（Getz and Brown 2006）。

　本章の対象地であるハンターヴァレーは，オーストラリア最大の都市であるシドニーの北約150kmにある広域行政圏（正式にはCessnock Local Government Area）であり，オーストラリアで最初にブドウ栽培が行われた土地として周知されている。この土地は，夏の平均気温が21.1℃，冬の最低気

写真11-1
ハンターヴァレーにおける
ブドウ畑の景観
(2014年4月筆者撮影)

温が4.4℃，年間降水量は750mmで，地中海性気候に似た気候である。土壌条件は一般的に痩せているが，波浪状の丘陵地形によって白ワイン用のブドウ栽培に適した沖積砂質土と，赤ワイン用のブドウ栽培に適した火山灰土と粘土ロームが生成されている（写真11-1）。この広域行政圏の主要な産業は，2011年現在，ニューサウスウェールズ州全体の輸出量の約90％を占める炭鉱業（年間収益は約100億AUドル）と，製造業・建設業（約60億AUドル），農業関連産業（約10億AUドル）である。それらの産業と比較すると，ワイン産業とそれに関連する観光業の年間収益は約2億AUドルと少ない。しかし，ワイン産業とそれに関連した年間収益は増加傾向にあり，鉱工業の低迷を受けて，今後，広域行政圏を支える産業になると期待されている。

II　ハンターヴァレーにおけるワインツーリズムの発展

　ハンター川は，イギリス人入植者により1797年に発見されて以降，シドニーとその周辺地域への輸送路の1つとして用いられるようになり，ハンターヴァレーは，蒸気船で運搬する木材や石炭の供給地として重要視されるようになった。他方，ハンター川の砂州は多くの農業に適していたため，ハンターヴァレーでの穀物農業と牧羊業が急速に発展し，それらが地域経済を支える産業になった。1820年には醸造用ブドウの栽培がハンターヴァレーに導入されたが，それは趣味的で試験的なものであった。この時に持ち込まれたブドウはヨーロッパと南アフリカの600種類にも及ぶ品種で，それらは家族経営農場の片隅の小

規模なブドウ畑で栽培された。この小規模なブドウ畑は徐々に面積を増やし，1840年までに40haを超える規模に拡大した。これが，今日のハンターヴァレーにおける家族経営型ブドウ畑の起源となっている。

　ハンターヴァレーの，特にセスノック地域のポコルビン地区は1930年までにワインの生産地として周知されるようになり，そこで生産されたワインはシドニーやメルボルンでの評判を高めた。現在，ハンターヴァレーのワインツーリズムに貢献しているワイナリーのTyrell's WineやDrayton's Family Wines, Tulloch Wines, およびLindeman'sは1930年代までにワイン生産を経営として成り立たせ，ハンターヴァレーのワイン産業の発展を支えてきた。1930年代後半から1950年代にかけては，世界恐慌や第二次世界大戦，あるいは内外の他地域で生産されるようになった廉価なワインの台頭などにより，ハンターヴァレーのワイン生産は少なからず影響を受け，ワインの販売量は低迷した。しかし，多くのワイナリーはワイン生産への情熱を持ち続け，質の高いワインの生産を追求した。そのような努力は，1950年代の世界的なワインブームによって報われることになる。

　1950年代に入ると，良質なワインが世界的に求められるようになり，ハンターヴァレーのワイン産業は再び活気づくようになった。特に，1963年にはLakes Follyワイナリーが創業し，その後のハンターヴァレーのワイン産業の発展に大きく貢献した。Lakes Follyは，1970年代にオーストラリアで初のシャルドネ種の栽培を始めるなど，ハンターヴァレーのワイン産業における中興の基礎を築いた。Lakes Follyの成功は，良質なワイン生産が観光客を誘引し，ワイナリーにおいて様々なワインをテイスティングし直売することが，重要なアトラクションになることを実証した。そのため1970年以降，ハンターヴァレーではLakes Follyのようなブティックワイナリーが急増し，小規模であるが特徴あるユニークなワインが提供されるようになった。

　ブティックワイナリーの発展とともに，ワイナリーはそれぞれでセラーをもち，そこで自社のワインのテイスティングと販売が行われるようになった。つまり，それぞれのワイナリーでなければ購入できない，少量で良質なワインを求め，多くの人々がハンターヴァレーを訪問するようになった。これが，ワインツーリズムの発展の契機にもなった。このように，ワイン産業と観光を結びつけたのがブティックワイナリーの存在であり，それがハンターヴァレーのワ

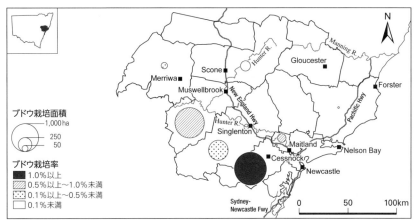

図11-1　ハンターヴァレーにおけるブドウ栽培面積(2011年)
　　　　(農業センサスにより作成)

インツーリズムの特徴でもある。20世紀初頭のオーストラリアワインに対する「安ブドウ酒」という悪評，1930年代の経済危機，1950年代初めのワイン畑の減少など，多くの危機を乗り越え，ハンターヴァレーのワイン産業は観光産業と結びつきながら発展し，2012年現在のワイナリー数は140に及んでいる。2011年のハンターヴァレーにおけるブドウ栽培面積の分布を示した図11-1によれば，ブドウ畑はハンターヴァレー全体に広がっているのではなく，南部のセスノック地域に集中している。セスノック地域は栽培面積が広いだけでなく，ブドウ栽培率(ブドウ栽培面積／全土地面積)も高く，ハンターヴァレーのワイン産業の中心地になっている。

Ⅲ　ハンターヴァレーにおけるワイナリーの分布パターンの変化

　ハンターヴァレーのワイナリーの分布パターンの変化を明らかにするために，66のワイナリーにおいて創業年や経営内容，およびワインツーリズムのアトラクションなどについて聞き取り調査を行った。その結果として，1900年頃と2011年におけるハンターヴァレーのワイナリーの分布パターンの変化を明らかにした。1990年頃のハンターヴァレーにおけるワイナリーの分布パターンを示した図11-2によれば，ワイナリーはセスノック地域の中心地のポコルビン地区で交わる幹線道路のBroke RoadとMcDonalds Road沿いに多

く立地していた。これは、それぞれの
ワイナリーで醸造されたワインを消費
地であるニューカッスルやシドニーな
どの大都市に輸送しやすい立地を反映
したものであった。当然のことながら、
1900年頃のワイン生産は大都市の消
費地にワインを供給することを主要な
目的としており、ワインは質よりも量
で生産され、ワインツーリズムは全く
発展していなかった。

　他方、2011年のワイナリーの分布
パターンをみると（図11-3）、ワイナ
リーはWine Country Drive周辺を
始めとしたBroke Road以北への展開
が始まり、さらにHermitage Road
の外側にも拡大した。つまり、ワイナ
リーは主要道路沿いからその外側に立
地展開するようになり、ワイン生産も
1900年当時と異なる性格をもつよう
になっている。Hermitage Roadは
セスノック地域の中心部のポコルビン
地区から離れ、バスなどの公共交通手
段もないことから、そこでのワイナ
リーへのアクセスは自家用車、あるい
はツアー会社のバスということにな
る。Hermitage Roadのワイナリーは、
1980年代から2000年代にかけて立
地するようになったものであり、ワイ
ンツーリズムがセスノック地域の道路
網の整備と相まって発展したことと関
係している。つまり、観光客が中心部

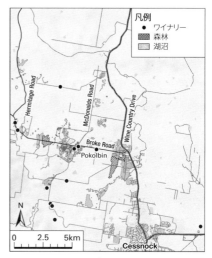

図11-2　ハンターヴァレーのセスノック地域
におけるワイナリーの分布
（1900年頃、聞き取り調査とハン
ターヴァレー観光協会ウェブサイト
より作成）

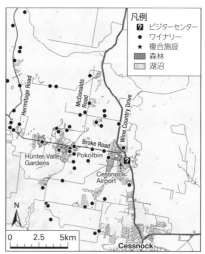

図11-3　ハンターヴァレーのセスノック地域
におけるワイナリー分布
（2011年、聞き取り調査とハンター
ヴァレー観光協会ウェブサイトより
作成）

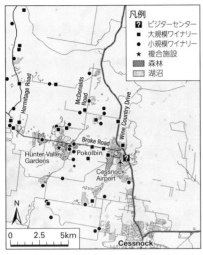

図11-4 ハンターヴァレーのセスノック地域におけるワイナリー分類とその分布パターン（2011年，聞き取り調査とハンターヴァレー観光協会ウェブサイトより作成）

から離れたワイナリーの情報を得て，わざわざ出かけるというワインツーリズムが展開するようになった。

次に，ハンターヴァレーにおいて聞き取り調査を行った50のワイナリーをStolk（2013）の方法を参考にして，小規模なものと大規模なものに分類した。ブドウ畑の規模では50haが大規模と小規模ワイナリーの分解基軸であり，そこで栽培されるブドウの種類に関しても赤ワイン用と白ワイン用を合わせて10種類が分解基軸となる。しかし，大規模と小規模ワイナリーの大きな違いは，ワインツーリズムのアトラクションにある。ワインツーリズムにおいて，ワインのテイスティングと販売は，大規模ワイナリーも小規模なワイナリーもそれぞれに共通したアトラクションであった。大規模ワイナリーの多くは飲食施設（ワインと組み合わせて食事ができる）や宿泊施設，あるいはワインツーリズムと関係しないテニスコートやゴルフ場なども併設している。さらに，ワイン醸造場やブドウ畑を巡る工場見学や農場見学も用意されている。他方，小規模ワイナリーはワインのテイスティングや直売に力を入れており，飲食施設などは併設していない。小規模ワイナリーでは，飲食の施設はなく，購入したワインが飲めるスペース（パティオ）を用意するところもあるが，多くはセラーに併設されたテイスティングカウンターと販売コーナーが設けられているだけである。

ハンターヴァレーにおけるワイナリーを大規模なものと小規模なものに分類し，それぞれの分布パターンを図11-4に示した。これによれば，大規模なワイナリーは20以上あり，それらの立地はセスノック地域全体に広がる傾向があるが，概して地域の中心部（ポコルビン地区）ないしはその周辺に立地している。これは，大規模ワイナリーの半数が1900年以前に操業を開始した老舗であることと関係している。それらの老舗ワイナリーは，かつては醸造したワイ

写真11-2　ハンターヴァレーの大規模ワイナリーと
　　　　　その広大な駐車場(2014年4月筆者撮影)

ンを大都市で販売しなければならず，ワインの輸送しやすさから，セスノック地域で幹線道路沿いの結節点となる中心部とその周辺に立地した。大規模ワイナリーの残りの半数は中心から離れた場所に立地しており，それらの操業は1984年以降になる。1984年以降に立地した大規模ワイナリーは，ワインツーリズムの発展を見据えてマスツーリズムに対応した施設配置に特徴がある。つまり，1984年以降に操業を開始した大規模ワイナリーには大型の観光バスが10台以上，自家用車が50台以上収容できる駐車場があり，同時に10グループ以上対応できるテイスティング・ルームや直販スペースも完備され(写真11-2)，飲食や宿泊，スポーツ，レクリエーションなどのアトラクション施設も完備していた。このように，多様なアトラクションの大型施設が立地展開できた要因は，中心部から離れた土地に立地したためであった。

　一方，小規模ワイナリーの多くは1984年以降に立地しており，それはワインツーリズム発展の契機となったブティックワイナリーとして特徴づけることができる(写真11-3)。ブドウ畑の規模は10haから20haであり，テイスティングカウンターと直販コーナー以外の施設は設けられていない。個々のワイナリーでは，赤ワイン用と白ワイン用のブドウがそれぞれ3種類程度に厳選され，ユニークで質の高いワイン醸造が行われている。小規模ワイナリーは大規模ワイナリーと比較して目立つ立地ではないが，ワインツーリズムの顧客は少なくない。それは，世界的な品評会で受賞したワインを提供することや，マスコミなどで紹介された希少価値のあるワインを提供するなど，ハンターヴァレーに

写真11-3　ハンターヴァレーのブティックワイナリーにおけるワインのテイスティング（2014年4月筆者撮影）

写真11-4　大規模ワイナリーに完備しているグループ用のテイスティング・ルーム（2014年4月筆者撮影）

来なければ飲むことのできないワインを観光客に提供しているためである。そして，観光客はそのような小規模なブティックワイナリーを複数訪問することで，自分好みのワインやこだわりのワインを探しだすことができる。つまり，小規模ワイナリーのなかにはユニークで品質の高いワインを生産するブティックワイナリーがあり，それらをいくつか組み合わせることにより，ワインツーリズムが発達したといえる。1990年代以降になると，ブティックワイナリー以外の小規模ワイナリーも，地域の他の農場（酪農場や牧羊農場，あるいは果樹栽培農場など）を組み合わせて，大規模ワイナリーやブティックワイナリーにないワインツーリズムを発達させるようになった。

Ⅳ　ハンターヴァレーにおけるワインツーリズムの展開

Ⅳ-1　大規模ワイナリーの事例

　Aワイナリーは1900年以前に醸造を開始した老舗のワイナリーで，セスノック地域の中心部であるポコルビン地区に立地している。本来はタウンシップによって獲得した約80haの農場で，牧羊や牧牛を中心とした牧畜経営が行われていた。しかし，牧畜経営の先行きが不安定なことや，大都市におけるワイン販売に可能性があったことなどを理由に，牧畜農場は1880年頃からブドウ栽培に経営の基幹部門を切り替え，1890年代には本格的にワイン醸造を行うようになった。当初は，廉価なワインを大都市の消費者に提供していたが，1930年代以降には「安くて低質なワイン」という風評に反発して，質の高いワインを廉価なワインとともに醸造するようになった。現在では約60haの

ブドウ畑でシャルドネ，ピノグリス，リースリングなどの白ワイン用のブドウと，カベルネソーヴィニヨン，ピノワアール，メルロー，シラー（シラーズ）などを中心とする赤ワイン用のブドウが栽培され，時期（早摘み・普通摘み・遅摘みなど）と摘み方（機械摘み・手摘みなど）を変えて収穫している。そのため，Aワイナリーで醸造されるワインは，白・赤・ロゼといった醸造工程の違いだけでなく，摘み方を変えたワインが30種類以上醸造されている。一般に，遅摘みのワインは甘くなり，早摘みのワインはフルーティになる。

　Aワイナリーは，大量の大型バスや自家用車に対応した広い駐車場をもち，一度に多くの観光客の対応ができるテイスティングルーム（写真11-4）や直販スペース（ブランド化されたワイナリーのオリジナルグッズの販売も含む）も備えている。その他，飲食施設や宿泊施設などもあり，醸造所見学ツアーやブドウ畑見学ツアーなども用意されている。つまり，ここでのワインツーリズムはAワイナリーのみで完結できるような仕組みになっている。そのため，Aワイナリーの聞き取りによれば，観光客の滞留時間も約2時間と長くなっている。Aワイナリーはいくつかの大規模ワイナリーやシドニーの観光会社と連携して，シドニーからの日帰りワインツアーも実施しており，ワインツーリズムを順調に発展させてきた。しかし，2000年以降は，ワインツーリズムの観光客数は観光需要の飽和状態から横ばいで推移して停滞した。そのため，Aワイナリーは他の大規模ワイナリーと協力して新たな観光アトラクションを開発した。それは，広大なブドウ畑を借景として利用でき，大量のワインを提供できるウェディング事業である。ウェディング事業はAワイナリーなど大規模ワイナリーを中心に始まり，2012年には524件のウェディングが開催された。Aワイナリーでも1月から3月の時期を中心に年間約60件のウェディングが行われている。

Ⅳ-2　小規模ワイナリーの事例

　Bワイナリーは1951年に20haの農場を購入してブドウ栽培を行うようになり，1958年頃から醸造を開始した。Bワイナリーのオーナーは元々ニューカッスルでワイン販売業に従事していたが，自分の好みのワインを醸造したいという夢をもって，ワイン醸造を開始したという。そのため，Bワイナリーは，白ワイン用と赤ワイン用のブドウをそれぞれ4種類程度栽培しているのみで，ユ

写真11-5 ハンターヴァレーにおける大規模ワイナリーにワインの桶売りをする小規模ワイナリー（2014年4月筆者撮影）

ニークで質の高いワインを醸造する家族経営のブティックワイナリーとして知られている。醸造したワインは，ニューカッスルやシドニーにある特約のワインショップやレストランに販売しているのみで，残りはワイナリーで直販されている。Bワイナリーのワインの質の高さやユニークさは口コミで広がり，品評会での受賞やマスコミでの紹介を契機に，多くの観光客がセスノック地域の中心部から離れているにもかかわらずワイナリーを訪問するようになった。しかし，Bワイナリーには，テイスティングと直販のスペースがあるだけで，飲食施設はないため，観光客の滞留時間は1時間程度と短い。そのため，Bワイナリーは他のブティックワイナリーと連携して，ブティックワイナリーを巡るワインツーリズムを実施するようになった。それでも，2000年以降，ワインツーリズムの観光客が漸減するようになり，その対策としてブティックワイナリー以外の小規模ワイナリーと連携したワインツアーを実施したり，ワイナリー以外の農場と連携した農村ツーリズムを実施したりするようになった。さらに，Bワイナリーは飲食サービスの経験をもつ大規模ワイナリーと連携してウェディング事業も手掛けるようになっている。

　Cワイナリーは20haのブドウ畑を所有し，1950年頃から醸造を始めた典型的な小規模ワイナリーである。ブティックワイナリー以外の小規模ワイナリーの多くは，大規模ワイナリーの下請けとしてワイン醸造を開始しており，その特徴は大規模ワイナリーとの特約に基づいて1種類のワインの醸造に特化していることである（写真11-5）。Cワイナリーは白ワイン用のリースリングのブド

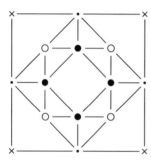

凡例
● 大規模ワイナリー
○ ブティックワイナリー
　（小規模ワイナリー）
・ 小規模ワイナリー
× ワイナリー以外の農場
　（牧畜農場,野菜栽培農場,果樹栽培農場）

図11-5　ハンターヴァレーにおける
　　　　　ワインツーリズムの空間構造

ウを栽培し，リースリングワインを専門的に醸造してきた。しかし，1960年代以降，ワインツーリズムが発達するようになると，1つのワインに特化したワイナリーとして注目されるようになり，観光客が訪れるようになった。そのため，Cワイナリーは大規模ワイナリーの下請けを行いつつ，独自のブランドのワインを醸造することになった。しかし，Cワイナリーのような小規模ワイナリーでは，観光客の滞留時間が短いだけでなく，労働力やスペースが不足しており，多種類のワインやアトラクションを提供することはできない。そこで，Cワイナリーはワインツーリズムの発達を契機にして，他の専門的な小規模ワイナリーと連携し，多様なワインを観光客に提供するだけなく，ハンターヴァレーのワイナリー以外の農場と連携して乗馬体験や家畜とのふれあい，あるいは果樹やベリー類の摘み取り体験など，多様なアトラクションを提供するようになった。

V　むすび

　ハンターヴァレーにおけるワインツーリズムをセスノック地域の事例を中心に検討し，その結果を図11-5のワインツーリズムの空間構造のモデル的状況に示した。これによれば，ハンターヴァレーにおけるワインツーリズムの主体は，大規模ワイナリー，小規模ワイナリーとして分類できるブティックワイナリーと一般的な小規模ワイナリー，およびワイナリー以外の農場（牧畜農場や果樹栽培農場など）である。大規模ワイナリーが地域のワインツーリズムの中心的な担い手であり，それぞれは単独で完結するワインツーリズムを実施している。しかし，ワインツーリズムの観光客数の停滞を契機に，大規模ワイナリー

はウェディング事業などで連携するようになり，それぞれの結びつきを強めるようになった。
　ブティックワイナリーもユニークで質の高いワインを生産することで観光客を誘引していたが，1つのブティックワイナリーだけでは限界があり，複数のブティックワイナリーと連携してワインツーリズムを実施するようになった。さらに，ウェディング事業などを通じて，大規模ワイナリーと連携するようになり，大規模ワイナリーと組み合わせたワインツーリズムも行われるようになった。一般的な小規模ワイナリーは，大規模ワイナリーとワイン樽売りの下請け関係で結びついている。ワインツーリズムの発展にともなって，一般的な小規模ワイナリーも1種類のワインを醸造する専門性を活かしながら，多様なワインを観光客に提供できるように他の小規模ワイナリーやブティックワイナリーと連携するだけでなく，多様な観光アトラクションも提供できるように酪農場や野菜栽培農場，あるいは果樹農場とも連携するようになった。
　ハンターヴァレーのワインツーリズムは，図11-5に示されように，大規模ワイナリー，ブティックワイナリー，一般的な小規模ワイナリー，およびワイナリー以外の農場が連携し合い，入れ子的な空間構造をもって発展していることが明らかになった。このような空間構造は，ワインツーリズムを地域の複数の主体や担い手で支えているため，持続的な発展が確かなものになっているといえる。例えば，2000年以降にみられたワインツーリズムの観光客の停滞も，ウェディング事業が多くのワイナリーの連携に基づいて実施されるようになり，観光客が再び増加する傾向にある。このように，ワイナリーの連携に基づく入れ子的な空間構造は地域の観光発展の基盤になっている。

◎参考文献
Getz, D. and Brown, G. 2006. *Critical success factors for wine tourism regions: a demand analysis.* Tourism Management 27: 146-158
Hall, C. M. 1998. *Wine tourism in Australia and New Zealand.* Tourism and Recreation in Rural Areas 12: 197-224.
Mitchell, R., Charters, S. and Albrecht, J. N. 2012. *Cultural systems and the wine tourism product.* Annals Of Tourism Research Vol.39, 10: 311-335.
Stolk, P. 2013. Hunter Valley *Wine Country Tourism Monitor 2012 Annual Report.* The University of Newcastle.

12
中国における農村資源の活用と農村観光の発展

張　貴民

I　はじめに

　最近の10年間，中国では観光業が著しい発展を遂げてきた。中国における観光客入込数は，インバウンドが2004年から2014年まで約1.1億人から約1.3億人の間で，ほぼ横ばいに推移してきた[1]。2016年のアウトバウンドは1.22億人で，インバウンドは1.38億人であった。中国は世界第1位の観光客送出国であり，世界第4位の観光目的地である（図12-1）。

　一方，国内観光客の入込数は2004年の11億人から急速に増え，2014年に36.1億人に達し，10年間で3.3倍を増加した。観光業収入の推移も同じ傾向を示しており，2014年の国内観光収入は2004年のそれの6.4倍であった。

　中国旅游報の報道によると，2016年度，観光業の国民経済への貢献率は11%に達した。観光業の総収入は4.69万億元，前年度より13.6%の増加となった。また国内観光客入込数は44.4億人，国内観光収入は3.9万億元になり，いずれも前年度より2桁の増加となった。中国の観光業はマスツーリズムの時代を迎え，国民経済の新しい成長分野になった。特に国内旅行市場は世界最大の市場となり，農村観光やエコツーリズムは潜在的な可能性がさらに大きい。

　特に，国内観光の発展には農村観光の果たす役割が重要である。中国は広大な農村地域が広がっており，豊富な農村資源を有している。通常，農村資源と言えば，土地資源，水資源，気候資源，生物資源と鉱産資源などを指すが，農村観光に限って言えば，森林，草原，氷河，

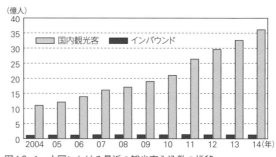

図12-1　中国における最近の観光客入込数の推移
（中国産業信息網より作成）

砂漠,オアシス,海岸,国境,地域の民俗風土や歴史文化,民族などに関わる農村景観も含まれる。

中国国家観光局によれば,2015年にレジャー農業と農村観光は延べ22億人の観光客を受け入れ,営業収入が4,400億元に達した。また790万人の従業員のうち農民が630万人で,約550万戸の農家は農村観光から収入を得ている[2]。

この章では,中国における農村資源の活用の変遷と農村観光の発展について分析する。具体的には,農村資源の地域的特徴を整理して分析する。また,時代と共に農村資源を異なる形で活用してきた経緯を概観する。さらに中国における農村観光の特性を述べる。最後に,農村観光の事例として農家楽,少数民族地域の騎馬観光,農業文化遺産における観光を紹介する。

Ⅱ 中国における農村資源の特性

農村に分布する農村資源には,気候,水,生物,土地,鉱物,エネルギー,海洋などが含まれる。これに加えて,地質,地形,経済,文化,歴史,史跡名勝,労働力なども資源である。広い意味で,これらの農村資源は活用の方法によって観光資源にもなりうる。観光資源は自然と人類活動の相互作用によって形成されるものであり,観光開発によって観光資源ではなかったものも観光資源になり,農村資源の価値が再評価されるようになった。

『中国統計年鑑2016』によれば,中国は13億7462万(2015年末)を有する世界一の人口大国であり,そのうちの6億346万(43.9%)は農村人口である。また,『都市統計年鑑2009』によると,中国の都市部の建成区(日本の市街地に相当する)は29,402km^2(2008年)で,国土面積のほとんどは農村地域であると言っても過言ではない。

農村地域は広く自然景観も多様であり,そのほとんどは元来の自然風貌を保っている。加えて,異なる風土や歴史民俗は農村観光に各地の地域的特色を与えている。農村に存在する美しい自然環境,素朴な農村建築,天然の農産物,原始的な農作業,本物の民風民俗,悠久な農耕文化と古い村落建築などの要素は,独特な景観を形成し,都市市民に美しい自然に触れさせ,郷愁を誘い,自然への回帰を実現させることができる(郭・韓 2010)。

Ⅱ-1　自然条件の多様性

　中国は国土が広く自然条件も多様性に富んでいる。それに加えて，長い歴史によって形成されてきた農業社会資源も豊かであり，地域によって独特な様相を呈している。以下でその特徴を簡潔に述べていく。

　国土の地形条件を見ると，山地は320万km^2（国土面積の33.33%）で，高原は250万km^2（26.04%），盆地は180万km^2（18.75%），平野は115万km^2（11.98%），丘陵は95万km^2（9.9%）であり，平野や盆地のような農業に適している土地は少ないことがわかる。また，気候条件を見ると，北から南にかけて，寒温帯，温帯，暖温帯，亜熱帯，熱帯が分布している。年平均気温は最北の黒竜江省漠河県のマイナス5℃から最南の海南省三亜市の26℃まで，気温の空間分布に大きな地域差がある。また，水条件は，南東部から北西部へ湿潤区，半湿潤区，半乾燥区，乾燥区が分布し，それぞれ総土地面積の32%，15%，22%，31%を占めている。年間平均降水量は南東部の1,600mmと多雨な地域から，北西部の50mmと少雨な地域までであり，降水量の分布にも大きな地域差がある。このような地形・気温と降水量の空間的な組み合わせは，中国における農村資源の分布や利用様式を制約する最も重要な自然因子である。

　上述したように，農業地域の地域的差異は，中国の複雑多様な自然環境に起因する。各地の緯度・海洋との位置関係・海抜・地形などの違いによって，気候・土壌・水文・生物資源などの農業資源の量と質およびその組み合わせは強い地域性が表れており，空間分布には似た地域が存在するが，同じ地域は存在しない。

Ⅱ-2　農村資源の多様性

　農業資源とは農業経済活動に必要な資源であり，農業自然資源と農業社会資源の2種類に分けることができる。農業自然資源は，農業生産および関連領域において利用可能な自然要素，つまり地形，大気，土壌，生物，水域，地下資源などのことである。一方，農業社会資源とは，長い間に農業生産と生活の中で蓄積してきた社会経済文化と関連した資源のことであり，それに農業労働力，科学技術，農産物，民俗風習，民族宗教なども含まれる。

　中国は農業の歴史が長く，現在までに蓄積してきた農耕文化も豊富である。例えば，稲作農業と畑作農業などがあれば，集約的農業と粗放的農業もある。

人口密度の低い北部や西部に見られる粗放的農業や牧畜業があれば，人口密度の高い南部の山間部では造成された棚田による集約的な稲作農業が行われている。さらに，各地の少数民族の多彩な文化を融合して影響しあった結果，多様性の富んだ農村地域が形成された。このように，各地にある豊かな農業祭祀文化や食文化は今日の農村観光の基礎資源になっている。

Ⅲ 農村資源の活用とその変遷

　中国の農村は，2000年頃までは主に食料生産の役割を果たしてきた。その後，農村の余剰労働力をどう移転するか，多種多様な農村資源をどう活用して農民の収入を増やすか，という2つの課題が生じた（張 2014）。農村の余剰労働力は，農民工と称する都市への出稼ぎ労働者として農村から移出しているが，都市には大量な農村労働者を受け入れるキャパシティがなく，一部は農村の食料生産以外の部門で働く必要がある。そこで各地の豊富な農村資源を活用して，農村観光を発展させ，農村余剰労働力を吸収するという地域的条件があった。

　中国は世界最大の人口大国であり，農産物の消費大国である。そのため，安定的に大量な農産物を生産し供給することは，中国の農村地域の最も重要な役割とされてきた。しかし，1950年代後期からは工業化が強く推し進められた。食料の産出のみならず，中国の農村空間の役割には，紡績工業の原材料としての綿花や羊毛など，食品加工業の原材料としての肉類，魚介類，卵，サトウキビなど，そして天然ゴムなどを工場へと提供することが加えられた。

　1978年以降，農村部では人民公社という農村組織が廃止され，農家の個人請負制（生産責任制）が導入された。これにより，農家は農地の使用権を手に入れ，農家個人の裁量で自由に農業経営ができるようになった。農家の請負制の導入と拡大に伴い，労働生産性も土地生産性も大幅に向上した。農家は農産品を市場で販売できて，市場に農産物があふれるようになった。特に野菜などの換金作物の栽培が広がり，農民の現金収入が増え続けてきた。都市近郊の農村では，地の利を生かして都市向けの商品作物の栽培が盛んになり，都市への出稼ぎ労働者の送出，そして土地使用権の譲渡という形で工業用地や住宅用地などの都市的土地利用へ転換がみられ，近郊農村は多面的に商品化していくという流れができ始めた。

中国の農村地域と農業は，単に農民の居住空間と農産物生産部門であったものから，農業生産，生態的役割，観光レジャー，農作業体験，教育と娯楽等の多機能空間に転換した。特に中国の大都市周辺の農村地域は，伝統的な農業生産機能を徐々に失い，観光レジャーの機能がますます顕著になってきた。

　以上で述べたように，中国では農村資源が多面的に活用され，農村の経済構造が高度化している。

Ⅳ　農村観光の発展と新しい動向

　中国の農村観光は，1990年代後半から発展を始めた。改革開放政策が導入され，産業構造が調整され，観光業が次第に重視されるようになった。国は，都市観光や各地の景勝地での観光業を促進する一方，農村観光や農業観光を積極的に発展させることとなった。例えば，国家旅游局が打ち出した「華夏城郷游」事業は都市観光と農村観光を促進する目的で，「農家のご飯を食べて，農家に泊まり，農作業をやり，農村の景色を観て，農家の楽しみを享受する」とのスローガンを掲げて，農村観光を盛り上げた。また，国家旅游局は1999年を「生態旅游年」として，全国各地で展開される環境の保全性と持続可能性を考慮した生態観光や農村観光を進めた。その後，各地が相次いで農村観光を発展させる政策を打ち出した。例えば，北京市は2006年から毎年「最も美しい農村」を選び，郊外農村の民俗観光を進めている。また，四川省成都市では，農家楽を優先発展させる政策を発表した。

　最近では，中国の農村観光はさらに広がり，小規模とはいえ農村資源を広範囲に活用する勢いをみせている。例えば，気候資源（スキーや避暑など），河川（川下り，ラフティング），湖（カヌー，釣り，ボート），海岸（海水浴，釣り，日光浴），地質地形（地質公園，ジオパーク，登山），森林公園（登山，散策，自然観察，寺社参拝），氷河観光，国境地帯（自然観察，ウィンタースポーツ，国際貿易，文化交流），農村集落（散策，食事，宿泊），民族地域での観光など，色々な試みがなされてきた。特に自家用車の普及に伴い，辺鄙な農山漁村にも観光客が来るようになった。

　もう1つの動きとして小城鎮観光がある。中国の農村地域には，経済や行政の中心である鎮があり，都市より小さいため「小城鎮」といい，人口規模は2〜

10万人である。都市でもなく農村でもない「小城鎮」は，数年前からその観光が注目されており，その周辺の農村観光を牽引する役割がある。特に独特な自然景観，歴史的景観や古い町並みがよく保存された小城鎮は観光が盛んであり，周辺農村への波及効果も期待できる。例えば，黒竜江省漠河県の北極鎮，山西省の平遥古城，湖南省の鳳凰古城，浙江省の烏鎮，江蘇省の周荘などは著名な観光地である。

中国政府は，特色のある小城鎮として，2016年に32省直轄市自治区から127か所を選定して公表している。さらに2017年には276か所のリストを発表した。これらは，小城鎮における観光，貿易流通，伝統文化，居住などの発展を促進するためのものである。

V 農村観光の特性

中国における農村観光の特性は，次のようにまとめることができる（郭・韓2010）。

1) 観光資源が豊富であること。農村には自然景観があれば人文景観もある。また農業資源や文化資源も存在する。
2) 観光資源や観光行動の分布に顕著な地域性がある。中国は東西南北が広いため農村の違いも大きい。また山村と平地村との違い，漢民族の多い農村と少数民族の多い農村との違いもある。
3) 観光時期の季節性がある。農作業に季節性が強く，夏季と秋季は農村観光の繁忙期，冬季と春季は農村観光の閑散期である。
4) 参加型観光である。農村観光は従来の観光活動と異なり，農作業，釣り，ボート，動物への餌やり，果実などの採集，農産物の加工作業，炊事の参与など活動に伴って楽しむものである。
5) 観光サービスの文化性。中国農業の歴史が長く，農作業の技術ややり方も多様である。観光客は様々な体験ができる。例えば，刀耕火種（焼き畑），水車による灌漑，鵜飼，生薬の採集，茶摘みなどもあれば，郷土民俗，伝統祭，民間芸術などもある。
6) 人と自然との調和。農村景観は，農民が長い間に農業活動と生活を通じて自然と共に形成してきた，自然景観と文化景観との有機的な融合であり，

美しい自然環境に濃厚な民俗風情が重なり，農村独特の景観を形成している。観光客は農村観光を通じて，美しい自然に接し，郷愁を思い起こし，自然への回帰を体験する。

7) 経営のリスクが小さい。農村観光は既存の農業経営基盤を基礎にし，観光を導入し，本来の農業を補完する形で展開される。少ない投資で大きな経営効果が得られるので，リスクは小さい。

また，郭・韓（2010）は，中国における農村観光を次の7つに分類している。すなわち，①田園農業観光，②民俗風情観光，③農家楽観光，④村落郷鎮観光，⑤レジャー観光，⑥教育観光，⑦自然回帰観光，である。

Ⅵ 農村観光の事例

Ⅵ-1 農家楽の発展と観光

農家楽の定義は，研究者によって若干の違いがあるが，都市郊外あるいは景勝地に位置する農家が，都市市民や観光客に食事・宿泊・遊び・見物などのレジャーサービスを提供することをいう。漁民の場合は「漁家楽」，牧畜民の場合は「牧民楽」，山林地域では「林家楽」などの言い方がある。また，最近，外国観光客をターゲットにした「洋家楽」が出現し話題を呼んだ。

中国で最初に農家楽を始めたのは，四川省成都市郊外の郫県（現郫都区）の農科村とされている。1987年，花卉栽培の農民の徐紀元が買付人の便宜のため，自家の部屋，庭などを利用して，買付人に宿泊，食事を提供し始めた。以降，この田舎町は新鮮な空気，花に囲まれた美しい自然環境，美味しい田舎料理で人気を集めた。徐紀元が，簡単な設備を取り入れて，成都市民をターゲットに農家民宿と農家レストランを兼ねた「徐家大院」を始めた。「徐家大院」は農家楽の原形となり，その後，徐々に全国各地に広まっていった。2016年に農科村では劉氏荘園，竹里湾，徐家大院，観景楼など40軒あまりの農家楽が，年間200万人の観光客を受け入れている[3]。

1990年代の都市近郊では，農家の家庭料理を始め，農業観光・娯楽・休暇などを提供していた。初期段階は農家経営のものが中心であったが，1990年代後期からは，企業経営のものが現れた。その後，農家の資本蓄積や企業の介入によって経営範囲も拡大，その内容も変化していった。2000年以降は，農

写真12-1　石造りの古民家を使用した漁家楽
　　　　　（浙江省青田県，2010年8月筆者撮影）

家料理のほかに宿泊機能を持つものも登場している。また，農家楽の分布範囲も大都市近郊から中小都市周辺へと広がる傾向にある。

　最近，交通条件の悪いところでも，その地方にしかない特色のある料理があれば農家レストランが成り立つようになった。例えば，西部の新疆ウイグル自治区の昌吉回族自治州は2015年の観光客入込数は1,700万人であったが，そのうち域内の600軒余りの農家楽に訪れた観光客は747.57万人に達した。農家楽は10.3億元の営業収入を獲得し，州の農村観光に対する貢献度は41.78％に達した。農村観光は昌吉回族自治州にとって重要な産業であり，農村余剰労働力の貴重な就業先である[4]。また，中西部の陝西省は小麦などを栽培する畑作地帯で，小麦粉を使った料理として麺類がバラエティに富んでおり，大変有名である。また，西安市や宝鶏市などの都市郊外には，地元料理を売りに農家楽が増えてきた。

　もう1つの特徴として，農家楽が一部の中小都市の市街地まで進出し，市民は日常的に農家楽の料理を食べるようになったことがあげられる。筆者は陝西省澄城県の市街地で農家風の店を数軒訪問したところ，農家楽とは名乗らないが，農家楽そのものであった。既存のレストランとの競争があり，一定のリスクを背負うが，郊外に店を構えるより，市街地ではコンスタントに客を獲得できるので，経営は安定しているという。

　筆者が実際訪れた農家楽を紹介しよう。水田に魚を養殖することで世界重要農業文化遺産に指定された浙江省青田県の農家レストラン漁家楽では，魚料理と青田の地方料理を提供している（写真12-1）。特に週末となると，隣の温州市からの家族連れや会社員の団体で店が満員となる。石造りの古民家は独特な食空間を醸し出しており，庭にある池を元気に泳ぐ魚は店の自慢である。

　牧畜地域には牧家楽がある。中国北部の内蒙古自治区の都市郊外の牧家楽では，モンゴル（蒙古）族の伝統的住居である蒙古包（ゲル）で蒙古族の美味しい

料理を賞味する。羊料理や乳製食品に加えて，ミルクティーや馬乳酒は旅の思い出を増幅してくれる。広大な草原を馬に乗って観光したり，ゲルに宿泊し，夜の草原を過ごしたりすることもできる（写真12-2）。このほかに，矢を射ることや狩猟などを体験できる牧家楽もある。

写真12-2　内蒙古草原に建設された牧家楽
（フフホト市郊外，2012年8月筆者撮影）

　農家楽は農家にとって，余計な設備投資がなくても気軽にできること，農産物を料理として加工して付加価値を高められること，無農薬栽培で環境に優しいこと，特別な料理技能がなくても普段の家庭料理を出せば喜んでもらえること，観光客に農作業に参与してもらい楽しみながら手伝ってもらえること，市民とのコミュニケーションも取れるなどのメリットがある。

　一方，観光客にとっても，農家楽には色々な魅力がある。すなわち，農家の家という非日常的な空間で農家料理を賞味する贅沢さ，とれたての食材が新鮮かつ安い。無添加無農薬なので安心である。また農家によって料理の味が違うので食べて楽しい。農家との楽しい会話も農家楽の醍醐味の1つである。

Ⅵ-2　ナシ（納西）族による騎馬観光

　中国北部の牧畜農業区や南西部の少数民族地区では，牧畜に伴う農業が行われている。雲南省に位置する拉市海の周辺の湖一帯は有数の高原湿地であり，2005年にラムサール条約の重要湿地に登録された。ここは伝統的な街並みが残る世界遺産の麗江古城に近いため，麗江古城に宿泊する観光客にとっての日帰り観光地として，乗馬，ボート，バードウォッチング等のレジャーを楽しむ観光客が訪れるようになった。

　拉市海の位置する拉市郷の面積は160km^2，人口は15,565（2010年）で，住民の多くは少数民族のナシ（納西）族とイ（彝）族で占められる。拉市海の周辺

写真12-3　雲南省拉市海周辺における乗馬観光
（2008年9月筆者撮影）

は平均海抜が約2,400mで，28の自然村（集落）が点在している。池ほか（2013）によれば，騎馬観光が導入される前は主に農業（畑作・稲作・果樹栽培），馬や牛等の家畜飼育，小規模な漁業，農閑期の建設労務・出稼ぎ等を組み合わせた生業形態が一般的であった。農家の年間収入は少ない村では約800元，多い村でも約5000元で，国内平均よりも少なく，しかも不安定であった。

　拉市海の周辺において最初に乗馬観光が導入されたのは，安中村という自然村であった。1998年頃に農民が湖周辺で馬を放牧していたところ観光客から乗馬の要望があり，短時間の乗馬で10元の収入が得られた。こうした状況の下で，次第に乗馬観光の需要の大きさや収益性の高さが着目されるようになり，7〜8戸の農家が観光用の乗馬営業を個人的に開始した。その後，利用客の増加に伴い，安中村では2003年に農家による乗馬組合が組織され，本格的な騎馬場経営をスタートさせた。2010年になると，拉市海の周辺は804軒の農家，3,023頭の馬を有し，乗馬観光を主体とする観光地域に成長していった（池ほか 2013）。

　乗馬観光の導入は，農家に対して収入の増加をもたらした。例えば，均良村の1つの自然村である前村は，騎馬場が開業する前の普通の農家では，果樹栽培，小麦・大麦等の穀物栽培，アブラナ，ソラマメ，大豆，ナガイモ等の栽培が行われていたが，年収は4〜5千元に留まっていた。しかし，2003年の騎馬場の開業後は，果樹栽培・養豚による収入が年間2万元，騎馬収入が年間2〜3万元と，合計4〜5万元の年収がある。拉市海周辺の乗馬観光は，世界遺産の麗江古城に近い地の利や，豊富な農耕馬を観光要素として活用した成功例である（写真12-3）。

Ⅵ-3　農業文化遺産の観光

農業の歴史が長い中国には，豊かな農耕文化がある。中国農業部は，農業文化遺産の発掘，保護，利用と伝承を目的として，重要農業文化遺産を選定し，そのリストを2013年に19件，2014年に20件，2015年に23件，2017年に29件公表

写真12-4　雲南省元陽県の棚田
（2009年8月，著者撮影）

している（中国農業部）[5]。2016年に行われた「農業文化遺産調査と保護」プロジェクトでは，中国には保護価値のある潜在的な農業文化遺産が408件あるとされ，その多くが正式に農業文化遺産として認定される可能性が大きい。

ここで，紅河ハニ（哈尼）族棚田システムを活用した農村観光を紹介しておく。紅河ハニ族棚田群は雲南省の哀牢山中に位置し，元陽県を中心に紅河県・緑春県・金平県などに跨って広がり，この地に移住してきたハニ族が8世紀頃から約1300年間をかけて，気の遠くなるような労力で山肌を耕し，独自の灌漑技術と農法を磨いてきた。紅河ハニ族棚田システムの最大な特徴として，棚田が標高140mの紅河谷から標高2,000mの山頂近くまで分布し標高差が大きいこと，最大勾配75度の斜面にまで築かれていること，総面積が約5.4万haに達し世界最大の棚田群であることなどが挙げられる。紅河ハニ族棚田は山地の森や霧などの自然を巧みに利用し，1つの巨大な循環システムになっている（写真12-4）。2010年にはFAOにより世界農業遺産に認定され，2013年にはUNESCOにより世界遺産に登録された。

農業文化遺産の多くは，観光地化されている。例えば，上述の紅河ハニ族棚田は，壮大なスケールと綺麗な景色によって国内外から多くの観光客が訪れている。広大な紅河ハニ族棚田の中心部に位置する元陽県では，2010年の観光客入込数は7.4万人に達し，観光総収入は6.7億元で，元陽県のGDPの33.5％を占めるようになった。農村観光の発展に伴い，元陽県の産業構造は，第1次産業が33％，第2次産業が25％，第3次産業が42％となり，産業構造の高度化が進んでいる。

Ⅶ　中国における農村観光の今後

　中国農業部の試算によると，今後，もし都市住民が年に5回レジャー観光に出かければ，中国全土では延べ80億人の潜在的な観光市場が生まれる。つまり，農村観光のポテンシャルは極めて大きい。今後，観光開発の中では，特に農村観光業を担う農民を観光のプロに育てる観光教育が大事になってくる。

　一方，農村観光業の発展は，農業の構造改革，農村における産業間の融合と総合発展，そして農民の収入向上などにとっても意義が大きい。「全国農村観光による貧困対策プロジェクト」では，農村観光資源を有効に活用して観光業を発展させることで，2016年～2020年の間に1,200万人の貧困農民（全国貧困農民の17％に相当する）を貧困から脱出させ，農民が観光業に従事することによって自立することを目標としている。農村観光業の発展は都市と農村との間の経済格差の縮小，農村就業への促進，農村に関連する産業の持続的発展および都市農村交流にとって意義が大きい。

---

1) 中国郷村旅游網　http://www.crttrip.com/listinfo-14-0.html（最終閲覧日：2017年8月3日）
2) 中国国家旅游局
　　http://www.cnta.gov.cn/xxfb/jdxwnew2/201605/t20160510_770196.shtml
　　（最終閲覧日：2017年8月3日）
3) 成都市郫都区政府　http://jcpt.chengdu.gov.cn/pixian/youaizhen/detail.html?url=/pixian/youaizhen/30020301/7849820_detail.html　（最終閲覧日：2017年9月1日）
4) 中国旅游報，2016年12月26日
5) 中国農業部http://www.moa.gov.cn/ztzl/zywhycsl/dypzgzywhyc/
　　（最終閲覧日：2017年9月1日）

◎参考文献
池俊介・杜国慶・白坂蕃・張貴民 2013. 中国雲南省拉市海周辺における乗馬観光の展開，E-Journal GEO, 8-2, 208-222.
郭煥成・韓非 2010. 中国における農村観光発展に関する展望，地理科学進展，29-12, 1597-1605.
張貴民 2014. 中国における農村空間の商品化とその課題―改革解放以来を中心に―，愛媛大学教育学部紀要, 61, 203-211.
中華人民共和国国家統計局.『都市統計年鑑』2009, 中国統計出版社(北京).
中華人民共和国国家統計局.『中国統計年鑑』2016, 中国統計出版社(北京).

COLUMN　コラム

農村ツーリズムに関する調査準備のヒント

　ツーリズムに関係する調査や研究を行う際，フィールドワークの一環で様々な方に聞き取り調査を行う機会がある。その対象はツーリズムに関するサービスを提供するホストや，それを利用する顧客・訪問者，ツーリズムの現場を管理・統括する自治体の担当者やNGOのスタッフ等，取り扱うテーマや地域によって異なってくる。

　また，どこかの段階でアンケート調査を行う場合もある。その際はあれもこれもと質問を増やすのではなく，調査項目を厳選し，調査に協力していただける方の負担（労力・時間）を減らすことも肝要であり，それが結果的に回答数を伸ばすことにも繋がる。調査対象がある程度判明しているケースにしろ，不特定多数に自分で直接ヒアリングする形式にしろ，期待する回答を1人でも多く入手するには，入念に準備し，調査票の内容を誰にでもわかりやすい構成で作成しておきたい。

　筆者も数多の現地調査を実施してきたが，より良い調査票づくりに終わりはなく，いろいろな形式の調査票を作成・採用してきた。最近はマークシート形式の調査票や，インターネットを前提としたウェブ回答用の調査票も容易に作成・利用可能になってきた。なお，マークシート用紙を作成するためのプログラムの使い方については，下記のサイトでご覧いただき，いろいろ試行錯誤いただければ幸いである。また，本プログラムを使用し作成したサンプルデータも，著者のサイトでダウンロード可能であるので，適宜利用されたい。（鷹取　泰子）

■本コラム筆者のウェブサイト

　http://takatorilab.org/download/

■マークシート等作成用のプログラムが配付されているサイト

　学校評価支援システム Nago：https://nago.herokuapp.com/

3編
自然地域における観光研究

オーストラリア・クイーンズランド州の
フレザー島におけるエコツーリズム
（2008年2月筆者撮影）
世界最大の砂島で，1992年に世界自然遺産
に登録され，世界中から観光客を集めている。

13 スリランカの国立公園における野生動物と観光の共生

ラナウィーラゲ　エランガ

I　はじめに

　スリランカは，国土面積が65,610km²で，アジアの中でも面積が小さい国の1つであるが，狭い国土の中でも生物多様性に富んだ国の1つでもある。例えば，スリランカはアジアで最大の陸上草食動物であるアジアゾウの生息地であり，多くのゾウの群れを一年を通じて見学することができることから，世界でも野生のゾウの観察に最適な国とされている(World Bank 2010)。そのため，野生動物，特にゾウの観察を目的に自然保護区域を訪れる観光客は，2008年には国内と国外を合わせて約32万人であったが，2016年には約219万人と年々増え続けている(図13-1)。

　一方，スリランカ国内の農村地域では，土地や資源をめぐって「人間と野生ゾウの軋轢」が深刻な問題となっている(Ranaweerage 2012)。自然保護区域は野生ゾウにとって重要な生息地であるため，自然保護区域内での人間の集団生活や活動は禁止されている。しかし，多くの自然保護区域内，特に国立公園においては，野生動物の保護や公園の管理を賄う費用を得るため，あるいは観

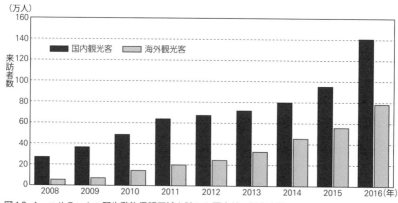

図13-1　スリランカの野生動物保護区域を訪れた国内外の観光客数
　　　　(2008～2016年，SLTDAアニュアルレポート2008年～2016年より作成)

光客の要望に応じて，教育やレクリエーションとしてのワイルドライフツーリズムが奨励されている。同時に，ワイルドライフツーリズムは，自然保護区域において経済的な利潤やそれに伴う農村発展の効果をもたらすとされており，農村振興と野生動物の保護を結びつける重要な手段として期待されている。しかし，ワイルドライフツーリズムの発展・拡大と観光客の増加に伴い，自然保護区域の観光による野生動物への悪影響も懸念されるようになっている。

本章は，スリランカの自然保護区域におけるワイルドライフツーリズムが人間とゾウの軋轢の対策として，また野生ゾウの保護を持続させる方法としてどのような役割を果たしているのかを議論する。

II スリランカの自然保護区域周辺における人間と野生ゾウの軋轢

近年，スリランカでは，人間と野生ゾウの軋轢が深刻な問題となっている（Fernando 2015）。1970年代以降における農業の拡大や発展により，ゾウの生息地は大幅に減少している。1880年代には国土面積の約80％であった自然林面積（natural forest cover）は，1900年代には約70％に，2007年には約20％まで減少した（Kariyawasam and Rajapakse 2014）。さらに，大半のゾウが生存するモンスーン森（dry monsoon forests）は国土面積の16.5％にすぎなくなってしまった（DWC 2011）。

表13-1 スリランカにおける人間と野生ゾウの軋轢による被害

年	自然保護区域における野生ゾウの死亡数	野生ゾウの死亡の誘因	野生ゾウによる人的被害	野生ゾウによる家屋被害
2006	163	該当データ無し	79	305
2007	189	該当データ無し	72	968
2008	224	該当データ無し	71	684
2009	228	該当データ無し	50	827
2010	227	該当データ無し	81	1997
2011	255	該当データ無し	60	1225
2012	250	46％ 銃殺，電殺，毒殺，あご爆弾 11％ 事故，6％ 自然死，37％ 不明	73	1183
2013	206	48％ 銃殺，電殺，毒殺，あご爆弾 8％ 事故，8％ 自然死，36％ 不明	70	1262
2014	231	45％ 銃殺，電殺，毒殺，あご爆弾 8％ 事故，14％ 自然死，33％ 不明	67	1424
2015	205	57％ 銃殺，電殺，毒殺，あご爆弾 9％ 事故，5％ 自然死，29％ 不明	63	1226

（スリランカ野生動物保護局(DWC)実績報告書2006年～2015年より作成）

スリランカにおける森林の縮小の結果，ゾウは森林で十分なエサを得ることができなくなり，エサを求めて農地や人間の居住地に侵入し，様々な被害を起こしている（写真13-1）。ゾウの生息地に隣接して居住する住民は，栽培している農作物や農地，および自分たちの生活などを守るために，ゾウを駆除しなければならない状況に置かれている（表13-1）。ゾウの駆除を目的とした殺害には，ほとんどの場合，銃や毒，あるいは電気の仕掛けやあご爆弾が使用される。あご爆弾は，火薬（黒銃粉）と鉛と鉄を混ぜ合わせ丸めて作る爆発物で，ゾウの好物であるキュウリやカボチャに挿入する方法で用いられる。ゾウが爆弾の入ったキュウリやカボチャを食べると，ゾウの口腔が破壊され，ゾウは食物を噛んだり呑み込んだりすることができなくなるため，痩せ衰え，その死に至るプロセスは長期に渡り痛々しいものとなっている。

写真13-1　スリランカにおける野生ゾウによる家屋の被害（2009年3月筆者撮影）

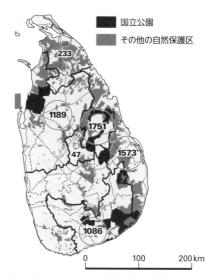

図13-2　スリランカの野生ゾウの分布（2016）
注）数字は野生ゾウの頭数を示す
（DWC（2016）より引用）

　毎年，人間と野生ゾウの軋轢は，スリランカの住民とゾウの両者に多くの死をもたらしている。ゾウの保護と生息地の保全のための方法として，人間の活動が制限され，自然保護区域が設定されるようになった（図13-2）。自然保護区域内での人間の活動や居住は基本的に禁止されている。しかし，ワイルドライフツーリズムは，野生動物による農業被害に苦しむ地元の住民のための代替の収入源として，そして自然保護基金や国立公園の管理基金の財源として奨励

されている。以下の節では，スリランカにおけるワイルドライフツーリズムとゾウの保護を行っている典型的な国立公園を事例に，自然保護区域のワイルドライフツーリズムの持続可能性を，野生動物保護とワイルドライフツーリズムの発展との共存性から検討する。

Ⅲ　スリランカの自然保護区域におけるワイルドライフツーリズムと自然保護

　スリランカでは近年，特に2009年の内戦終結以降，外国人観光客数は2009年の約45万人から2016年の約206万人にまで増えている（SLTDA 2016）。外国人観光客の多くは，自然の生息地での野生動物の観察や見学に興味をもっており，ワイルドライフツーリズムが許可されている国立公園などの野生動物保護区域を訪れている（Buultjens, et al. 2005）。スリランカの野生動物保護区域における外国人訪問者数は，2009年には約7万人であったが，2016年には約78万人と10倍以上に増加している。このような自然保護区域における野生動物の観察や見学を目的として，外国人観光客は今後も増え続けることが予測され，ワイルドライフツーリズムは地域の経済振興を支える大きな柱としても期待されている（SLTDA 2016）。

　ゾウはスリランカの，あるいは自然資源や野生動物の象徴的なシンボルであるため，国内や国外からの観光客向けの重要なアトラクションであるとともに，多くの観光宣伝にも用いられてきた（Buultjenns, et al. 2005）。スリランカ観光開発局の2016年度観光統計によると，外国人観光客の約40%がゾウやその他の野生動物を観察・見学できるスリランカの国立公園を訪れていた。アジアゾウは絶滅の危険性が高い動物であり，スリランカの国立公園はアジアゾウが身近に観察・見学できる自然の生息地を保全することと両立させて，観光客に提供している。スリランカは世界におけるアジアゾウの総頭数の約10%を占めているが（Perera 2009），スリランカ保護局の2011年の調査によるとアジアゾウのスリランカにおける頭数は5,879頭にすぎない。したがって，スリランカにとって野生動物の保護は観光振興と等しく重要であり，それらの両立が宿命的な課題となっている。つまり，外貨を稼ぎ地域振興を行うためにはワイルドライフツーリズムは必要であり，ワイルドライフツーリズムを持続させるためにも野生動物の保護やその生息環境の保全は必要である。

2010年に世界銀行が実施した調査によると，スリランカの自然保護区域はゾウの観察・見学観光の発展の可能性を大いに持っており，そこから得られる収益は地域の経済発展だけでなく，自然保護の財政基盤を確かなものにする可能性も高いとされている。例えば，外国人観光客は現状の国立公園でも現在の入園料よりも30%増の料金を支払う意向を示しており，さらに野生動物に関する観光体験の多様化や観光施設の改善などが行われれば，現在の入園料の60%増の料金を支払ってもいいという意向をもっている。しかし，一部の国立公園では，観光活動による混雑や汚染などの問題がすでに顕在化し，野生動物や生息環境の保全と観光振興との両立の難しさに直面している（Buultjens, et al. 2005）。今後，自然保護区域における急速な観光化に伴い，自然と観光との両立に関連した問題はさらに深刻化する。

Ⅳ　ウダワラウェ国立公園における　　ワイルドライフツーリズムとゾウの保全の事例

　ウダワラウェ国立公園は，スリランカ南部の重要な自然保護区域である（図13-3）。この国立公園は，1972年に施行された動植物保護条例に基づき，貯水池の建設により移転を余儀なくされた野生動物の生息地を確保する目的と，貯水池の流域保護や水源地確保の目的で設立された。面積約308km^{2}の国立公園は，スリランカの南部地域を中心とした土地の開発事業のために生息地を失った多数の野生動物の新たな生息地となっている。とりわけ，ウダワラウェ国立公園はアジアゾウの主要な生息地となっており，アジアゾウがこの公園の主要な野生動物でもある。スリランカの野生動物保護局によると，ウダワラウェ

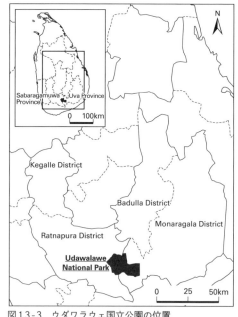

図13-3　ウダワラウェ国立公園の位置

国立公園はスリランカ国内で最も多くのゾウが生息する国立公園であり，その正確な頭数は不明とされているが，800〜1,100頭が生息していると報告されている（De Silva 2010）。

ウダワラウェ国立公園は，一年を通してゾウが観察・見学できるため，スリランカ国内で野生のゾウを観察・見学するのに最適な場所の1つになっている。また，スリランカ南部の他の国立公園に比べて，ウダワラウェ国立公園は灌木が少なく土地が開けていること，そしてゾウの生息密集度が高いことも，ゾウを容易に観察・見学できる理由になっている。2016年には，国内と国外からの観光客を合わせて約28万人がウダワラウェ国立公園を訪れており，スリランカ国内で3番目に入園者の多い国立公園になっている（SLTDA 2016）。

ウダワラウェ国立公園を訪れた観光客は，入園と野生動物の観察・見学のために，外国人の場合は1日1人当たり15米ドル（約1,700円）の料金を支払わなければならない。観光客は公園内を移動するためにオフロード車（サファリジープ）を借りる必要があり，車のレンタル料金は数時間から1日，そして数日間まで，野生動物の見学時間により異なる。例えば，1日のオフロード車（5人乗り）のレンタル料金は約1万円である。また，公園内にはキャンプ場や観光客用の

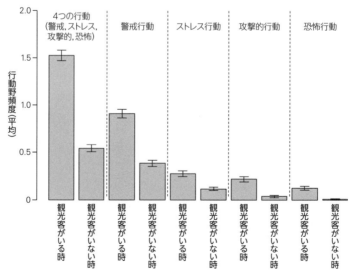

図13-4　ウダワラウェ国立公園における観光活動によるゾウの行動変化
（Ranaweerage et al. 2015により作成）

宿泊施設が設置されている。さらに，公園内の移動ではボランティアガイドが観光客に同行しなければならず，観光客を対象にした公園利用の規則も野生動物保護局によって定められている。例えば，動植物の採集または狩猟，ゴミ，タバコの吸い殻または未使用のマッチの投棄，焚き火などが禁止されるとともに，楽器などの演奏，あるいはペットや植物や肉類の持ち込み，そして武器の持

写真13-2　ウダワラウェ国立公園のワイルドライフツーリズムにおけるゾウに近接した観察や見学
（2009年3月筆者撮影）

ち込みが禁止されている。加えて，野生動物への接近または妨害行為，そして許可時間や許可期間を超える滞在なども禁止されている。

　ウダワラウェ国立公園では，野生動物の観察・見学など野生動物に危害を与えない非消費的な観光（動物のハンティングなど自然の観光資源を直接消費するのではなく，動物や自然観察を中心にした観光）が実施されているが，ワイルドライフツーリズムの調査において，いくつかの問題が明らかになった。その1つは，観光客の行動や車両の動きなどが野生ゾウ，特に摂食をしている野生ゾウへの妨害となっていたことである。図13-4で示しているように，ウダワラウェ国立公園の87頭のゾウに対して観光客がいる時といない時の行動変化を調査したところ，観光客が観光活動をしている時に摂食や休息していたゾウはストレスや恐怖から攻撃的・警戒的になり，観光客から遠ざかる行動に出たり，観察や見学のために接近してきた観光客を襲ったりするなど，行動に明らかな変化がみられた。

　ゾウのような大型草食動物は，生命活動や健康状態を維持するために大量の食料を摂取する必要がある。ゾウは，1日の生活の中で摂食・採餌に多くの時

写真13-3　ウダワラウェ国立公園においてゾウの往来の妨げになるワイルドライフツーリズムの車両
(2016年12月 S.Kannangara 撮影)

間を費やさなければならない。しかし，観光客は10m以下の至近距離でゾウを観察・見学することが多く（写真13-2；写真13-3），ワイルドライフツーリズムの観察・見学による妨害が続けば，食料摂取の時間も減り，ゾウの健康状態や繁殖に悪影響が及ぶようになる。したがって，野生動物への妨害を軽減するためには，野生動物との適切な距離を設定し，それを維持し遵守するように，オフロード車両の活動を規制する必要がある（写真13-3）。現在のウダワラウェ国立公園の規則には，ゾウを観察・見学する際の距離は定められておらず，観光客はゾウにいくらでも近づけるような状況になっている。また，公園のガイドが同行しているにも関わらず，観光客がゾウに接近する状況は頻繁に起こっている。

　こうした状況の背景には，公園のガイドの給与が関係している。公園のガイドには自然保護局から日当が支給されているが，その額は少額であり，観光客からのチップが主な収入源になっている。従って，より高額のチップを稼ぐため，ゾウを近距離で見学させて観光客を満足させるといった公園のガイドの意図的な行為も，観光客が野生動物との適切な距離を保つことができない理由になっている。ウダワラウェ国立公園のツアーガイドの多くは隣村の出身者であり，この公園やゾウへの思い入れや馴染みも深い。また，ゾウは地域住民にとってもワイルドライフツーリズムを通じて収入源になるため，地域住民はゾウとの軋轢があるが，ゾウに対しては概ね好意的である。しかし，地域住民のウダワラウェ国立公園やそこでのゾウに関する知識は，地域の慣習としての知識や

言い伝え・伝聞などによる非科学的な知識であり，ワイルドライフツーリズムのガイドとして働くためには不十分である。ワイルドライフツーリズムのガイドは，野生動物に関する知識やインタープリテーションの訓練が必要となるだけでなく，自然資源の保護・保全と観光振興を両立させる手立ても学ばなければならない。

V　おわりに

　スリランカの自然保護区域外では，野生ゾウと農民の間で衝突が絶えない。スリランカにおいてゾウの長期生存のための対策が強化されるのであれば，人間とゾウの間で何らかの調整や調和が必要であるだけでなく，土地空間における人間の利用とゾウの生息との両立が図られなければならない。したがって，ゾウの生息地の環境を保全するための1つの方策として，自然保護区域（ゾーニング）が必要となっている。一方，多くの観光客は野生ゾウの観察や見学を望むため，自然保護区域はワイルドライフツーリズムの主要な観光地にもなっている。しかし，ゾウの生息地である自然保護区域内での観光活動がゾウの生息に悪影響を与えている現状は，自然環境の保護保全と自然資源を活用した観光振興との両立が図られているとは言い難い。

　自然保護区域において野生動物の保護保全と観光が共存するためには，自然保護区域内での観光客の行動規制や車両規制を含めた，ワイルドライフツーリズムの適切な計画と管理が必要になる。さらに，野生ゾウの保護保全を達成するためには，地域住民の協力や支援なしでは難しい。国立公園におけるワイルドライフツーリズムでは，ガイドやサファリ・ジープの運転手など，地域住民に雇用機会を多く与え，農外所得を得る機会を増やしてきた。しかし，農外所得を多く得るために，観光振興と自然の保全保護のバランスや調和を乱そうとするのも地域住民である。そのため，地域住民に対する専門的な教育や公園管理者と地域住民の密接な関係などに基づいて，地域ぐるみで自然の保全保護と観光振興の両立を図る必要がある。

◎参考文献

Buultjens, J., Ratnayake, I., Gnanapala, A., Aslam M. 2005. *Tourism and its implications for management in Ruhuna National Park (Yala), Sri Lanka.* Tourism Management, 26(5): 733-742.

DWC 2011. *First Island wide national survey of elephants in Sri Lanka.* Colombo, Department of Wildlife Conservation Sri Lanka.

DWC 2016. Protected areas of Sri Lanka.
  http://www.dwc.gov.lk/index.php/en/national-parks (last accessed 11 October 2017)

DWC (2006〜2016). Performance report, Colombo. Department of Wildlife Conservation.

Fernando, P. 2015. *Managing Eephants in Sri Lanka: where we are and where we need to be.* Ceylon Journal Of Science (Bio. Sci.) 44(1): 1-11.

IUCN 2017. The IUCN Red List of Threatened Species, Version 2017-2.
  http://www.iucnredlist.org. (Downloaded on 06 October 2017)

Kariyawasam, R.K.M.H and Rajapakse, C. 2014. *Impact on development on deforestration in Sri Lanka: an analytical study.* Journal of Environmental Science, Texicology and Food Technology, 8(2): 35-39.

Perera, B. M. A. O. (2009). *The human-elephant conflict: A review of current status and mitigation methods.* Gajah 30: 41-52.

Ranaweerage, E. (2012). *Agricultural Lifestyle, Perspectives and Conservational Issues in Protected Areas: A Study of Human-Elephant Conflict in Pidurangala in the Central Province of Sri Lanka.* Geographical review of Japan series B, 85 (1): 17-28.

Ranaweerage, E., Ranjeewa, A.D.G. and Sugimoto, K. (2015). *Tourism-induced disturbance of wildlife in protected areas: a case study of free ranging elephants in Sri Lanka.* Global Ecology and Conservation, 4: 625-631.

SLTDA (2018〜2016). Annual statistical report. Colombo, Sri Lanka Tourism Development Authority.

World Bank. 2010. Sri Lanka - Promoting nature-based tourism for management of protected areas and elephant conservation in Sri Lanka. Washington, DC: World Bank.
  http://documents.worldbank.org/curated/en/480351468302400539/

14 ルーマニアのドナウデルタにおける自然環境の保全とエコツーリズム

佐々木　リディア

I　ルーマニアにおけるエコツーリズムの現状

　エコツーリズムは，観光業の中でも自然観察および学習を目的とする。地元の自然環境や社会文化に配慮し，負担を最小限にするために専門ガイド付きの小規模なツアーを組むことが多く，持続可能なツーリズムである。その意図するところとしては，環境保全・保護への貢献，そして訪問者や地元住民の環境認識を深めることが挙げられる。また，地元の文化に敬意を払うため，単なる遊覧よりも文化的交流や経験を重視することも特徴である。さらに，図14-1のように地元社会・経済に新たな雇用と収入をもたらす点で，地元社会にとっても有益性の高い事業である (Sasaki 2009)。

　ルーマニアでは，エコツーリズムはニッチな部門でありながらも多くの保護地区で新事業が遂行されてきた。過去10年にわたり成長・多様化し，現在，多くの国立公園がエコツアーを行っている。それらのプログラムは地域独自の要素をもちつつ，多くの場合，自然を中心とした活動に加え，農村の伝統的なホスピタリティを連携させた活動を用意している。活動内容は自然散策，洞窟探検，山登り，乗馬，サイクリング，川下りから，ヒツジ放牧地への訪問，伝統工芸品の制作，伝統的な食事・酒の楽しみ，地元の祭りへの参加などまで，非常に広範であり，そうしたプログラムや活動の運営は，地元のNGOや民間の中小企業に委託される。また，エコツーリズムの事業が行われる地域は，主に山岳地域や丘陵地域，例えば北部地域のマラムレシュやブコビナ，中央部山地のトランシルヴァニア (Sasaki, Takatori 2016; 2017)，東部地

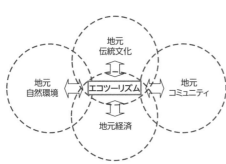

図14-1　エコツーリズムの理想的なモデル・枠組み (出典：Sasaki 2009より)

域のドナウデルタ，西部地域のアプセニ山地といった地域に集中している。

ルーマニアのエコツーリズムに関する運営の実態や事業の規模について，公的な統計は存在しない。しかしながら，その独創的なエコツーリズムはルーラルツーリズムと結びつき，非常に魅力的なものであることは，国内で見られる諸事例から明らかである。特に次節以降で取り上げるドナウデルタ生物圏保存地域（以下，DDBRと略すことがある）は，国内外で最も有名なエコツーリズムの訪問先の1つとなっている。

II　ドナウデルタにおけるエコツーリズム

II-1　ドナウデルタの自然環境

ドナウデルタ（DD）はドナウ川が黒海に注ぐ場所であり，蛇行する河川がヨーロッパ最大の湿地を形成する（図14-2）。その複雑な自然環境では，30種類の豊かな生態系と種の多様性を見ることができるものの，脆弱なバランスの上に成り立っている。水域の生態系は景観を特徴づけており，川と様々な水路，網目のように広がる湖や海岸地域，世界最大のアシ群生地域を有する湿地が含まれる（写真14-1）。森林の生態系にはオークと灌木の混合林，川辺の低湿地という草地の生態系，植生の乏しい空き地（砂山，沿岸地帯，海岸）が該当する。人間の影響を受けた生態系については，農業の干拓地，河岸における植林地，魚の養殖場，生態系の復元地域（放棄された干拓地），都市・農村の開拓地が当てはまる（Gastescu, Baboianu 2011）。

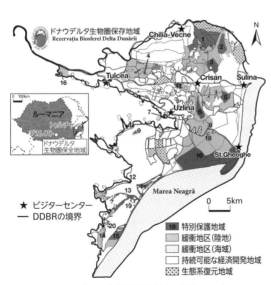

図14-2　ドナウデルタ生物圏保存地域の概要および保護地域区分（出典：DDBRウェブサイトより）

この地域のモザイク状の群生地は国内で最も多様な生物がみられ，非常に多くの動植物の生息群集を保護している。その豊かな生物多様性は5,429種の生物（1,839種の植物と3,590種の動物）からも明らかである。DDBRの魚の動物相は驚くほど豊かで（チョウザメを含めた135種），魚種の約3分の1が商業的な漁業の対象である。また，同地域は希少種であるダルマティア・ペリカンなど多くの鳥類の営巣地としても世界的に評価されている（Gastescu, Baboianu 2011）。ベルン協定でも相当数の鳥類（313種），哺乳類（22種の天然記念物と7種の特別天然記念物），魚類（22種の天然記念物）を

写真14-1　ドナウデルタの風景：Nebunul野鳥保護区域（2017年8月筆者撮影）

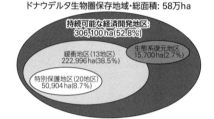

図14-3　ドナウデルタ生物圏保存地域のゾーニング（概念図）
（DDBRA（2010）のデータにより作成）

保護している。そのほか複数の保護制度があり，1990年以降のDD生物圏保存地域（UNESCO MABプログラム），ラムサール条約登録湿地，ユネスコの世界自然遺産登録地，2001年以降のEU NATURA 2000登録地などである（Gastescu, Baboianu 2011）。

　1991年以降，ルーマニアの環境省から移管されたドナウデルタ生物圏保存地域機構（以下，DDBR機構またはDDBRA）は，DDBRを管理し，広い範囲の責任と役割を有する。それは(a)規則（環境に関する許可の発行，地域の保護の状態に適合する経済活動の監視），(b) DDBRの登録地域の土地管理，(c)自然の生物多様性に関する監視・管理・保護，(d)環境教育，という4つの柱からなる。また，保護管理を目的に，DDBRにおける地区指定制度があり（図14-3），特別保護地区へのアクセスは禁止され，人間活動は指定地区のみに許可される（DDBR機構のウェブサイトより）。

Ⅱ-2　ドナウデルタの社会環境

　ドナウデルタ(以下，DD)はルーマニアの首都・ブカレストの北東約300kmに位置し，DDへの入口の都市・トゥルチャまで鉄道かバスあるいは車によってアクセス可能である。DD内部の主な集落は川沿いにあり，交通機関として定期船が運行されているが，川が凍結する季節には孤立する。DDBR内には25の居住地(24の農村集落と1の町)が立地し，総じて人口の高齢化と減少が著しい。国勢調査によれば，人口は2002年から2011年の間に14,500から11,000へと減少したが，これは自然減少と若年層の流出という2つの点に起因する。2002年国勢調査によれば，地域内の正規雇用の機会は限定され，労働力人口は全人口の35.3％，部門毎の雇用は第1次産業44.3％(水産業15.3％，農林業29.0％)，第2次産業10.5％，第3次産業45.2％(観光・輸送・通信15.4％，観光業はわずか2.1％)である(DDBRA 2005)。労働力人口の18.6％に及ぶ失業者は主に若年層で，結果的に多くの農村社会は貧困と低い生活水準に悩まされている。

　DDBRの9割以上は国有地で(DDBRA 2005)，DDBR機構の管理下にあり，6万ha以上の農地と干拓地，約16.2万haの漁場，15.6万haのヨシ原，約2.3万haの森林からなる(Gastescu, Baboianu 2011)。DDBR機構はその土地を民間の大型コンセッション事業者に賃貸し，国家予算として歳入を得るため，地元への還元や地域社会にとっての利益がない。

　川沿いの集落は水位の上にある狭い土地を占拠しているが，地域社会や住民の所有地は全体の2％未満に過ぎず，自給農業用の区画として細々と個人利用される。伝統的な自給経済は漁労，伝統的農牧業，ヨシ原伐採などの自然資源の採取や利用に基づくが，1990年にDDBRが指定されたことで，そうした資源の利用制限が強化された。その結果，伝統的な生活様式が脅かされ，利用権を保有する業者との交渉から地域社会が取り残されている。

　多くの集落では，自然環境上の制約とインフラの限界により，生活の質が非常に低い。そのうえ，社会サービスの提供も不十分であり，低い教育水準，雇用に直結しない技能，地元若者の高い失業率という悪循環を生む。こうした状況では，新しい仕事と収入源の創出が不可欠であり，一部の地域社会では，持続可能なツーリズム(ルーラルツーリズム，エコツーリズム)が実現可能な唯一の解決策となる(DDBRA 2005)。

Ⅲ　ドナウデルタ(DD)におけるエコツーリズムの展開

　DDにおけるツーリズム活動は1970年代に始まり，ルーマニア人の観光客が地域の家庭に泊めてもらい，様々な活動を楽しんだ。地域家庭にとって貴重な副収入をもたらしたが，1989年の政変以降，国内の経済情勢が悪化した結果，訪問者数が減少した。ユネスコの世界自然遺産となったことで，外国からの訪問者は徐々に増加し(図14-4)，需要の増加に伴い，過去20年は宿泊施設が増加し，ツーリズム商品やサービスは段階的に多様化した。

　DDBR基本計画(DDBRA 2005)は，ツーリズムを地域の重要な活動として明確化しており，その中でエコツーリズムは収入改善と自然保護の両立する唯一の選択肢であると考えられている。DDBR機構はツーリズム活動を厳しく規制し，地域における持続可能なツーリズムまたはエコツーリズムの促進の助けとなっている(DDBRAウェブサイトより)。訪問者の立ち入りは許可された旅行者用道路または航路沿いに限定され，専門ガイドの利用が推奨されると共に，特別保護地区へのアクセスは禁止されている。移動手段としては，小人数用のモーターボートや漕ぎ船が推奨されるが，厳しい速度制限がある。キャンプ地区も範囲が定められ，ゴミや廃棄物の処分は禁止である。釣り活動も地域や時期が規制されている。

　DD生物圏保存地域で許可されるツーリズム活動はレクリエーションツーリズム，ディスカバリーツーリズム，スペシャライズドツーリズム，スペシャルユースプログラム，ルーラルツーリズム，ウォータースポーツ＆写真ツーリズム，スポーツフィッシングツーリズムがある(DDBRAウェブサイトより)。

　なかでも拡大している部門の1つは，ディスカバリーツーリズムであり，エコツーリズムとしても位置づけられる。エコツーリズムの計画は1990年代に始まり，エコツーリズムは自然保護と地元経済の発展の鍵であるという理解にもとづき遂行された。計画の主目的が保護事業の実現にあったが，一方でDDBR機構も1990年代にツーリズム専門のインフラ整備事業に着手した。活動禁止区域は強化され，保護地区への侵入は制限されつつ，24の旅行者用道路／航路のネットワークが訪問者向けに創設された(AER 2009)。DDBR機構は，訪問者のインパクトの軽減，旅行者の移動の監視，訪問者満足調査も実施している(AER 2015)。同機構はEUによる事業にも関わっており，ツーリ

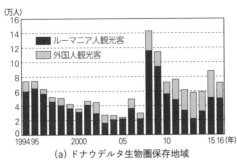
(a) ドナウデルタ生物圏保存地域

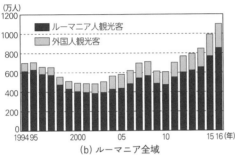
(b) ルーマニア全域

図14-4 ルーマニアおよびドナウデルタにおける観光客数の推移とその内訳(1994-2016年)
(INSSEのデータにより作成)

ズム部門の人材育成プログラム等が遂行されている。しかしながら，慢性的な予算不足であるため，レンジャーの人数には限りがあり，厳しい監視が難しくなっている。

なお，近年，DDBR機構は訪問先の発展，イメージ戦略やブランド化，エコツーリズムの訪問先としてDDを認識してもらう等の目的で，ルーマニア・エコツーリズム協会(AER)との共同プロジェクトに参加している。これは外国向けのキャンペーンと連動しており，DDBRをヨーロッパにおいて最も有名なエコツーリズムの訪問先の1つとすることが目標となる。ツアー業者の数は徐々に増加しており，それは競争が商品・サービスや活動の多様化の圧力となっていることを意味している。

宿泊施設も規模や質が向上・多様化し，2015年時点で168の宿泊施設があり，6,177人を収容する(DDBRAウェブサイトより)。DDへの入口の都市・トゥルチャに1996年創立されたANTREC(ルーマニア・ルーラル・エコロジカル・文化ツーリズム協会)トゥルチャ支部(会員数102)は，会員が所有するゲストハウスの本物らしさや独自性を評価・宣伝している。ゲストハウス世帯は主に農漁業に携わり，ツーリズムは夏季の主な活動となっている。同支部のマネージャーへの聞き取り調査(2017年8月実施)によれば，客の満足度は高く，多くの訪問者が固定客になり，結果としてANTRECの会員サービスを利用している旅行者は年間5万人以上，その50%が外国からの訪問者であるという[1]。一方で外部の投資家は，三ツ星〜五ツ星ホテルの増加や，サービスの多様性に寄与し，団体向けの多様な施設・プログラムを提供するリゾートホテルもある。

エコロッジやコテージ／バンガロー（一部はAER認証を取得）のネットワークの拡大もみられる一方で，キャンプ場の施設は乏しく不十分である。

　ツーリズムの各類型に関する統計は入手できないが，ある試算によれば，ほとんどの国内訪問者（75%）はルーラルツーリズムが目的でやってくるという。訪問者数の増加にも関わらず，エコツーリズムの活動を行う人は僅かな割合でしかない。その1つの指標としてビジターセンターを訪問した旅行者の人数で推測されているが，2012年に7,128人（DDを訪れた全旅行者の約11.5%），2016年に5,595人（同7.8%）に下落した（DDBRAウェブサイトより）。

Ⅳ　DD生物圏保存地域（DDBR）で活動する事業者

　DDBRにおけるエコツーリズムの活動について具体的な特徴を捉えるため，地域を代表するエコツアーの事業者を4社取り上げ紹介する。情報は各事業者の経営者やスタッフへの聞き取り調査（2017年8月実施），各団体のウェブサイト，SNS，その他関連する情報源（DDBRA，ANTREC，AER）による。

(1)「ディスカバー・ドナウデルタ」社

　2004年から地域で活動し，2015年からAERの認証を受ける事業者で，旅行者の数が最大（年間の旅行者が1万人超）かつ一番人気があり，そのサービスは旅行者から高評価を受けている。事業者は非常に詳細で情報の多いウェブサイトを運営し，地域の具体的な自然・文化資源を詳細な地図・写真と共に紹介している。地元の若者を21人雇用し，ガイドとして訓練したり船の操縦等の資格を取らせたりしている。2017年時点では，主に「専門ガイド付きツアー」「レジャーツアー」「日帰りツアー」という3種類のツアー商品を提供している。

　経営者はツアーの約半分がエコツアーであると試算しており，プロのガイド・解説つ

写真14-2　レテア村の伝統的なゲストハウス
（「ディスカバー・ドナウデルタ」社・提供）

きで小グループ（12人以内）が自然地域を訪問するツアーは環境への影響が少ない。地元住民と直接契約を結び，宿泊（ゲストハウス等）や食事提供（地元家庭等）で協力を仰いでいる（写真14-2）。将来的には，本物のエコツーリズムを地元の資源にもとづいて提供する構想がある。最高品質でスローツーリズムの高額なツアーは，地元と収入を共有しながら経済的に貢献するとともに，旅行者や地元住民の環境教育への貢献をも目指す。また，閑散期（冬季）のツアーを提供することで，旅行者の申し込みを多様化する計画がある。

(2)「ロウマニア」社

　AERの初期（2007年）からのメンバーの1つであり，NGO MILA23（DD出身でオリンピック大会・カヤック競技の金メダリストとして有名なイヴァン・パツァイキンが主導する地元NGO）と連携する。彼らは，独自のツアーや活動，例えばガイド付きのボートツアーやペスカツーリズム（地元漁師を伴うガイド付きの伝統的な釣りツアーであり，顧客は伝統的な魚料理を漁師の家族と共に調理し楽しむ）等を提供する。この事業者は認知度や信頼度があり，外国人やルーマニア人向けの本物のスローツーリズムを促進する。最高品質で本物のエコツアーを提供したり，エコツーリズムを促す様々な国内イベントを組織したりすることで，地域のイメージを向上させることが目標である。さらに雇用と新たな収入源をもたらすことで，地域社会への貢献も目的とし，地元の若者を20人以上訓練・雇用する。

(3)「イビス・ツアー」社

　DDに拠点を置く業者であり，地域で最も長く活動をしている（1995年開始）。彼らの提供する野生生物やバードウォッチング，写真撮影等のメニューは訪問者に高評価で，専門に特化したツアーを構成している。非常に有能で複数の外国語で解説できる自然ガイドを雇用している。また，より利用しやすく，手ごろな価格のレジャーツアーも提供しており，ルーマニア人の訪問者にも人気がある。2016年には約3,500人の旅行者がいて，旅行者数に関しては地域で2番目に大きなツアー業者である。20人の専門ガイドや地元出身の若者の雇用を生む点で地域への貢献度は高いが，宿泊施設とモーターボートは自前のものであり，経済的な貢献は幾分限定的となっている。

(4)「ティオック・ナチュール＆ステュディエン・ライゼン」社

　2009年よりAERに認証され，小さくニッチな事業者で地元密着ではないが，非常に優秀なガイドがいて専門化されたスローツアーを主に外国人の自然愛好家や専門家に提供している。特にドイツやオーストリアから来る顧客が多く，主な活動は自然散策，バードウォッチング，写真撮影，ボートなどである。地元の宿泊施設，食事，輸送機関を利用せず，全費用込みのツアー料金体系で，水上ホテルや自前のモーターボートを使用する。訪問者と地域社会との接触は最低限で，売上の多くが地域外へ流出していることから，地域経済等への貢献は限定的である。

V　ルーマニアにおけるエコツーリズムの地域的な課題：まとめにかえて

　2017年の夏に実施した調査によると，DDBRにおけるエコツーリズムの観光事業形態は5つの主な類型に区分することができる（表14-1）。これはDDBR機構によって提案された分類とは若干の相違点がある。例えば，我々の調査では，旅行者の数からみてルーラルツーリズムが支配的であり，その主力はルーマニア人であった。彼らは自分たちの旅を個人手配もしくはANTREC経由で予約する傾向があり，ほとんどが「常連客」で，長年にわたり同じゲストハウスに滞在する。

　一方，エコツアー業者へのインタビューでわかったことは，エコツアーには成長部門のものがあり，そこには3つの主な類型が存在するということである。第一の類型は，全費用込みのツアー料金体系により（大型）クルーズをする外国人団体のツアーであり，通常はDDBRへの滞在が非常に短い。第二の類型は，急速に拡大しているパッケージ型のツアーであり，育成型のプログラムが最も人気がある。第三の類型は，小規模で専門化されたガイド付きツアーであり，主に外国の熱心な自然愛好家に提供されるが，若くて教育水準の高いルーマニア人滞在者にも少しずつ人気が高まっている（写真14-3）。小グループであること，自然に基礎を置いた活動が多様であること，最初から専門的なガイドによる解説があるおかげで，これらのツアーはDDBRにおける本物のエコツーリズムにふさわしい。

　こうした調査から，エコツーリズムに特化し，高度に専門化されたニッチな

表14-1 ドナウデルタ生物圏保存地域における観光形態の分類

	団体・グループ		個人客		
	クルーズ	パッケージツアー	小規模な専門ガイド付きツアー	常連観光客 家族連れ, 友達連れ	常連観光客 キャンパー
観光客タイプ	・富裕層の外国人	・外国人 ・ルーマニア人	・教養ある外国人&ルーマニア人(自然愛好家)	・ルーマニア人	・ルーマニア人
観光活動	・リラクセーション (地元自然を利用しない)		体験型・自然的活動: ・ウォータースポーツ ・ネイチャーウォーク ・野生動物観察 ・バードウオッチング ・写真撮影 ・伝統文化体験	・リラクセーション ・伝統文化を味わう (料理など)	・魚釣り
宿泊施設	・大規模クルーズ船 ・リゾートホテル	・大規模ホテル	・水上ホテル ・コテージ ・バンガロー ・エコロッジ	・家族運営のゲストハウス(民泊)	・キャンプ (合法&違法あり)
環境教育, インタープリテイション	・基本的な情報 ・ビジターセンター	・基本的な情報	・ビジターセンター ・専門ガイドによる説明	・やや少ない	・なし
滞在期間	1-2泊	2-3泊	3-4泊	3-7泊	3-4泊
地元経済への貢献度	とても少ない	少ない	やや多い	多い	ゼロ
自然環境への負担	やや多い	やや少ない	少ない	少ない	多い
	マス・ツーリズム		エコ・ツーリズム	ルーラル・ツーリズム	スポーツ・ツーリズム

(Sasaki 2009および現地調査により作成)

ツアー業者が存在する一方,広範囲の異なるプログラムを提供し,エコツーリズムやレジャーツアー,パッケージ型ツアーやカスタマイズ可能なツアーまで網羅し,より広範囲の旅行者を対象とするような業者もいる。そうした業者の主力は,外国人訪問者向けに専門化されたツアーの提供から始まったが,近

写真14-3 レテア自然保護地区でのエコツアーの様子
(専門ガイド付きネイチャーウォーク)
(2017年8月筆者撮影)

年ルーマニア人の顧客が増加している。これらの業者の主力は地元密着型であるが,他は外部の業者であり,その利益の多くが地域外へ流出することを意味していることから,地域社会への経済的な貢献は最小限である。

ツアー業者達にある程度共有されている課題は,活動の繁忙期(5月から9月)に対し,寒い季節の閑散期の新しい活動を計画する必要性である。また,ほとんどの経営者は地域における不十分なインフラ,特に基本的な都市基盤や輸送設備に対して様々な不満を漏らしていた。他の共通する不満としては,多くの地元の若者が必要な教育や技能に欠けており,勤労倫理も不足していることから,地域内で信頼できる労働力を見つけることの難しさを感じていた。

写真14-4 トゥルチャ港に停泊中の
　　　　 大型巡航船

写真14-5 外国人観光客の一日クルーズ
　　　　 （パッケージ・ツアー）

写真14-6 専門ガイド付きの
　　　　 小規模なエコツアー

また，別の不満は，旅行者の数に関する管理の不足であり，望ましくない影響の原因，つまりは，繁忙期における一部の目的地の混雑である。より多くの旅行者に提供するための大きなモーターボートの利用は，水路の生態系に影響を与える（写真14-4，写真14-5，写真14-6）。さらにツアー事業者が不満に感じていることは，規則は存在するが，DDBRAのレンジャー不足を背景に，当局にはそれをほとんど強制されないことである。また，別の共通する課題は，商慣行を無視し，無許可で行われるツアーの販売が行われている点である。そうしたツアー業者は本物のエコツーリズムとして自らの商品を宣伝するものの，観光客の期待する品質は提供できておらず，地元のエコツーリズムのイメージを損なう。

過去20年以上にわたり，DDのツーリズムは多くの前向きな発展が見られた。全体的に見て，DD地域の社会・経済的状況やインフラの状態は，国内の他の地域に後れを取っている一方，その貴重なツーリズムの資源で相殺されており，地域の広範囲の観光業者に対して，潜在的な商売の機会を提供してもいる。とはいえ大きなハンディキャップはまだあり，地域の豊かな可能性を具体化するには，よりシステマティックなアプローチが必要とされる。中でも自然保護と持続可能な社会・経済的発展を統合したアプローチにもとづく大局的な展望・戦略はその解決策であり，「その目的は（中略），保護地域において人間の娯楽と野生生物の保護の均衡を取ることである」（AER 2015）。正しく計画・実施される持続可能なツーリズム（エコツーリズムとルーラルツーリズム）はツーリズム活動と自然保護の目標とを融合さ

せ，地域社会の利益のための活動との親和性や相乗効果を高める鍵である。そのためツーリズムの展開において，DDBRをヨーロッパの主なエコツーリズムの目的地として位置づけることを目標としている。

こうした持続可能なツーリズムを実施するためには，広範囲の方策をとることが必要であると考えられる。その結果として，持続的なツーリズムが地域の価値ある自然・文化財の保全に貢献し続けるはずであり，同時に持続可能な社会・経済的発展を促進することも確実にするであろう。

1）DDBR機構の統計によれば，2014年の訪問者は65,604人，うち79.5％がルーマニア人，20.5％が外国の訪問者（ドイツ人30％，ノルウェー人15％，ポーランド人7.5％，フランス人6.5％等）であり，平均滞在日数が1.9日というデータもある。ANTRECトゥルチャ支部が把握する数値との乖離が認められる点は留意されたい。

◎参考文献
AER 2009. Recreation and Tourism Zoning Strategy for the DDBR.
AER 2014. Discover Eco-Romania 2016. Brasov.
AER 2015. "Evaluating the carrying capacity for visitor management in protected areas. Case study DDBR". Tulcea.
AER ウェブサイト：http://www.eco-romania.ro/（最終閲覧日：2017年9月15日）
ANTREC ウェブサイト：http://www.antrec.ro/（最終閲覧日：2017年9月15日）
DDBRA 2005. Master Plan for Danube Delta Biosphere Reserve. Tulcea
DDBRA 2010. Raportul privind starea mediului în rezervaţia biosferei Delta Dunării
DDBRA ウェブサイト：http://www.ddbra.ro/（最終閲覧日：2017年9月15日）
Discover Danube Delta ウェブサイト：http://www.discoverdanubedelta.com/（最終閲覧日：2018年1月22日）
Gastescu P, Baboianu G 2011. Danube Delta Biosphere Reserve Visitor's Guide. DDBRA Tulcea.
Ibis Tours ウェブサイト：http://www.ibis-tours.ro/（最終閲覧日：2018年1月22日）
INSSE ウェブサイト：http://statistici.insse.ro/shop/index.jsp?page=tempo2&lang=en&context=63（最終閲覧日：2018年1月22日）
Rowmania ウェブサイト：http://www.rowmania.ro/（最終閲覧日：2018年1月22日）
Sasaki L. 2009. *Nature conservation and ecotourism in the Danube Delta, Romania*. 日本地理学会発表要旨集，2009年度日本地理学会春季学術大会.
Sasaki L, Takatori Y. 2016. *Relocating Entrepreneurs and their contribution to the diversification of rural tourism in Transylvania, Romania*. 日本地理学会発表要旨集，2016年度日本地理学会春季学術大会.
Sasaki L, Takatori Y. 2017. *Green entrepreneurship: innovation for ecotourism in rural Transylvania, Romania*. 日本地理学会発表要旨集，2017年度日本地理学会春季学術大会.
TIOC NATUR UND STUDIENREISEN ウェブサイト：http://www.tioc-reisen.ro/（最終閲覧日：2018年1月22日）

15
マレーシアの熱帯雨林における野生生物とサステイナブルツーリズム

沼田　真也・保坂　哲朗・髙木　悦郎

I　はじめに

I-1　東南アジアの熱帯雨林と熱帯雨林観光

　巨大な樹木，未知の野生生物，文明と切り離された森の先住民など，熱帯雨林に対するイメージには色々ある。熱帯雨林は年を通じて温暖で湿潤な地域に成立する森林生態系で，平均気温が25～35℃の湿潤な地域に成立し，多様な生物の宝庫として知られる。世界には，南米，アフリカ，東南アジアの3地域に大規模な熱帯雨林地域が存在し，木材に代表される森林資源の宝庫として，また，多様な野生生物の生息地として重要な役割を担っている。そのうち，東南アジアの熱帯林はおよそ250万km^2ほどあり，マレー半島，カリマンタン（ボルネオ）島，スマトラ島，ジャワ島に代表されるスンダ陸棚にある島々に熱帯雨林が成立する。これらの地域の年降水量は2,000～3,000mmで，時に年降水量が4,000mmを超える地域もある（コーレット 2013）。

　東南アジアの熱帯雨林において生物学的な特徴として挙げられるのが，フタバガキ植物，一斉開花現象，オランウータンなどの大型霊長類である（Primack & Corlett 2005）。フタバガキ植物とはフタバガキ科（Dipterocarpaceae）に属する樹木で，熱帯雨林では主に突出木層，林冠木層を形成する。フタバガキ植物は，東南アジアの低地熱帯雨林（～600m），丘陵林（600～800m），山地林（800～1200m）において優占し，日本の高度経済成長期には南洋材として多くの材木が日本へと輸入されてきた。そして，フタバガキ植物の多くは，数年に一度の頻度で他の植物と同調的に開花・結実を行う。この現象は一斉開花とよばれ，東南アジアの熱帯雨林の世代交代において極めて重要な役割を果たしている（沼田・安田 2008）。しかし，森林伐採やプランテーション農園の拡大による森林の過剰利用，消失，断片化により，この地域の熱帯雨林が持つ資産は著しく劣化してきた。特に，20世紀後半には周囲の森林が伐採され，大規模なアブラヤシプランテーションに転換され，残された森林も孤立し，過去

表15-1 熱帯雨林の訪問前に訪問客が持つ熱帯雨林の予期・イメージ

主なテーマ	熱帯雨林の要素
視覚的な印象	緑，濃い，薄い
森林構造	濃密な，熱帯雨林構造，高い樹木，繁茂した，入り込めない
気候	湿った，じめじめした，湿り気，涼しい
生物の多様性	多様な，様々な植物，昆虫，植生，様々な野生生物
植物と動物の量	多くの樹木，多くの野生生物，いくつかの野生生物，多くの鳥類
音	騒々しい，鳥の鳴き声，静寂

(Hill & Gough 2014)

の択伐の影響や，今日も続く地域住民による利用圧の下にある。そのため，熱帯雨林の未来は必ずしも楽観的とは言えないのが現状である。

　そのような状況のなか，熱帯雨林を保全するための手段の1つとして観光に注目が集まっている。熱帯雨林観光はオーストラリアの他（Frost 2014），マレーシアのような東南アジアの熱帯雨林を有する地域で行われており，外国人をターゲットとするインバウンド観光やリゾート観光とともに行われることが多い（Weaver 2002）。熱帯雨林観光における主なアクティビティは，地域や場所によって異なるが，トレッキング，マウンテンバイク，キャノピーウォークウェイ（林冠回廊），滝，ラフティングやカヤックなどを含む川遊び，野生生物観察などである。しかし，観光客の熱帯雨林に対する予期・イメージ（expectation），熱帯雨林を観光する目的（destination）や動機（motivation）に関する知見は限定的である。

　そもそも熱帯雨林を訪問する観光客は，熱帯雨林に対してどのようなイメージを持ち，何を期待して訪問するのであろうか？　例えば，Hill & Gough（2014）がオーストラリアのクイーンズランド州で行った研究によれば，訪問客は，「緑」，「濃密の他」，「湿潤」，「多様で豊富な生物」，などの予期・イメージを熱帯雨林に対して持ち，それらは印象，森林構造，気候，生物の多様性，動植物の量，音のようなテーマに分類されることが示されている（表15-1）。そして，熱帯雨林を訪問する主な動機には，景勝の地を訪れること，野生生物を観察することのほか，学びに関することや，非日常的な経験をすること，などが挙げられている（図15-1）。

　熱帯雨林のイメージの中心は，巨大な樹木の緑に代表される圧倒的な生命の集まりであり，そこに生息する多様で豊富な野生生物は，観光客にとって重要な訪問動機の一つである。しかし，通常，熱帯雨林で野生生物を観察するのは

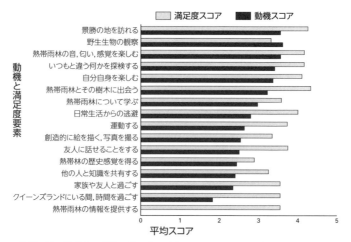

図15-1 熱帯雨林の訪問者の動機と満足度要素(Hill & Gough 2014)

簡単ではない。熱帯雨林観光の特徴の一つとして，野生生物観察に対する動機は強いものの，実際の満足度は低いことが挙げられる。これは，一部の地域を除き，多くの熱帯雨林において観察できる野生生物が限られているためと考えられる。このような状況が，広大なサファリに多くの大型哺乳類を有するアフリカなどの熱帯とは大きく異なる点であり，熱帯雨林における観光の難しさと言える。

I-2 マレーシアの自然保護地域

自然保護地域(Protected area)は，生態系などを保全するために設けられる区域であり，マレーシアに残された自然の多くが自然保護地域として守られている。減少が著しい熱帯雨林は，自然保護地域として保全・利用がなされている。マレーシアでは740の地域がIUCN(国際自然保護連合)によって自然保護地域として登録され，その面積は陸域面積の19%，海域の1%に及ぶ(UNEP-WCMC 2017)。自然保護地域のなかにも複数の種類(カテゴリー)が存在し，うち訪問客を受け入れ，観光に関わるインフラを整備しているのがICUN Category II(国立公園)である。マレーシア全体では，ICUN Category II(国立公園及び州立公園)の自然保護地域は陸域と海域に計70か所指定されている(2017年9月現在，図15-2)。半島マレーシアでは，Endau Rompin国立公園(1993年指定)，Gunung Ledang国立公園(2005年指

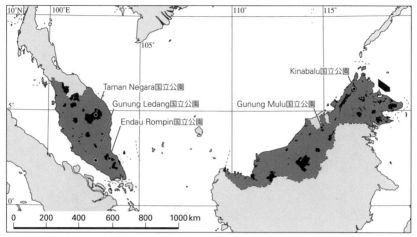

図15-2　マレーシアの自然保護地域(国立公園及び州立公園) (UNEP-WCMC 2016)

定),Taman Negara国立公園(1939年指定)などにおいて熱帯雨林の保全と利用がなされている。また,東マレーシア(ボルネオ)のKinabalu国立公園とGunung Mulu国立公園は,世界自然遺産にも指定されている。マレーシアにおける多くの自然保護地域においても保全と利用の両立が議論され,持続可能な観光のあり方が模索されている。

Ⅱ　Endau Rompin国立公園におけるツーリズム

Ⅱ-1　Endau Rompin国立公園

　Endau Rompin国立公園は,半島マレーシアのジョホール州とパハン州にまたがる国立公園で,半島マレーシアのなかでは2番目に大きい。面積はおよそ800km^{2}で,フタバガキ植物が優占する熱帯雨林が見られる(図15-3)。ジョホール州側には2つの入り口(PetaとSelai)があり,Petaエリアの面積は19,562ha,Selaiエリアの面積は29,343haである。一方,パハン州側(北部)は州立公園として指定・管理されており,入り口が1か所(Kuala Rompin)である。

　この国立公園の歴史は,他の国立公園と比べて長いものではない。元々は1930年代にジョホール州政府によってEndau-Kluang Wildlife Reserve及びSegamat Wildlife Sanctuaryとして指定されていたが,1972年にマ

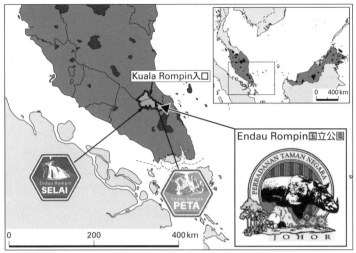

図15-3 Endau Rompin国立公園の位置と2つの観光エリア（PetaとSelai）

レーシア連邦政府は絶滅の恐れが極めて高いスマトラサイ（*Dicerorhinus sumatrensis*）の保護を目的としてこの地域を国立公園とすることを決定した。しかし，その後も森林伐採が行われ，道路建設や木材の搬出に伴う攪乱が続いたが，マラヤ自然保護協会（Malayan Nature Society）が中心となり，1985年と1986年に実施された学術探検調査（Endau Rompin Malaysian Heritage and Scientific Expedition）により，多くの学術的知見が見いだされ，Endau Rompin国立公園の科学的重要性が明らかにされた（Kiew et al. 1987; Malayan Nature Society 1988）。そして，1989年になって未開発の熱帯雨林を含む48,905haが国立公園として指定された。2001年には自然環境教育・研究センター（Nature Education and Research Centre）が設立され，現在，Endau Rompin国立公園はジョホール・ナショナルパーク・コーポレーション（JNPC: Johor National Park Corporation）により管理されている。

Ⅱ-2　Endau Rompin国立公園の観光と人

　Endau Rompin国立公園には国内外から観光客が訪れており，Petaエリアには年間約4,000人が訪れているが（JNPC未公開データ），年によって訪問者数は異なり，2005年には約7,000人が訪れたものの，2007年には3,500人であった。これらの違いには降雨のような自然条件が関わっている。この地域の年降

図15-4　Endau Rompin国立公園(Petaエリア)の地図

水量は2000〜3600mmで，11月頃から2月頃までは雨季となる。そのため，訪問客数にも季節変化が見られ，5月の来訪者が最も多く（月500〜700人），雨季には観光関連施設は閉鎖され，訪問客数は少なくなる。雨季や雨季の終わりに洪水が発生した場合には，施設は閉鎖され，外部からの訪問が制限される。訪問客のうち約20〜30%は欧米からの観光客であるが，残りの多くは国内や近隣国（シンガポール）からであり，環境教育や学校のイベントの一環で国立公園に訪れている人も多い（JNPC未公開データ）。

　Endau Rompin国立公園でも，他の熱帯雨林地域と同様のアトラクションが存在する。Petaエリアでは，キャンプやジャングルトレッキング，ナイトウォーキング，カヌー，ラフティング，環境教育など，様々な観光活動が提供されている（図15-4）。PetaエリアではKuala JasinキャンプサイトからUpeh GulingまでのジャングルトレッキングやTasik Air Biruでの水遊びが観光活動として人気である（Aihara et al. 2016）。一方，Kuala Jasin, Kuala Marong, Batu Hamparの3か所はキャンプサイトがPetaエリアから離れた場所にあり，集落から離れた場所でキャンプを楽しむことができるが，野生生物を観光資源として活用するようなプログラムは具体的には提供されていない。

　Endau Rompin国立公園内には村（集落）があり，そこではオランアスリ

(Orang Asli)とよばれる多くの先住民が生活している。半島マレーシアのオランアスリは，北部のネグリト系(セマン系)，中央部のセノイ系，南部のムラユアスリ系に大別される。Endau Rompin国立公園には，ムラユアスリ系のオラン・ジャクンとよばれる先住民が居住している。このエリアにあるPeta村はEndau Rompin国立公園東側の玄関口に位置し，34世帯，約300人の住民が居住し，学校や商店がある(Aihara et al. 2016)。Peta村の住民にはゴム園でゴム液の採取労働に従事する者のほか，国立公園のスタッフとして公園管理業務に携わる者や，ツアーガイドやボートの運転手として働くものなど公園内の観光に関連した仕事を行う者も多い(Jamiran et al. 2013)。また，Peta村では伝統文化やホームステイを体験したり，狩猟用の罠の展示を見学したりできる。オランアスリは「森の民」とよばれているが，現在も森林に住み，狩猟採集や焼畑などを昔のままで行っている人々は少数である(信田 2004)。ここに居住する先住民の生活様式も近代化の影響を強く受けている一方，国立公園地域外でサルやイノシシ，カエル，魚，ラタンなどを狩猟・採集し，村内で消費したり，村外で販売したりする林産物の利用は継続しており，森林との関わりが続いている。一方，集落における農業が大規模化するにつれて野生生物との軋轢が深刻化しつつある。Endau Rompin国立公園では他地域で保護された野生のゾウも放されるため，野生のゾウを比較的観察しやすいと言われているが，一方で，ゾウによる農業被害が増加していることが問題となっている(Aihara et al. 2016)。

II-3　Endau Rompin国立公園の自然と野生生物

　Endau Rompin国立公園の自然についての情報は驚くほど限られており，多くの情報は1985年と1986年に行われた学術探検調査による成果である(Malayan Nature Society 1988)。この調査では，Endau Rompin地域における動物，植物の種について記載すること，地質，陸水，気候に関する研究を行うこと，一般にも有用なレポートを出版すること，そしてマレーシア国民をこの調査に巻き込み，この自然遺産を体験し楽しんでもらうことを目的とし，70名を超える科学者が参加した。この地域の丘陵地は周囲の地盤とは分離され，溶結凝灰岩(Ignimbrite)が主な地質物質であり，一部の場所に頁岩と砂岩の薄い層がある。主な植生はフタバガキ科植物でフタバガキ属，サラノ

表15-2 マレーシアEndau Rompin国立公園に生息していると考えられる野生哺乳類

目	種数	主な絶滅危惧種(IUCN)
翼手目(コウモリ目)	64	
齧歯目(ネズミ目)	35	
食肉目(ネコ目)	24	トラ，マレーヤマネコ，キノガーレ
霊長目(サル目)	7	シロテテナガザル
鯨偶蹄目(クジラウシ目)	6	
登木目(ツパイ目)	3	
奇蹄目(ウマ目)	2	マレーバク，スマトラサイ
長鼻目(ゾウ目)	1	アジアゾウ
食虫目(モグラ目)	5	
有鱗目(センザンコウ目)	1	センザンコウ
皮翼目(ヒヨケザル目)	1	

(Aihara et al. 2016)

キ属，リュウノウジュ属の樹種が優占する（Wong et al. 1987)。

Endau Rompin国立公園には多くの野生生物が生息している。マレーシア全体では15,000種をこえる高等植物，約280種の哺乳類や150,000種をこえる無脊椎動物などが生息するが，哺乳類全体の約78%が条件の良い森林生態系に生息すると言われている。これらの森林生態系も，重要な観光資源の一つとなっている。Aihara et al. (2016) は文献調査，カメラトラップ調査，痕跡調査を用いて公園内で観察することが可能な生物種を調査し，24種の絶滅危惧種を含む149種の哺乳類が生息している可能性を示した（表15-2）。

また，2015年から2016年にかけての450日以上に及ぶ期間に，Endau Rompin国立公園内の道沿いの12か所にビデオトラップを設置し，野生動物の出現様式や人間の利用との関係を調査した。全期間を通じた野生哺乳類の総撮影回数は1300回程度であった。これはカメラ1台あたり65時間に1回程度の撮影頻度であった。撮影時期で見ると，乾季にやや高い頻度で撮影されており，雨季には活動性が鈍るか，他のエリアに移動していることが示唆された。また撮影時間で見ると，日中と夜間でほぼ同じ頻度で撮影されていた。これまでは，夜行性の生物が多いことから，観察が難しいと考えられてきたが，実際には多くの野生哺乳類が昼間も活発に活動していることが明らかとなった（太田ほか，未発表）。

さらに，種ごとに見ると，35種以上の野生哺乳類が撮影された。これらには，絶滅危機種（Endangered species）の，アジアゾウ（*Elephas maximus*），トラ（*Panthera tigris*），マレーバク（*Tapirus indicus*），センザンコウ（*Manis javanica*），また危急種（Vulnerable species）の，ヒゲイノシシ（*Sus barbatus*），マレーグマ（*Helarctos malayanus*），サンバーシカ（*Rusa*

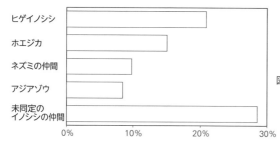

図15-5 Endau Rompin国立公園内における撮影頻度上位の野生哺乳類5種とその割合(太田など, 未発表)。

unicolor), ビントロング (*Arctictis binturong*) が含まれていた。撮影頻度には種ごとに大きな偏りがあり, ヒゲイノシシ, ホエジカ (*Muntiacus muntjak*), ネズミの仲間 (*Maxomys* spp.), アジアゾウ, イノシシ (*Sus scrofa*) 及びヒゲイノシシの仲間の順に撮影頻度が高く, これら5種で撮影頻度全体の80％ほどを占めていた(図15-5)。特に, アジアゾウはレッドリストでも絶滅の危険が高い種であるとされているのに加え, 観光客の目当てとなる動物であり, Endau Rompin国立公園内で撮影頻度の高い動物であったことは, Endau Rompin国立公園における野生哺乳類観察ツアーの高い可能性を示していると考えられる。また, 半島マレーシアでは珍しいヒゲイノシシの撮影頻度が高いこともEndau Rompin国立公園の特徴である。

一方, 人間も, 地元民からツアー客まで1000回程度撮影された。人が撮影された後にどの程度の時間をおいて野生哺乳類が撮影されるか解析したところ, 平均3〜4日であった。これはツアー中に野生動物を見ることが, 実際には非常に難しいことを示唆している。一方, 野生哺乳類が人間を避けているという傾向が見られた(太田ら, 未発表)。

Ⅲ　熱帯雨林におけるサステイナブルツーリズムの実現に向けて

東南アジアでは, 数少ない手つかずの熱帯雨林のほとんどは, 国立公園のような保護地域に残されているに過ぎず, 国立公園にはメガダイバーシティを目的に, 多くの観光客が訪問する。熱帯雨林には多くの希少な野生生物が生息しているが, アフリカのサファリなどと比べ, 観光資源としての期待は必ずしも大きくない。それは, 東南アジア地域の熱帯林では観察できる野生生物が限られるためであり, サルやリスなどの一部の昼行性哺乳類や鳥類を除き, アジア

ゾウやトラなど，人気のある野生生物を保護地域などで直接観察することは極めて困難である。Endau Rompin国立公園においても，多くの来訪者は野生生物を観察することを期待している。しかし，観光客の多くは野生生物そのものや足跡などの痕跡を観察しておらず，多くの観光客が野生動物を見ることは難しいのが現状である（Aihara et al. 2016）。

熱帯雨林のメガダイバーシティは「隠された宝物」とも言われ，野生生物との遭遇を期待する観光客にとっては期待外れなものになりがちである（Hill et al. 2014）。現状，熱帯雨林では見ることができない多くの野生生物を可視化し，観光資源として利用できれば，観光地の魅力が高まるだけでなく，森林生態系の生物多様性保全のための環境教育にも貢献できる可能性がある（Higginbottom 2004）。また，熱帯雨林を有する自然保護区では野生生物とのふれあいを通じて，その生態系や希少な野生生物を保全する重要性を，訪問者に伝えることが重要な責務の一つであろう。そのため，熱帯雨林における野生生物観察を観光事業として進めるためには，野生生物の生息状況を把握しながら，非侵襲的に観察を行うための手法を開発する必要である。

熱帯雨林での野生生物観察を魅力的なアトラクションにするためには，熱帯雨林の野生生物の生態学的特性を利用する方法がある。熱帯雨林は土壌中の栄養塩が貧弱で，そこに生息する動物，特に草食動物の多くはナトリウム不足に陥っていると考えられている（例えば松林 2013）。そのため，ナトリウムなどのミネラル分が豊富な塩場とよばれる場所には野生生物が集まりやすく，動物を観察しやすいと考えられている。例えば，半島マレーシアのTaman Negara国立公園では，公園内の塩場や川の周りにBumbun（＝hide, 隠れ家）と呼ばれる動物観察小屋を設置している。ここでは，観光客が夜の熱帯雨林を体験することができ，運が良ければ中・大型のサンバーシカやマレーバク，アジアゾウなどが見られるという。しかし，一部の大型哺乳類を除き，野生生物の観察にはスキルが必要であるため，夜間に野生生物を観察することは容易ではないこと，危険な生物や犯罪など，夜間観察には危険が伴うことがあり，万人が楽しめるアトラクションになっているとは言い難いのが実情である。

訪問者への野生生物についての情報提供は，写真などを用いた説明がほとんどであり，観光客の保全に対する意識を向上させることに大きな余地がある。大型哺乳類の「リアルタイム観察」は，見通しの効かない熱帯雨林において夜間

に行う必要があるため，安全性を重視する観光客にとってはハイリスクなアトラクションである。そのため，夜行性の動物を昼間に観察することを可能にするための工夫が必要である。そこで，学術調査用に用いられているセンサー付きビデオカメラを，観光アクティビティのための製品に改良することで，魅力的かつ環境学習効果が高いアトラクションを作ることができると考えている。具体的には，野生生物モニタリングで利用しているセンサー付きビデオカメラトラップ（撮影装置）の設置，観光客による撮影データの取得とデータ回収，公園管理者によるアーカイブ化からなるシステムの構築と，スポーツハンティングや野外で見られる野生生物の痕跡などを用いて行うネイチャーゲームを応用したアトラクションを開発する。これにより，野生生物についての知識を持たない人でも，ゲームを通じて野生生物の生態について学び，生物多様性保全のための科学的データを蓄積することが可能になる。そして，センサービデオカメラを用いたシステムによって野生生物と直接遭遇するリスクを回避し，観光客の満足度を高めるための動画を提供することで，熱帯雨林の「隠された宝物」を体験することが可能になるのかもしれない。

　熱帯雨林を有する多くの自然保護区の管理者は，保全上，安全上問題ない形で，野生生物を観光資源として活用する方法を熱望しており，野生生物調査の手法やデータを活用するような野生生物観察を行うことができれば，熱帯雨林を有する自然保護区における観光のあり方を大きく変えることができる。熱帯雨林の隠された宝である野生生物を持続可能な形で活用するためには，学術的な枠組みを超えて，学際的に試行錯誤を進めていくことが求められる。

謝辞
　本研究は首都大学東京とマレーシア工科大学の共同プロジェクトの成果の一部である。
　共同研究者のMazlan Hashim教授，安田雅俊博士，曹楽博士，相原百合さん，福盛浩介さん，太田彩菜さんに感謝の意を表する。

◎参考文献

リチャード T. コーレット 2013. アジアの熱帯生態学. 東海大学出版会.

沼田真也, 安田雅俊 2008. 東南アジア熱帯林でみられる一斉開花の謎を追う. 熱帯雨林の自然史 東南アジアのフィールドから, pp.12-39. 東海大学出版会.

信田敏宏 2004. 周縁に生きる人びと―オラン・アスリの開発とイスラーム化. 京都大学学術出版会.

松林尚志 2013. ボルネオ島における塩場と野生哺乳類の関係. 海外の森林と林業, 88, 27-32.

Aihara, Y., Hosaka, T., Yasuda, M., Hashim, M. & Numata, S. 2016. *Mammalian wildlife tourism in Southeast Asian tropical rainforests: the case of Endau Rompin National Park, Malaysia.* Journal of Tropical Forest Science, 28, 167-181.

Frost, W. 2014. *National parks, rainforests and tourism in Australia: an historical perspective. Rainforest Tourism, Conservation and Management*: Challenges for Sustainable Development (ed B. Prideaux), pp.40-51. Routledge, New York, NY, USA.

Hill, J. & Gough, G. 2014. *Visitor motivations, expectations and satisfaction in a rainforest context: implications for tourism management.* Rainforest Tourism, Conservation and Management: Challenges for Sustainable Development (ed B. Prideaux), pp.117-133. Routledge, New York, NY, USA.

Higginbottom, K. 2004. *Wildlife tourism: impacts, management and planning.* Common Ground Publishing.

Jamiran, M. N. S., Wee, S. T., Mohamed, M. 2013. *Orang asli dan persekitarannya: kajian kes di Kampung Peta.* Persidangan Penyelidikan dan Inovasi (PEPIN) 2013.

Kiew, B. H., Davison, G. W. H. & Kiew, R. 1987. *The Malaysian heritage and scientific expedition: Endau-Rompin, 1985-1986.* Malayan Nature Journal, 41, 83-92.

Malayan Nature Society 1988. *Endau Rompin : a Malaysian heritage.* Malayan Nature Society, Kuala Lumpur, Malaysia.

Primack, R. B. & Corlett, P. R. T. 2005. *Tropical Rain Forests: An Ecological and Biogeographical Comparison.* Wiley.

UNEP-WCMC 2017. Protected Area Profile for Malaysia from the World Database of Protected Areas, September 2017. Available at: www.protectedplanet.net

UNEP-WCMC 2016. World Database on Protected Areas User Manual 1.4. UNEP-WCMC: Cambridge, UK. Available at: http://wcmc.io/WDPA_Manual

Weaver, D. 2002. *Asian ecotourism: Patterns and themes.* Tourism Geographies, 4, 153-172.

Wong, K. M., Saw, L. G. & Kochummen, K. M. 1987. *A survey of the forests of the Endau-Rompin are, Peninsular Malaysia: principal forest types and floristic notes.* Malayan Nature Journal, 41, 125-144.

16 浅間山北麓ジオパークにおけるジオ資源の活用とストーリー性の構築

坂口　豪

I　はじめに

I-1　研究背景

ジオパーク認定の動きが，近年世界各地で盛んである。学術的に重要な地域の地形や地質を「大地の遺産」として扱うジオパークの取り組みは，ヨーロッパと中国を中心に広まってきた。遺産の保全や保護を主要な目的とする世界遺産に対して，保全・保護のみならず遺産の活用を通じた地域振興をも包括するジオパーク

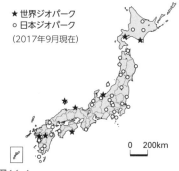

図16-1
日本のジオパークの分布（日本ジオパークネットワークウェブサイトより）

は，従来，一般にはなじみの薄い地形や地質といった地域資源に対する新しい管理や活用のあり方として注目されている。ジオパーク認定の動きは日本でも例外ではなく，2017年9月現在，ユネスコに認定された8つの地域の世界ユネスコジオパークを含む43地域のジオパークが存在している（図16-1）。

ジオパークの認定数の増加に伴い，ジオパークに関する学術研究も盛んとなっている。とりわけ，日本のジオパークが2008年に最初に認定されたことを契機として，ジオパークに関する研究事例も多くなっている。例えば今岡(2009)は，島根県の神西湖を事例として，地質学の観点から環境面の持続性を伴うジオパークの可能性について議論している。また，岡本(2009)は，山陰海岸ジオパークの観光資源について，先に日本ジオパークに認定された糸魚川ジオパークにおけるヒスイの事例と比較し，鉱物資源をプロモーションすることでその付加価値を高めることが，ジオパークの発展に不可欠であると指摘した。概して，日本のジオパーク活動が始まった当初においては，ジオパーク計画の妥当性やジオパークの地域資源の分析に関する研究が多かった。

その後，2011年には「地学雑誌」において「ジオパークと地域振興」特集が組

まれ，ジオストーリーの構築に関するものを中心として研究論文が寄せられた。そこには，オーストラリアのジオパークの現状を捉えた菊地・有馬（2011）やジオパークを通じた地域多様性の理解について論じた河本（2011），ジオパークにおける自然地理学の寄与と人材育成および地域振興との関係性を述べた小泉（2011）など，人文地理学と自然地理学の両方の分野からの論考が収録されている。特に，大野（2011）は，地形・地質といった地球科学的な資源を，歴史や文化，社会事象といった人文・社会的な事柄と動植物などの生態学的な資源を有機的に結びつけるジオストーリーを構築することが，ジオパークにおける教育やツーリズムの場面において重要であることを示した。この「地学雑誌」特集号を契機として，ジオパーク研究はジオパーク内の地域資源のネットワークやその支持基盤となるジオストーリーに関するものが増加し，より実践的なものがジオパーク研究の潮流となっている。

　これら一連の研究を受けて，柚洞ほか（2014）は，ジオパークを「自然現象と人文現象の相互関係に着目」する「地理学的な視点」の上に成立するものとし，「地域を構成するさまざまな事象の関連性を議論してきた地理学者」が，ジオパークにおけるストーリー構築に重要な役割を果たすことができると述べている。さらに，ジオストーリーの概念については定義が未だ不確定であり，地理学者が積極的に議論していく必要性があることも指摘している。とりわけ，ジオパークを観光資源として利用・活用する場合は，自然資源と人文資源を兼ね備えた地域資源が，ジオストーリーにとって非常に重要となってくる。地域資源の組み合わせであるジオストーリーがジオパーク全体を特徴づけているといっても過言ではなく，日本のジオパークにおいては1つないし2, 3のテーマを設定し，それに基づいたジオストーリーを構築している。

II-2　研究目的と手法

　日本には，火山を主要なテーマとしたジオパークが数多くある。その中でも2016年9月と比較的新しく日本ジオパークへ認定を受けたのが，浅間山北麓ジオパークである。火山をテーマとした先進ジオパークが多くある中で，浅間山北麓ジオパークでは，江戸時代に発生した浅間山の天明大噴火による集落の破壊と，そこからの復興，さらに230年以上経った現在においても火山災害の伝承が行われているという，一連のストーリーを中心テーマに設定している。

そこで本章では，浅間山北麓ジオパークにおけるジオストーリーの現状と課題を検討していく。具体的な目的と方法を整理すると，第1には，どのようなジオストーリーが構築されているのかを，日本ジオパークネットワーク加盟申請書やガイドブックといった文献資料調査に基づいて提示する。第2には，ジオパーク内の地域資源をどのように活用したり，組み合わせたりすることで，ジオツアーコースを設定しているかを示す。また，ジオツアーコースにどういったストーリー性をもたせているか，具体的な事例に基づいて考察する。

これらの調査により，火山のジオパークが多く活動している日本のジオパークの現状に対し，どのようにジオストーリーを構築・展開させ，他のジオパークと差別化を図っているのか，その実態を探ることができる。さらに，ジオストーリーの構築とジオツーリズムの可能性について検討することができる。

I-3 研究事例対象地

浅間山北麓ジオパークは，群馬県の北西部に位置する嬬恋村の吾妻川右岸側と長野原町全域の2町村で構成されている。浅間山北麓ジオパークの範囲の面積は約28km^2，人口は約12,000である。年間の観光入込客数は1998年頃までは400万人を上回っていたが，徐々に減少し，2008年以降は300万人を下回っている。浅間山北麓ジオパークの拠点施設である長野原町営浅間園や嬬恋郷土資料館の入園(館)者数も，減少傾向が続いている(図16-2)。

浅間山の大地の成り立ちについて説明すると，現在，浅間山と呼ばれる前掛火山は，浅間・烏帽子火山群の最東端にある最も新しい火山体である。浅間山の活動は約10万年前に始まり，黒斑（くろふ）火山・仏岩（ほとけいわ）火山・そして現在の前掛（まえかけ）火山などを形成しながら，現在まで活発に活動している。特に約1万年前頃から活動を始めた前掛火山は，4世紀・1108年・1783年に大規模な噴火を起こし，北

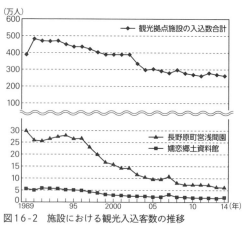

図16-2 施設における観光入込客数の推移

麓・南麓に大量の堆積物を積もらせた。そのなかでも1783年に発生した天明の大噴火は，麓の集落や吾妻川の下流域に甚大な被害をもたらした。

Ⅱ　浅間山北麓ジオパークのジオストーリーとジオサイト

Ⅱ-1　加盟申請書にみられる浅間山北麓ジオパークテーマに関する記述

ジオパークではテーマを設定し，それに基づいたジオストーリーを構築することが必須である。浅間山北麓ジオパークではテーマを「浅間山とともに未来へ―破壊と再生がつなぐ人々の営み―」と設定した。以下に，テーマの内容となるストーリーを加盟申請書の記述から引用する。

　「浅間山北麓地域は，浅間山が形づくってきた大地の上で，山岳地帯であり高地寒冷な風土の特徴に合った歴史文化をつくってきた。一方で，活発な火山活動に伴って繰り返し地域社会が破壊され，その都度，地域の人々の努力によって再生を繰り返してきた地でもある。この地の暮らしにはいつも浅間山が関わり，人々をつないできた。浅間山そのものの魅力はもとより，特に浅間山とともに暮らしてきた人々の苦労や，現在の豊かな暮らしに至る一連のストーリーに焦点を当て，地域の未来を担う子どもたちや来訪者に伝えていくことを最重点テーマとしている。」

Ⅱ-2　火山活動の恵みを享受し災害と向き合ってきた地としてのストーリー

ジオパークのテーマの中でも，火山災害による集落の破壊は，浅間山北麓ジオパークにとっては中心となるストーリーである。以下に破壊のストーリーの概要とその特性について記述する。

破壊のストーリーの中心となる集落が，かつての鎌原村である。写真16-1に見られる15段の階段と鎌原観音堂は，かつての災害を現在まで伝える重要なジオサイトである。「この小高い位置にある観音様と浅間山はどんな関係があるのか。」という質問が，このジオサイトにおけるストーリーの起点となる。

1783（天明3）年の噴火では，火砕流，溶岩流，土石なだれなど多くの火山活動に由来する現象が起きた。その中でも土石なだれは，いくつもの集落を壊滅させる甚大な被害をもたらした。当時の鎌原村では，人口570名中の477名が土石なだれに巻き込まれて命を落とした。鎌原村で生き残った93名の大部

写真16-1 鎌原観音堂と15段の石段　写真16-2 観音堂横のおこもり堂での語り部の活動
　　　　（2016年10月筆者撮影）　　　　　　（2015年10月浅間ジオパーク推進協議会撮影）

分は高台に位置する観音堂に逃げることができた人たちである。その93名は身分制度などを取り払い，残された人で家族を再構成し，村での暮らしを再興させていった。周辺の村からの支援と幕府からの援助もあり庶民の貧しい暮らしの中で，その地での復興を果たした。

　その教訓は，200年以上が経過した今でも，地域の人々の手によって語り継がれており，その語り部の活動は，世界的にも類をみない貴重な存在である（写真16-2，鎌原観音堂奉仕会による語り継ぎ）。火山噴火災害と復興の歴史は，住民にとって欠くことのできない大切な文化であり，財産である。また，230年以上前の火山災害の伝承が今日まで行われてきたことは，他のジオパークと比べても類を見ない独自性をもっている。

II-3　人が出会い交流する地としてのストーリー

　浅間山北麓ジオパークでは，火山が作りだした地形や風土を反映した歴史や文化，産業をもとに，「交流の地の浅間山北麓」というテーマでストーリーを構築している。浅間山北麓は，西から，高原野菜（キャベツ）畑，別荘地，牧場という土地利用となっている。これらの土地利用の成立には，浅間山の活動に起因された地形や土壌条件が影響している。以下に，申請書より交流の地としてのストーリーを引用する。

　　「険しい山岳に囲まれた高地であったため，人が居住するには厳しい場所であった。一方で，天然の要害であったこの地では，周辺地域を拠点とする有力な豪族や武将が攻防を繰り広げた。江戸期の平和な時代が訪れると，険しくとも時間と費用が節約できる峠越えの街道として，多くの人々が住

来するようになる。火山の恵みである温泉が湧出するこの地には、いくつもの宿場町が誕生し、往来する人々の交流拠点となっていった。」

「明治に入ると、富国強兵の一環として広大なこの地は牧場として開拓されていく。明治維新で職を失った旧藩士たちがこの地に移住し、綿羊や軍馬の育成に当たった。硫黄鉱山の採掘も行われるようになり、多くの労働者が行き交った。大正初期には、すでに大きな観光地となっていた軽井沢と草津を結ぶ鉄道（草軽電鉄）が敷設され、両地に挟まれる風光明美で雄大な景色を求めて途中下車する人々も多かった。さらに、避暑地として最適なこの地には、いくつも別荘が建てられ、夏季にはこの非日常空間で多くの人々が交流した。昭和初期に高原野菜の栽培が本格導入され、第二次世界大戦後、引揚者が浅間山麓を開拓して農地を広げていったことで、一気に農業地として発展していくこととなった。」

Ⅱ-4　浅間山北麓ジオパークのジオサイト

各ジオパークでは、ジオパークの見どころをジオサイトとして選定している。浅間山北麓ジオパークでは周遊性を考慮した6つのエリアと38か所のジオサイトが選定されている（図16-3）。各エリアにはジオサイトが4〜8か所設定されている。例えば、「B鬼押出しエリア」には、8つのジオサイトとB1とB2の2か所のエリア拠点施設が存在する。ジオサイトをジオツーリズムに活用するにあたっては、いくつかのジオサイトを組み合わせて、コースを構築していく。次のⅢにおいては、ジオツアーコースをどのように構築しているかを紹介する。浅間山北麓ジオパークではエリア別分類、時代別分類、テーマ別分類のそれぞれ3つの方法でジオツアーコースを構築している。

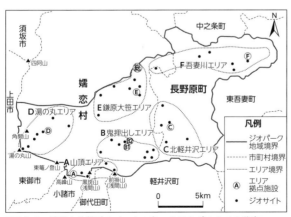

図16-3　浅間山北麓ジオパークの各エリアとジオサイト分布

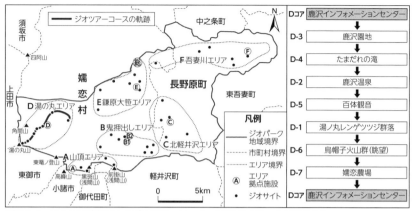

図16-4 エリア別分類によるジオツアーコース一例(D湯ノ丸エリアの場合)

Ⅲ ジオツアーコースからみるジオストーリーとテーマ設定

Ⅲ-1 エリア(地域)別分類によるジオツアーコースの例(図16-4)

1日で回ることができる程度の範囲であるA〜Fエリア内で，周遊が完結するパターンである。各エリア拠点では，そのエリアにあるジオサイトを主として紹介している。例えば，「D湯の丸エリア」においては，エリア拠点施設である鹿沢インフォメーションセンターを起点として，鹿沢や湯の丸地域の7つのジオサイトを周遊するジオツアーコースが構築されている。ジオサイト間の移動は基本的には車が想定されているが，一部の間では徒歩による散策としての移動も想定している。このエリアは自然環境に恵まれているため，豊かな自然と鹿沢温泉を満喫したい人に向いているコースである。

このコースはエリアという一定の範囲内のジオサイトを括っているため，周遊しやすいことが長所である。他方，近接するジオサイトを括っているだけなので，テーマやストーリー性を見いだしにくいことが短所として挙げられる。

Ⅲ-2 時代別分類によるジオツアーコースの例(図16-5)

浅間山北麓ジオパークの全体のストーリーを紹介し，自身の関心のあるジオサイトを見つけやすくするため，「人が暮らす前の大地の変動」「歴史時代の浅間山と人々の暮らし」「噴火災害と復興」「近代の開拓と発展」といった時代順に該当するジオサイトを紹介している。

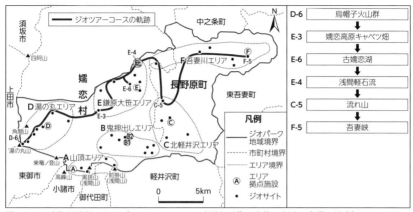

図16-5 時代別分類によるジオツアーコース一例(人が暮らす前の大地の変動の場合)

　時代別分類によるジオツアーコースの長所としては，時代の流れに沿って巡るため，地域史，地球史の観点でジオサイトを巡ることができる。こうした方法でのコースの構築は，坂口(2015)において議論された地質学的なストーリーによるジオツアーコースといえる。他方で，離れたジオサイト同士を一つのジオツアーに盛り込むため移動に時間がかかることが短所である。また，地質学的なストーリーは一般の方へのなじみが薄くなる。それでも，大地の遺産と人々の関係性を意識したコースになっているため，ガイドの説明により，一般向けのツアーコースとして適用が十分可能である。

Ⅲ-3　テーマ別分類によるジオツアーコースの例(図16-6)

　来訪者の興味関心や旅の目的に応じて，「地質・地形」「歴史・文化」「自然体験」「保養・癒し」「食」などのテーマを設定し，そのテーマを満たすことができるジオサイトを分類・整理している。テーマ別分類は，来訪者の関心に合わせた見学コースの設定に役立つ情報となる。他方で，浅間山北麓ジオパークならではのテーマ設定を行った「鬼のいたずらコース」といった設定も可能である。以下に「鬼のいたずらコース」の行程内容と，それが浅間山北麓ジオパークの中心となるジオストーリーに基づいて構築されていることを示す。

　浅間山北麓ジオパークのメインテーマ「浅間山とともに未来へ―破壊と再生がつなぐ人々の営み―」の物語が凝縮されている鎌原村・鎌原観音堂ジオサイトのほか，天明3年噴火に関係するジオサイトがいくつも盛り込まれている。

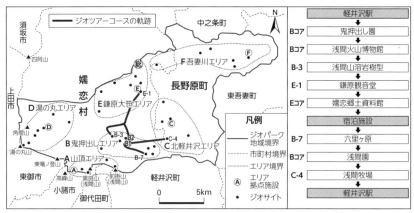

図16-6 テーマ別分類によるジオツアーコース一例（鬼のいたずらコースの場合）

　地元では浅間山が噴火することを，「鬼が怒った，いたずらしている」と言ってきた。観光地として有名な「鬼押出し」は浅間山の溶岩流により形成されたが，鬼が押し出してできたものであるという伝説から名付けられている。国の特別天然記念物に指定されている「浅間山溶岩樹型」は，天明3年噴火時の火砕流により形成された。このコースでは，天明3年噴火で発生した火砕流，土石なだれ，溶岩流の各現象が起きた場所を巡り，火山噴火の脅威とともに恩恵（珍しい景観が作られたという観点からのもの）を体験することができる。まさに天明3年噴火のストーリーをまるごと体感することができるジオツアーコースとなっており，浅間山北麓ジオパークの中心となる物語が詰まっている。

　このコースの長所は，テーマに沿って巡るジオサイトを選定でき，ツアー内容に一貫性，ストーリー性をもたせられることである。一方，短所はIII-2と同様に離れたジオサイト同士を一つのジオツアーに盛り込むため，移動に時間を要す場合があり，行程に制約がでることがある。

Ⅳ　まとめ

　浅間山北麓ジオパークのテーマは「浅間山とともに未来へ―破壊と再生がつなぐ人々の営み―」であり，火山の浅間山を中心としたジオパークである。全国各地に火山をテーマにしたジオパークがあるが，浅間山北麓ジオパークでは天明3年噴火時の鎌原村の災害と再生・復興をストーリーの中心にしている。

また，230年以上に渡り災害伝承が続けられてきた歴史もストーリーを特徴づけている。

　他方で，火山が作りだした地形や風土を反映した歴史や文化，産業を説明するために，「交流の地の浅間山北麓」というテーマでもストーリーを構築している。この「交流」というテーマは浅間山南麓側とも共通しており，将来的にエリアを拡大する際には重要なキーワードとなりうる。

　浅間山北麓ジオパークにおけるジオツアーコースの構築に関しては，3つの類型で進められており，それぞれの類型には一長一短がある。いずれの類型によるジオツアーコースであってもストーリー性は構築されているが，テーマ別分類によるジオツアーコースの方が，ストーリー構築や行程の自由度の観点からみて実際的には運用しやすい。事実，他のジオパークにおいても，「地域の食の恵みを巡る」や「水を巡る旅」といったテーマ別分類の手法によるジオツアー開発がされている。浅間山北麓ジオパークにおいては今後，さらなるジオツアーコースの充実を図る段階である。その際には，テーマ別分類の手法によるコースの充実を図ることで，より良いジオツーリズムを提供するジオパークとしての評価を得られるであろう。

◎参考文献
今岡裕作 2009. 環境地質学にもとづく日本のジオパーク論―島根県の「神西湖」を題材として―. 応用地質 49: 350-357.
大野希一 2011. 大地の遺産を用いた地域振興―島原半島ジオパークにおけるジオストーリーの例
岡本真琴 2009. 山陰海岸ジオパーク推進のための基礎研究. 教養研究 16: 65-76.
菊地俊夫・有馬貴之 2011. オーストラリアにおけるジオツーリズムの諸相と地域振興への貢献. 地学雑誌 120: 743-760.
河本大地 2011. ジオツーリズムと地理学発「地域多様性」概念―「ジオ」の視点を持続的地域社会づくりに生かすために―. 地学雑誌 120: 775-785.
小泉武栄 2011. ジオエコツーリズムの提唱とジオパークによる地域振興・人材育成. 地学雑誌 120: 761-774.
坂口豪 2015. ジオパーク秩父における地質学的な視点および地理学的な視点の相互関連性によるジオストーリーの構築. 観光科学研究 9: 131-139.
柚洞一央・新名阿津子・梶原宏之・目代邦康 2014. ジオパーク活動における地理学的視点の役割. E-journal GEO 9: 13-25.

17 小笠原父島の観光と自然資源の適正利用
―南島の事例を中心にして―

菊地　俊夫・有馬　貴之・黒沼　吉弘

I　はじめに

　小笠原諸島・父島は，東京から南方1,000kmに位置し(図17-1)，島の成立以来，大陸と陸続きになったことがない海洋島であるため，多くの生物固有種が棲息するなど独自の生態系をもっている。本土からの一般的な交通手段は，東京・竹芝客船ターミナルから24時間(2017年現在)を要する貨客船「おがさわら丸」のみである。このように交通手段は限定されているが，多様で独特な自然環境とそれを基盤とするエコツーリズムを目的に(写真17-1)，2010年までは毎年1万人以上の「コアなツーリスト」が訪れていた。近年では，2011年のユネスコ世界自然遺産登録を契機にして，観光客は2万人以上に及んでいる。そのため，小笠原では自然資源の保全・管理とその観光利用とのバランスが課題となっており，試行錯誤の結果，「小笠原ルール」と呼ばれる自主管理によって自然資源の保全と観光利用との調和が図られるようになった。本章では，父島の近海に位置する南島を事例に，「小笠原ルール」導入の経緯とその効用，および観光への影響を明らかにし，自然資源の適正な観光利用を検討する。

　小笠原諸島の観光に関する研究は，植物や動物などを中心とする自然科学分野の研究と比較して少ない。小笠原諸島の観光資源の性格か

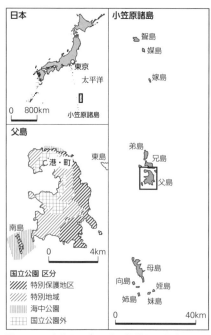

図17-1　小笠原父島の地理的位置と国立公園区域(環境省資料により作成)

写真17-1　小笠原父島におけるエコツーリズム
　　　　　（2008年3月筆者撮影）

らか，そこでの観光研究は，自然を主な対象としたエコツーリズムに関係するものが大半である。また，小笠原諸島の観光に関する研究論文の多くは2000年以降に発表されている。例えば，父島において実際にエコツーリズムの創設に関わった一木（2002）は，小笠原におけるエコツーリズムの仕組みや解説ガイドの重要性を論じた。2000年以降，多くの研究論文が発表された背景には，海津・真坂（2004）がエコツーリズムの第2世代として指摘するように，日本のエコツーリズムに様々な問題が生じてきたことが考えられる。

　実際，エコツーリズムで自然環境を保全することができるのか否かを論考のテーマとした論文が多く見受けられ，例えば，山崎（2006），本田ほか（2006），あるいは一木・海津（2006）などの研究があげられる。それらのなかでも多くなされてきた調査は，南島を対象とした研究である。具体的には，一木・朱宮（2007）は南島の利用ルールが適正に守られているかどうかを検証し，ガイドの率いることができる1グループの観光客数が，観光客の行動を左右していると結論づけた。また，一木ほか（2007a; 2007b）では，利用ルールの導入がもたらした南島の植生の回復状況が調査され，利用と植生回復の関係に強い因果関係は認められなかったことが報告されている。つまり，エコツーリズムが本当に自然や地域に寄与するものであるのかは，より不確かなものとなっている状況である。

　しかしながら，そのような状況においても，小笠原諸島は，依然として日本のエコツーリズム発祥の地として様々な研究者に注目されている。実際に，ビジネスとしてのエコツアーの論考（吉井2008），世界遺産登録への作業（鈴木・鈴木2009），南島ルールと住民の意識（石原ほか2010），父島宿泊中の観光客の行動（有馬ほか2010）などの調査研究が随時行われており，日本において小笠原は，エコツーリズム研究の代表的なフィールドとなっている。

Ⅱ 小笠原における観光と環境保全

　小笠原諸島は1968年にアメリカ合衆国から返還され，それらの大部分が1972年に小笠原国立公園に指定された。小笠原国立公園の面積は6,629haにおよび，そのうち国有地が81.5％を占めている。父島においては，国立公園の区域は大きく3つにゾーニングされている。すなわち，特別保護地区と特別地区，および海域公園地区であり，特別保護地区（893ha）と特別地区（979ha）で父島の土地の約80％を占めている（図17-1）。このように，小笠原諸島における自然環境の保全方法は，主に国立公園としてのゾーニングに依存してきたが，それは観光利用の増大や島民の生活圏の拡大に対応できない状況をもたらし，自然資源も荒廃するようになった。実際，小笠原村の人口は1970年に1,595であったが，1995年には2,280に増加した。以降も少しずつ増加し，2016年の人口は2,528になっている。しかし，島民の人口増加に伴う生活圏の拡大以上に自然環境に影響を及ぼすようになった要因は，観光客の増大である。

　小笠原諸島への訪問者数の推移を見ると，1968年の返還以降，訪問者数は順調に増加し，1980年代前半までには年間2万人前後を維持するようになった（図17-2）。1980年代後半になると，貨客船の大型化や離島ブームなどと相まっ

図17-2　小笠原父島への訪問者数の推移
　　　　（小笠原観光協会資料により作成）

写真17-2　小笠原父島近海におけるホエールウォッチング
　　　　ツアー（2010年3月筆者撮影）

表17-1　小笠原諸島における自主管理ルールの動向

	ルール名	開始年
1	小笠原ホエールウォッチング協会　ホエールウォッチングのための自主ルール	1989
2	小笠原観光協会　ドルフィンスイムのための自主ルール	2005
3	小笠原観光協会　オガサワラオオコウモリ観察のための自主ルール	2004
4	東京都の島しょにおける自然の保護と適正な利用に関する要綱：母島石門ルール	2003
5	東京都の島しょにおける自然の保護と適正な利用に関する要綱：南島ルール	2003

(小笠原村における聞き取り調査により作成)

て，訪問者数は2万5,000人前後に増大した。1980年代後半以降の訪問者のうち観光客は約60%であり，ホエールウォッチングが小笠原観光の主要なアトラクションになるにつれて，観光客も急激に増大するようになった(写真17-2)。しかし，このような観光客数は1990年代以降，15,000人前後で推移している。小笠原諸島への交通手段が長時間で相対的に高価な(2011年当時，片道2等の船賃は約25,000円)船旅が，観光客増加の制約条件となっていた。しかし，小笠原諸島が2011年に世界自然遺産に認定されたことで観光客は大きく増加し(2016年現在の入込客数は29,786人)，自然資源の保全と観光利用とのさらなる調整が必要になっている。

　小笠原諸島では，自然資源の保全と観光利用との調整を図るために自主管理ルールを定めてきた(表17-1)。小笠原諸島における自主管理ルールの先駆けは，小笠原ホエールウォッチング協会が1989年に制定した，ホエールウォッチングのための自主管理ルールである。1980年代後半，ホエールウォッチングは小笠原観光の主要なアトラクションになったが，次第に観光利用を優先するようになると，鯨の棲息環境が脅かされるようになった。そのため，小笠原諸島のホエールウォッチングに関する自主管理ルールが，鯨の棲息を保全・保護することを目的に作られた。そのルールでは，鯨と観光船との距離が定められるとともに，観光船も減速するように申し合わせされた。この自主管理ルールの運用以降，オガサワラオオコウモリを観察する際の自主管理ルール(2004年)や，ドルフィンスイムに関する自主管理ルール(2005年)が定められた。また，2003年には「小笠原ルール」として周知されることになる，母島や南島における自然資源利用のガイドラインが定められ，実施されるようになった。以下では，父島に隣接して位置する南島の自然資源の保全と観光利用を事例に，自主管理ルールの背景やその効用を検討する。

Ⅲ　小笠原父島近海の南島における自然資源の保全と観光利用

　小笠原父島とその近海における地域資源の観光利用の特徴を検討するため，観光客の1日の行動パターンを時間地理学の方法で明らかにした（図17-3）。時間地理学の方法では，観光客の時間配分の仕方による個々の空間的行動の差異性と相似性とがパターン化できる。この調査によれば，小笠原父島における観光客は滞在日数3日のうち2日は山や海のアトラクションを楽しんでいることがわかる。多くの場合，観光の日時や長さには差があるが，同様の資源利用に基づく観光が行われている。このことは，特定の環境資源への集中とオーバーユースが懸念される状況を生みだしている。特に，観光客は滞在3日間のうち最低でも1日は，海を基盤とした観光行動を行っている。その結果，多くの観光客がドルフィンスイムや近海ツアーで南島を訪れることになる（写真17-3）。このように，南島は小笠原父島とその近海における観光の主要なアトラクションである一方，観光利用による環境の劣悪化がかつては存在した。1990年代前半までの南島では，観光以外にも無秩序な土地利用が行われ，それにより自然環境の劣悪化が顕著であった。

　南島における植生回復のプロセスを示した図17-4によれば，南島では1969年の時点で植生の後退が顕著に見られた。これは，かつて島民の食料の貴重な蛋白源として飼われていたヤギが放置されて野生化し，自然の草や若木を旺盛に食べてしまうためであった。野生化ヤギの食害は単に植生の退化を引き起こ

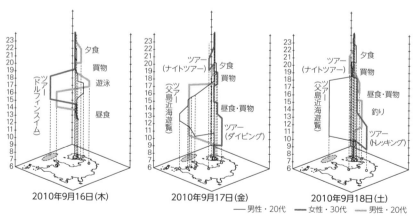

図17-3　小笠原父島における観光客の時間地理学的な行動パターン（アンケート調査により作成）

しただけでなく，かつては南島に50種前後あった植物種数も20種以下に減少させてしまった。1970年代前半には野生化ヤギの駆除が行われるようになり，1980年代から1990年代前半にかけて南島の植生は回復した（図17-4）。さらに，植物種数も1980年代後半には50種に達し，自然資源への野生化ヤギの影響は少なくなった。しかし，1990年代になると野生化ヤギに代わり，台風や降水，および観光客の影響が大きなものとなってきた。観光客はチャーターした船で南島に渡り，釣りやダイビング，あるいはトレッキングなどにより，島内の自然資源を無秩序に，環境保全の配慮もなく利用した。これらの利用の仕方やオーバーユースにより，南島の植生は再び退化するようになった。さらに，観光客がもたらした外来の植生によって，固有の生態系も脅かされるようになり，自然環境

写真17-3　小笠原父島沿岸におけるドルフィンスイムなどの海のツアー（2010年3月筆者撮影）

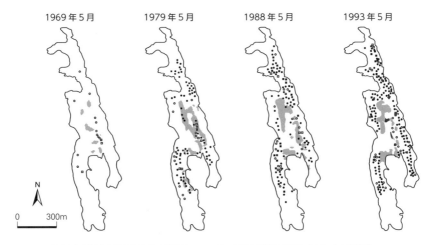

図17-4　小笠原南島における植生回復プロセス（豊田ほか（1993）より引用）

の保全と観光利用との両立を図ることが急務となった。

　小笠原村と日本自然保護協会が行った調査によれば，南島における環境荒廃の典型例は，上陸地から扇池までのトレイルで生じていた土壌侵食であった（図17-5）。南島は石灰岩によって形成され，第三紀（約5000万年前から2000万年前）に由来する沈水カルスト地形として特徴づけられている。そのため，人々の往来による踏圧が増大するにつれ，石灰岩を基盤とする土地の劣悪化が目立つようになった。写真17-4は，2003年2月に扇池付近で撮影したものである。これによれば，観光客の無秩序な利用やオーバーユースによって植生が後退し，裸地化して基盤が露出してしまっている。これらの土地の劣悪化を踏まえて，小笠原村では南島の自主管理ルールが検討され，そのルールがベースとなり2002年には南島におけるエコツーリズムのルールが策定された。

　東京都環境局の担当者からの聞き取り調査によれば，南島における個別の自主管理ルールは，ユネスコの世界自然遺産の1つであったガラパゴス諸島の環境保全と観光の適正利用を図るための自主管理ルールを参考に定められたという。ガラパゴス諸島は，1978年に世界自然遺産へ登録されて以降，多くの観光客が世界中から訪れるようになり，島の生態系を含めた自然資源の

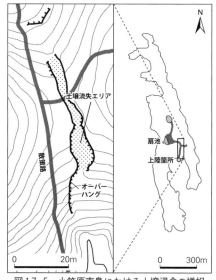

図17-5　小笠原南島における土壌浸食の様相
（岡ほか（2002）より引用）

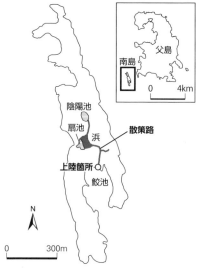

図17-6　小笠原南島における散策経路
（「小笠原ルールブック」により作成）

写真17-4 小笠原南島における土壌侵食と植生後退の様相
（2003年2月岡 秀一氏撮影）

オーバーユースが顕在化してきた。特に1990年代以降，観光化と人口増加に伴う環境の劣悪化と汚染，および外来生物の繁殖や密猟などの問題が生じ，それらの問題を解決するために自主管理ルールが策定された。実際，ガラパゴス諸島の自主管理ルールが有効に機能するのはユネスコの危険遺産リストに登録された2007年からであるが（2010年には危機遺産リストから除外された），その自主管理ルールの精神は小笠原諸島の環境保全と観光の適正利用に生かされることとなった。南島の自主管理ルールは以下のように定められ，それらは「小笠原ルール」として周知されている。

①南島における利用経路を定め（図17-6），利用経路以外は立入禁止。
②南島における利用時間は最大2時間まで。
③南島における1日当たりの利用者数は最大100人とする（南島への上陸は1回当たり15人を限度とする）。
④年3か月間の入島禁止期間の設定。当面，入島禁止期間は11月から翌年1月末までとする。ただし，年末年始の8日間は除く。詳細な日程は年度毎に定める。
⑤ガイド1人が担当する利用者の人数の上限は15人とする。

以上に述べてきた小笠原南島における自主管理ルールにより，観光利用による無秩序な自然資源の利用やオーバーユースが抑制され，南島の植生は回復し（写真17-5），独自の生態系は守られるようになった。いわば，自然資源の保全と観光利用は共存するようになったといえる。しかし，環境保全と観光利用の関係においても，新たな問題も生じてきている。それは，自主管理ルール自体の問題でもある。

写真17-5　小笠原南島の扇池周辺における自然の景観（2010年3月筆者撮影）

Ⅳ　南島における自主管理ルールの効用と解決すべき問題点
　　　──むすびにかえて

　観光客が南島でエコツーリズムを楽しもうと考えたとき，「小笠原ルール」では観光客が勝手に南島に渡ることができない。多くの場合，観光客は父島のツアーオペレーターが用意するガイドツアーに参加して，南島のエコツーリズムを楽しむことになる（写真17-5）。2011年現在，父島には58のツアーオペレーターがあり，南島のエコツアーはホエールウォッチングツアーとともに人気のアトラクションである。南島のエコツアーは1日ないし半日のツアーになっており，南島の滞在時間が限られているため，ドルフィンスイムなどのツーリズムアトラクションと組み合わせたものになっている。父島のツアーオペレーターにとって，南島のエコツアーは観光商品として重要であるが，自主管理ルールの制約によって自由で柔軟なエコツアーを企画することができないでいる。つまり，1日当たりの入島制限が100人であることや，島内の滞在時間を2時間に設定していることの妥当性が問題になっている。特に，南島のキャリングキャパシティ（環境容量）を1日100人に定めた根拠が求められている。

　南島の1日の入島人数を100人に決めた背景は，当時の東京都環境局自然公園課長の土居氏によれば，政治的な決断に近いものであったという（土居2011）。南島の無秩序な観光利用により自然資源が荒廃するなかで，自然資源を回復する手段として島民による自主管理ルールが策定された。その初期の

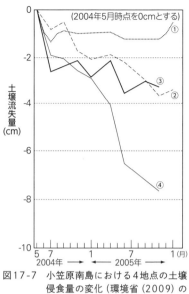

図17-7 小笠原南島における4地点の土壌侵食量の変化(環境省(2009)のデータにより作成)

ルールは、人数制限などについてそれほど厳しい内容でなかった。一方、東京都も南島における自然環境の保全と観光利用の適正化を模索し、ガラパゴス諸島の事例などにより利用制限の方法を研究していた(土居 2011)。その結果、島民による初期の自主管理ルールをさらに強化するために、人数や滞在時間、および利用区域などを制限する南島におけるエコツーリズムの自主管理ルールを策定した。その際に考慮された点が、最大限の保全・保護と最小限の観光利用であり、とりあえず1日の利用者数を100人、1回の利用時間を2時間に制限した。

他方、南島におけるエコツーリズムの自主管理ルールの拘束力も問題になっている。一木・朱宮(2007)の研究によれば、2002年における南島の1日当たりの上陸人数は116.3人であり、自主管理ルールの1日当たり100人を超えていた。2003年以降、南島の1日当たりの上陸人数は100人以下であり、自主管理ルールの効果は現れているといえる。しかし、1日当たりの上陸人数が制限されていたとしても、年末年始やゴールデンウィークなどの観光シーズンには上陸人数が100人以上になることも少なくなかった。つまり、自主管理ルールは概ね遵守されていたが、特段の拘束力がないため、自主管理ルールが観光需要に屈してしまっている。このことは、観光需要の視点から自主管理ルールの問題点を指摘する契機にもなった。同様のことは、南島の滞在時間やガイド1人当たりの観光客数にもいえることであり、滞在時間や引率の観光客数も観光シーズンになると自主管理ルールの数字を超えることが少なくなかった。

南島におけるエコツーリズムの自主管理ルールは、人数や滞在時間などの利用制限の科学的根拠が問題になっているが、結果として植生の回復などの効果をもたらした。植生の回復があったことを踏まえて、利用人数を緩和すべきだという議論も、島内のツアーオペレーターから生じている。そこで、南島にお

写真17-6　小笠原南島の散策道における敷石の設置（2010年3月筆者撮影）

ける自然資源は本当に保全されているかどうか，検討する必要がある。南島における4地点における土壌侵食の様子を検討するため，環境省のデータを用いて2004年を基点に侵食の程度を土壌流出量としてグラフにした（図17-7）。それによれば，散策道の利用頻度によって土壌流出の量に違いがみられた。例えば，点線①で示された陰陽池の鞍部では土壌流出の量は1.5年間で2cm以下と最も少なかった。これは，陰陽池の鞍部が主要な散策ルートから離れた場所にあり，誰もがその場所を散策に利用するわけではないためである。同様に，破線②が示す散策路の分岐から岬への場所と，太い実線③が示す分岐から扇池までの場所も1.5年間で2～4cmの土壌流出量であり，土壌侵食は相対的に少ないといえる。これは，岬までの散策路はすべての観光者が利用するわけでないことや，扇池までの場所の散策コースもすべての人に選択されるとは限らないことなどに起因していた。

　他方，散策道のなかで観光客が必ず歩くことになる場所では，時間とともに土壌流出の量は増加し，1.5年間で6cm以上も侵食されている。具体的には，図17-7の細い実線④で示された場所であり，それは上陸地点から岬と扇池の分岐までの場所などである。これらの場所は南島のエコツアーのウォーキングトレイルとして日常的に利用されており，必然的に多くの住来が識別できる。そのため，これらの場所では観光客が小笠原ルールに従って注意深く歩いているにもかかわらず，土壌侵食が少なからず生じてしまう。少なくとも，現在の小笠原ルールであっても（つまり，1日100人のルールであっても），土壌侵食

は識別できる。従って，観光客が増加すれば土壌侵食は必ず生じ，その程度は確実に拡大するため，1日100人の制限を緩和することは，環境保全を考慮すれば得策とは言えない。

　以上のような観光利用，特に散策による土壌侵食を防ぐため，散策道に敷石が施されるようになった（写真17-6）。また，上陸地点近くの土壌侵食を受けやすい場所では，マルチングによる自生シバを保護したり，自生シバを移植したりして土壌侵食の防止に努めている。しかし，観光利用があれば，自然資源の後退や荒廃が何らかの形で生じていることも事実である。

◎参考文献

有馬貴之・駒木伸比古・菊地俊夫 2010. 小笠原諸島父島における観光客の行動特性―時間地理学の手法を用いて，日本観光研究学会全国大会学術論文集，25: 181-184.

石原俊・小坂亘・森本賀代・石垣篤 2010. 小笠原諸島のエコツーリズムをめぐる地域社会の試行錯誤―「南島ルール」問題を中心に，小笠原研究年報，33: 7-25.

一木重夫 2002. 小笠原のエコツーリズム実現に向けて―ホエールウォッチング・インタープリター養成講座（勉強会）の取り組み，観光文化，26（2）: 6-9.

一木重夫・海津ゆりえ 2006. 小笠原諸島におけるエコツアーの満足度の評価に関する研究，小笠原研究年報，29: 37-51.

一木重夫・朱宮丈晴 2007. 小笠原諸島南島における観光利用状況及び観光利用ルールの効果に関する研究，小笠原研究年報 30: 75-87.

一木重夫・朱宮丈晴・海津ゆりえ 2007a. 小笠原諸島南島のコウライシバ植生回復に及ぼす観光利用制限（入島禁止期間）の効果に関する研究，ランドスケープ研究，71（2）: 133-136.

一木重夫・海津ゆりえ・朱宮丈晴 2007b. 小笠原諸島南島における入島人数制限ルールの評価，観光研究，18（1・2）: 11-17.

海津ゆりえ・真坂昭夫 2004. 第二世代を迎えた日本型エコツーリズムの課題と展望に関する研究，国立民族学博物館調査報告，51: 211-217.

環境省 2009. "小笠原国立公園指定書および計画書", pp22-37, 環境省, 東京.

岡秀一・吉田圭一郎・見塩晶子・飯島慈裕 2002. 小笠原諸島南島における土壌侵食と植生変化，小笠原研究，28: 49-81.

鈴木晃志郎・鈴島亮 2009. 世界遺産登録に向けた小笠原の自然環境の現状，小笠原研究年報，32: 27-47.

土居利光 2011. 自然資源の保全と適正利用のための仕組みの検討―東京都版エコツーリズムを事例にして―，観光科学研究，4: 53-68.

豊田武司・清水善和・安井隆弥 1993. 小笠原諸島父島列島南島における野生化ヤギ駆除後25年間の植生回復，小笠原研究年報，17: 1-24.

本田裕子・西口元・山崎麻里・柴崎茂光・永田信 2006. よそ者としての観光客が野生生物の観光利用に果たす役割―東京都小笠原村を事例に，林業経済，59（4）: 1-12.

山崎麻里 2006. エコツーリズムにおける自然資源管理の制度に関する研究―小笠原を事例として，日本観光研究学会全国大会学術論文集，21: 93-96.

吉井信秋 2008. 小笠原のエコツーリズムとエコツアービジネス，企業診断，55（10）: 26-31.

終章
観光地域研究の可能性と社会的貢献

菊地　俊夫

I　観光のもつ2つの意味

　観光を大別すると2つの意味がある。つまり，1つは発地型観光であり，もう1つは着地型観光である。発地型観光はパック旅行で代表されるように，出発地において料金が全て支払われ，最初に観光エージェントのコーディネーターが決めたコースを順番に回遊するもので，観光地に落ちる金銭は少なく，地域の主体がコースの設計に関わる余地もほとんどない。他方，着地型観光は観光者が目的地に着いてから訪問先やコースを決定するもので，地元住民などの主体が地域を楽しんでもらう工夫や金銭を地域に落としてもらう工夫をしなければならない。したがって，着地型観光を発展させるためには，あるいは地域から観光を創るためには，地域を学び，地域資源を掘り起こし，その保全と適正利用を考えなければならない。地域や地域資源に関する調査や研究の方法として地理学の方法は有効であり，その方法は地域から観光を創る1つの近道でもある。

　当然のことながら，観光の醍醐味は，地域資源を掘り起こし，それらの地域資源をどのように保全しながら活用するのか，そしてそれをいかにして自然や生活・文化や社会・経済と関連づけて持続的な地域振興に結びつけるのかである。地域資源を活用するだけでなく，地域振興に結びつけるためには，地域資源の適正な保全と活用を知り，地域資源に基づく着地型観光の可能性を高める担い手づくりが重要になる。以下では，地域資源の保全と活用，およびそれらの仕組みや担い手づくりをいくつかの事例で検討する。

II　ウルル-カタ・ジュタ国立公園における自然資源の活用と保全

　まず，ウルル-カタ・ジュタ国立公園における自然資源の適正な保全と活用について検討する。ウルル-カタ・ジュタ国立公園（1950年に認定）は，オーストラリア大陸中央部，ノーザンテリトリー準州の乾燥地に位置している。ウ

写真 終-1　多くの観光客を集めるウルル(エアーズロック)
　　　　　(2000年8月筆者撮影)

ルル(エアーズロック)とカタ・ジュタ(マウントオルガ)の自然景観は，ユネスコの世界遺産に登録される以前から世界的に周知されている。また，オーストラリア政府はウルルとカタ・ジュタがアボリジニの聖地であることを認識し，その文化資源としての価値を保護している。2007年現在，ここを訪れる観光客は年間約40万人で，そのうち国外(主にイギリス・日本・アメリカ)からの観光客が約60％を占めている(写真終-1)。したがって，ウルル-カタ・ジュタ国立公園は，比較的大規模に観光客を広い範囲から集め，着地型観光としてのマス・エコツーリズムを通じて，自然的な環境資源やアボリジニの文化資源を適正に保全し活用している。

　ウルルとカタ・ジュタの自然景観は，古生代末期(約5億年前)に形成された硬い地層と軟らかい地層の堆積による扇状地を基盤にしている。この扇状地は約4億年前の地殻変動で褶曲し，その激しさは現在もウルルの岩肌に残る縦の地層からも理解できる。褶曲した地形は，侵食作用(水の作用・風の作用・寒暖の差による風化)によって削られ，比較的硬い地層が残丘として残された。このような残丘がウルルであり，カタ・ジュタである(図 終-1)。特に，ウルルやカタ・ジュタ周辺は日中には気温が40℃に達するが，夜間には氷点下になり，この気温の日較差が風や水による侵食作用を助けてきた。また，降雨がほとんどないため，土壌はラテライト化して赤くなっているが，1月から3月にかけて短期間に集中して豪雨がある。この降雨により一時的な流水(ワジ)が形成され，激しい土壌侵食をもたらし，乾燥地の地形を形成する主要な営力となる。さらに，降雨によって植生も展開し，植物は土壌が乾燥するまでの短期間で成長・開花・結実までのサイクルを完結させる。

　ウルルは標高867m(比高348m)の残丘で，それを含めた周辺の自然景観は非日常的なものとして，地質学的な価値とともにエコツーリズムの主要な

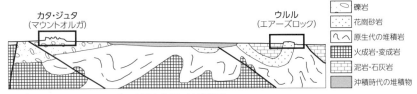

図 終-1　ウルル−カタ・ジュタ国立公園の地質断面
（「Uluru and Kata Tjita, a Geological History」により作成）

アトラクションとなっている。日の出から日没までの時間経過とともに，ウルルはオレンジ色から赤色に，そして紫色へ変化する。その景観変化を楽しむ場所も設定されているほか，周辺には約9km（1周約4時間）の遊歩道が敷設されている。また，ブッシュプラムやブラッドウッドなどの灌木の植生を観察するとともに，カンジュ渓谷やムティジュルにおいて90m以上に及ぶ絶壁と垂直の地層，およびウォーターフォール（豪雨時に激しく雨水が流れ込む）を観察しながら散策することもエコツーリズムの醍醐味の1つである（図 終-2）。また，遊歩道ではウルルの窪みや洞窟も地質学的な価値を示す資源として観察でき，それらは精霊の宿る場所としてアボリジニの聖地にもなっている。そのため，ウルルの洞窟や窪み，あるいは岩肌には，アボリジニのドリーミング（天地創造）の神話に基づいて，動物や昆虫のロックアートが描かれている。それらのウルルにおける文化資源の存在は複合的な世界遺産登録の根拠にもなっており，エコツーリズムにおいても主要なアトラクションとなっている。

　他方，カタ・ジュタでも乾燥地における残丘群の自然景観がエコツーリズムの主要なアトラクションであり，それらを眺望する場所も周囲に設置されている（ウルル同様に日没景観を楽しむ場所もある）。カタ・ジュタには風の谷コース（4km，2時間）とオルガ渓谷コース（2km，1時間），および眺望コース（4km，2時間）の3つの散策路が設定されている。そして，ウルルの場合と同様に，いずれも地質学的な特徴や自然史的な貴重さ，およびアボリジニの文化資源がエコツーリズムの対象になっている。

　世界中から多くの観光客がウルル−カタ・ジュタ国立公園を訪れるようになると，自然資源や文化資源の適正な保全と利用が課題となる。ウルル−カタ・ジュタ国立公園では，居住空間から隔絶した地理的位置（最も近い都市のアリススプリングスまで約450kmの距離）が適正管理の問題に有意に作用してきた。つまり，地理的な隔絶性は観光客の入込数を抑制し，オーバーユースを制

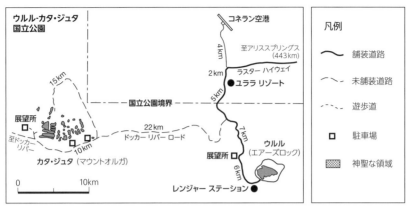

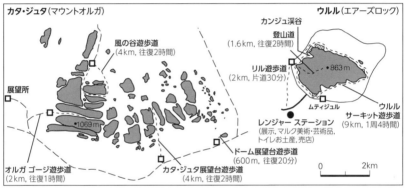

図 終-2　ウルル-カタ・ジュタ国立公園
（「Uluru and Kata Tjita, a Geological History」により作成）

御してきたといえる。もう1つは，宿泊場所や商業地を計画的に設定し，ウルルやカタ・ジュタ周辺には都市的施設を立地させなかったことも適正管理につながった。実際，宿泊施設と商業施設はウルルから約20km，カタ・ジュタから約40km離れたユララリゾートに集中して立地している（図 終-2）。ユララリゾートには5つのホテルがあり，それらの総収容規模は1日当たり約5,000人である。この収容規模もオーバーユースを抑制してきた。

ウルルとカタ・ジュタ周辺では車が立ち入ることのできる道路（舗装道路と未舗装道路）も限定され，観光客の利用も遊歩道に限定されている（図 終-2）。また，観光客の利用の多くはレンジャー基地やユララリゾートのビジターセンター，あるいは公認の旅行会社のガイドツアーに基づいている。そのため，道路や遊歩道を外れての観光利用はなく，国立公園でのマス・エコツーリズムが

オーバーユースに陥らないように配慮されている。加えて，マス・エコツーリズムは自然資源に対する配慮だけでなく，アボリジニの文化資産や価値観に対しても配慮している。ウルルもカタ・ジュタもアボリジニの聖地であるため，一部の特に重要な場所では立ち入りや写真撮影が禁止されている。ウルルの登山も国立公園におけるエコツーリズムの主要なアトラクションであるが，気温や風の状態，あるいはアボリジニの宗教的行事などによって登山口が閉鎖されることも少なくない。これらの適正管理は，観光客を制限してウルルの自然資源を保全することになるだけでなく，その文化資源の保全にも大いに役立っている。つまり，地域資源の適正な管理保全は適正な利活用につながり，持続的な地域振興の原動力になっている。

Ⅲ 地域資源を活用した青梅商店街の活性化とその担い手

次に，青梅商店街の地域振興への取り組みを検討する。東京都青梅市（青梅宿）は，近世以前から武蔵野台地の西端に位置する谷口集落として成長し，周辺地域で生産された織物や農産物の集散地として発達した。そのため，青梅市は明治期以降も奥多摩からの物資の集散地として発展し，全世帯に対する商家の割合も昭和初期の時点で23.2％と高かった。第二次世界大戦後，青梅市は織物産業の特需によって商業や工業がいち早く発展し，1960年代以降の鉄道や道路の整備にともない住宅地が拡大した。その結果，青梅市の人口は1920年の約3万から2000年の14万強へと増加した。このような人口増加は地域の商業発展につながるはずであったが，青梅市の商業機能は1970年代以降衰退している。青梅市の小売商業力指数（住民が自地域の商業を利用する割合）は，1960年の1.09から1999年の0.85へと低下し（1以上であれば，地元商業が利用される），それは地元商店街よりも他地域の商店街や大型店の利用傾向が強いことを示唆している。人通りが少なく，シャッターが閉じられた店舗が多いことは商店街の衰退を象徴している。

青梅市内の各商店街は商業の衰退に直面し，様々な活性化策を講じた。その多くは各商店街による商業的な地域イベントと，伝統的な季節の祭りによる地域イベントであった。商業的な地域イベントは「のみの市」や「大売り出しセール」などのように，個々の商店街が企画したもので，イベントの地域的な範囲

写真 終-2　青梅宿アートフェスティバルにおける大道芸人のパフォーマンス（2004年11月筆者撮影）

は個別の商店街に限定され，イベントの効果も長続きすることはなかった。他方，季節的な地域イベントは八坂神社の「笹団子祭り」や住吉神社の「青梅大祭」などの伝統的な祭り，または「達磨市」や「朝顔市」などの伝統的な年中行事に基づくもので，各商店街や青梅市以外からも多くの人々を引きつけた。特に，青梅大祭は毎年5月2日と3日に行われ，各町内を山車が巡行する。最終日には12台の山車が青梅駅に勢揃いし，山車巡行が青梅街道の東西3kmに渡って行われる。例年の青梅大祭では約8万人以上の人出が常にあったが，このような季節的な地域イベントは一時的な観光にすぎず，地域の有効な活性化策にならなかった。

　1990年代になると，商店街の活性化を目的に，青梅宿アートフェスティバルが毎年11月に開催されるようになった。このフェスティバルの開催は，歩道やコミュニティパークを整備し，街並みの修景を実施したことを契機にしていた。商店街組合は修景した街並みを活用して，各商店のショーウィンドーに市民作家の作品を展示して，それらの作品を来訪者とのコミュニケーションの繋ぎ手として商品の売り上げを伸ばそうと考えた。1994年になると，青梅宿アートフェスティバルは1つの商店街の地域イベントではなく，青梅宿全体の広域的なイベントになった。アートフェスティバルでは毎年テーマが設定され，参加者はそのテーマに基づいて街全体をステージに芸術活動を行った。

　第1回（1991年）から現在まで「芸術」と「遊び」が一貫した中心テーマになっているが，第3回（1993年）からは「大正・昭和ノスタルジー」がテーマとして加わった。結果として，青梅宿アートフェスティバルは色気や粋，あるいは熟成度のある大人の世代のための地域イベントになった。例えば，2003年のフェスティバルは「昭和慕情大道芸人たちの青梅宿」をテーマに11月22日から24日にかけて開催され，昭和30年代の街と人びとの活力をノスタルジーとともに

表現した（写真 終-2）。そして，青梅宿アートフェスティバルは多くの人々が運営し参加することで成立し，2017年現在においても継続されている。

　青梅宿アートフェスティバルは，様々な地域資源を大人から子供までの住民の手で掘り起こし，それらを新たな地域資源として定着させてきた。テレビや新聞，雑誌といったマスメディアは青梅宿アートフェスティバルで取り上げられた地域資源を報道し，その地域資源の報道によって青梅の新たな地域イメージが観光アトラクションとして付加される。それらの地域イメージに合わせて，地域イベントが地域活性化や観光客を呼び込む資源として行われるようになる。つまり，「地域イベントの実施－地域資源の掘り起こし－地域資源の定着活用－新たなイメージの付加－着地型観光の発展－地域イベントの実施」という螺旋的な地域活性化のシステムが，持続的なまちづくりや観光化の方策として展開してきたといえる。

　例えば，第3回（1993年）の青梅宿アートフェスティバルでは，昭和30年代に活躍した映画看板師と彼らが描く看板を地域資源として掘り起こし（図終-3），青梅宿の商店街を映画看板で飾った（写真 終-3）。そして，青梅は「映画看板のある街」という地域イメージがマスコミによって創出され，そのイメージを利用する形で昭和レトロ商品博物館に「板観，映画看板の部屋」や「映画看板ギャラリー」が設置された。「青梅懐かし映画劇場」における映画上映も，月2回のペースで開催されるようになった。同様に，映画化された「怪傑黒頭巾」誕生の地や小泉八雲の怪談「雪女」の物語の舞台も，あるいはテレビドラマ化された「黄金仮面」も青梅アートフェスティバルによって掘り起こされた地域資源となった。

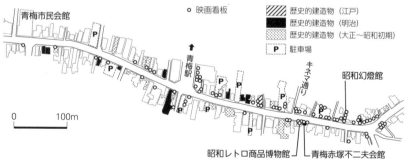

図 終-3　青梅宿の商店街における映画看板の分布（2008年）
　　　　（2,500分の1青梅市都市計画図に基づき現地調査より作成）

写真 終-3　映画看板の街としてのイメージを高めた青梅商店街（2007年11月筆者撮影）

写真 終-4　青梅商店街の核となる「青梅赤塚不二夫会館」（2007年11月筆者撮影）

　第8回（1998年）の青梅宿アートフェスティバルでは，商店街に福を呼ぼうと招き猫がテーマとなり，猫に関連した商品を扱う人びとが多く出店した。この様子がマスコミで取り上げられ，青梅は「猫の街」という地域イメージが創成された。以後，歩道に多数の猫のオブジェが設置され，空店舗対策事業や観光商業化の目玉として「猫」に関する店舗が立地し，「猫の街」のイメージに合わせた街おこしが進められた。空店舗対策事業では「昭和レトロ商品博物館」が古い商家を利用して開館し，昭和時代の消費文化を象徴する展示が行われるようになった。この博物館を中心にして，青梅は昭和レトロな街という地域イメージも形成されるようになった。このように，観光の担い手は地域資源を掘り起こすだけでなく，創出することによって地域イメージを醸成し，まちづくりを内発的に行っている。

　その後，昭和レトロなまちづくりは，昭和をテーマにした店舗を募集し，街並みや歩道を昭和風に修景することで「昭和村商店街」へと展開した。その象徴となったのが2003年に開館した「青梅赤塚不二夫会館」であった。赤塚不二夫は漫画家になる前に映画看板を描いていた経歴をもち，昭和の映画看板による街おこしをしていた青梅商店街に親近感を抱いていた。そのことが「青梅赤塚不二夫会館」の建設と，それによる新たな街おこしの契機となった（写真終-4）。会館には，『おそ松くん』や『ひみつのアッコちゃん』，『天才バカボン』，

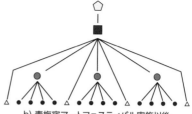

図 終-4　青梅宿アートフェスティバル実施以前と以後の商店街組織の変化（現地調査により作成）

『もーれつア太郎』などの原画が，昭和の良き時代の背景とともに展示され，昭和レトロな街の重要な資源となっている。

　青梅宿アートフェスティバルの展開のように，持続的な観光まちづくりの定着・発展には，担い手づくりとその組織化が必要である。青梅市の事例によれば，まちづくり以前の組織は，旧青梅街道沿いの個々の商店街がバラバラにイベントなどの活動を行っていた。そのため，青梅商店街としてのまとまりがなく，共通した商店街活性化の方策やまちづくりの計画もなかった。全体として，商店街の集客力も少なかった（図 終-4a）。それに対して，まちづくり以後の組織は，青梅宿アートフェスティバル実行委員会という組織を中心にして，個々の商店街が青梅商店街という１つのまとまりとして活動するようになり，映画看板のように，掘り起こした地域資源を利用して，統一的な地域イメージをつくりだし，商店街全体の活性化に努めてきた。つまり，商店や商店街の縦のつながりだけでなく，横のつながりを重視した担い手づくりと組織づくりが，昭和レトロなまちづくりの成功につながった。このような横のつながりの組織は他の様々な組織との連携もしやすく，商店街以外の地元の社会組織や地域住民，学校や生徒がサポーターとしてまちづくりに参加している（図 終-4b）。

Ⅳ　地域資源の保全と活用の担い手とその仕組み

　地域を学び，地域資源を適正に保全し活用する観光の担い手は２つのタイプに大別できる（図 終-5）。第一は，１つの地域資源を１つの主体の学びや活動で支えるもので，主体相互の連携は弱い。そのため，個々の地域資源を活かした観光活動は独立している。このモノチャンネル型の地域維持システムの構造は，活動や作用する範囲が狭いが，局所的に場所を限定して即効性のあるまちづくりや観光による地域振興に適している。また，１つの主体による地域資源の活

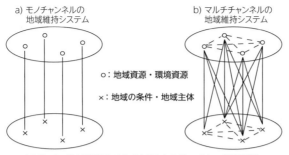

図 終-5　地域資源とそれを活用する担い手との関係構造

用であるため，その開発はトップダウンで行われることが多く，地域の観光化が急速に進展するという利点もある。しかし，その主体が観光事業に頓挫すれば，観光活動は中止され，地域振興は難しくなる。つまり，地域全体でまとまって観光活動やまちづくり，地域振興を持続させることはできない。

　他方，もう1つの構造は，1つの地域資源を複数の主体の学びや活動で支えるもので，それはオーストラリアの国立公園を支える保全と利用の取り組みや青梅宿アートフェスティバルにおける地域振興のタイプでもある。このようなマルチチャンネル型の地域維持システムの構造は，観光の資源の保全や利用，およびイベント活動が持続し広範囲に及ぶことに適しており，観光やまちづくりの活動に関しても広範囲に地域のまとまりを促進させるものになっている。また，この構造に基づく観光は内発的でボトムアップ型のものとなり，観光を前提とした地域の学びや資源の掘り起こしから着地型観光に発展しやすいという利点もある。その反面，地域資源を支える主体間の意見交換や利害調整に時間がかかることや，地元のヒト・モノ・金の調達にも時間がかかることが大きな問題点となる。そのため，地域における観光の発展・成熟には少なからず時間を要することになる。

　観光の要素である地域資源とそれらを学び保全し活用する主体との関係は，モノチャンネル型とマルチチャンネル型の地域維持システムとがある。それらの長所と短所を見極めながら，時宜にあった観光の担い手のあり方を考えることは重要である。従来，観光活動の多くはトップダウンのモノチャンネル型の地域維持システムの構造で進められてきた。しかし，今後はボトムアップのマルチチャンネル型の地域維持システムの構造で進めることで，積極的に地域を学び，それを新たな着地型観光の発展につなげることができるようになる。その可能性を高めるためにも，観光の担い手づくりはマルチチャンネル型の地域維持システムの構造になることが望ましい。

あとがき

　本書は，ツーリズムとその地域的な展開にこだわって編集されている。ツーリズムやツアー（tour）の語源はギリシア語のトルノス（tornos）だといわれ，それは大工道具の旋盤のことであり，回すことや回ることを意味していた。つまり，ツーリズムは各地の見どころや観光スポットを周遊することや回遊することを意味している。観光とツーリズムが同義で使われることが多いが，観光は特定の場所の魅力的な風景を光として観ることであり，ツーリズムはその光を求めて周遊・回遊することである。そして，ツーリズムで重要なことは観るべき光としての地域の魅力を見直したり，探したりすることである。加えて，ツーリズムの醍醐味は地域の魅力をどのように組み合わせるかにある。地域の魅力の発見や再評価，および組み合わせによる地域的展開の検討に用いる手法のひとつとして，地理学の見方・考え方は有用である。なぜなら，地理学は地域を総合的に見たり，考えたりすることができるため，「木だけを見るのでなく，森全体を見る」ことがツーリズムや観光の地域的展開に不可欠だからである。地域の魅力を引出し，それらを組み合わせることは，観光やツーリズムの視点で地域づくりを行うことになり，地域の活性化にもつながっていく。本書では，日本国内や海外におけるツーリズムの様相が，都市地域と農村地域，および自然地域に分けられ，トピック的な事例として議論されている。それぞれの事例ではツーリズムや観光の捉え方に多少の違いがあるが，都市や農村，あるいは自然に由来する地域の魅力を観光やツーリズムから考えようとしている点は共通している。本書が観光やツーリズムから地域の魅力を考える契機になれば望外の喜びでもある。

　本書は，首都大学東京都市環境科学研究科観光科学域に少なからず関わった研究者によって執筆されている。執筆者の皆様には，多忙の中，原稿を作成していただき感謝申し上げる。また，最後になってしまったが，本書の刊行をお引き受けいただいた二宮書店の大越俊也社長，平山直樹編集長，編集部の齋藤竜太氏にお世話になった。記して深謝する。

2018年3月

執筆者を代表して　　菊地　俊夫

◎執筆者一覧(五十音順)

有馬 貴之	(17章)	帝京大学経済学部
飯塚 遼	(10章)	秀明大学観光ビジネス学部
大石 太郎	(6章)	関西学院大学国際学部
太田 慧	(2章)	首都大学東京大学院都市環境科学研究科
小原 規宏	(9章)	茨城大学人文社会科学部
菊地 俊夫	(序章, 12, 18, 終章)	首都大学東京大学院都市環境科学研究科
黒沼 吉弘	(17章)	大妻女子大学社会情報学部
小池 拓矢	(3章)	むつ市企画部ジオパーク推進課
坂口 豪	(16章)	浅間山ジオパーク推進協議会
佐々木 リディア	(14章)	首都大学東京国際センター
杉本 興運	(4章)	首都大学東京大学院都市環境科学研究科
髙木 悦郎	(15章)	首都大学東京大学院都市環境科学研究科
鷹取 泰子	(8章)	一般財団法人農政調査委員会
張 貴民	(12章)	愛媛大学教育学部
堤 純	(5章)	筑波大学生命環境系
沼田 真也	(15章)	首都大学東京大学院都市環境科学研究科
林 琢也	(7章)	岐阜大学地域科学部
保坂 哲朗	(15章)	広島大学大学院国際協力研究科
矢部 直人	(1章)	首都大学東京大学院都市環境科学研究科
ラナウィーラゲ エランガ	(13章)	首都大学東京大学院都市環境科学研究科

◎編著者略歴

菊地　俊夫

首都大学東京大学院都市環境科学研究科観光科学域教授。理学博士。筑波大学大学院地球科学研究科修了後、群馬大学教育学部助教授、東京都立大学理学部助教授を経て、現職。専門は農業・農村地理学、観光地理学、自然ツーリズム学。大学と大学院では、農業・農村の持続可能性や農村空間の商品化、およびフードツーリズムや環境資源の適正利用などの研究と教育を行う。

主な著書・編書は、『日本の酪農地域』（大明堂）、『持続的農村システムの地域的条件』（共著、農林統計協会）、『日本農業の維持システム』（共著、農林統計出版）、めぐろシティカレッジ叢書（『食の世界』、『住の世界』、『風景の世界』、『地図を学ぶ』、『森を知り　森に学ぶ』、『世界の砂漠』、『川からひろがる世界』、『観光を学ぶ』、編著、二宮書店）、世界地誌シリーズ（『1 日本』、『7 東南アジア・オセアニア』、編著、朝倉書店）、よくわかる観光学（『自然ツーリズム学』、『文化ツーリズム学』、編著、朝倉書店）、『フードツーリズムのすすめ』（フレグランスジャーナル社）など多数。

ツーリズムの地理学　観光から考える地域の魅力

平成30年3月15日　第1版第1刷発行

編著者	菊地 俊夫	
発行者	大越 俊也	
発行所	株式会社 二宮書店	
	〒101-0047　東京都千代田区内神田1-12-6	
	大森内神田ビル2階	
	Tel. 03-5244-5850	
	振替 00150-2-110251	
印刷・製本	半七写真印刷工業株式会社	

©Toshio Kikuchi et al. 2018　Printed in Japan
ISBN978-4-8176-0436-1 C1025

http://www.ninomiyashoten.co.jp/